PETA MATHIAS

Wer weiter sehen will, braucht höhere Schuhe

Buch

Peta Mathias ist eine Frau, die niemals Angst hatte, das Leben mit all seinen Freuden, Tücken und Enttäuschungen zu genießen. Genervt von den ganzen Ratgebern, die einem sagen, wie man sich kleiden, flirten und fühlen soll, hat sie die Sache nun selbst in die Hand genommen. Und ein wahnsinnig komisches und tröstliches Handbuch für die moderne, ganz normale Frau von heute geschrieben.

Wer weiter sehen will, braucht höhere Schuhe ist für alle Frauen, die es nicht lassen können, sich immer wieder in den falschen Mann zu verlieben. Die jeder neuen Kampagne von Loréal für Produkte, die nun aber wirklich die Uhr zurückdrehen, blind vertrauen. Die ihren Dispo gnadenlos ausreizen, um das perfekte kleine Schwarze zu kaufen. Und die bei einer ganzen Packung Chips darüber philosophieren, wo ihre Taille geblieben ist.

Inspirierend, klug und unwiderstehlich witzig: *Wer weiter sehen will, braucht höhere Schuhe* ist ein absolutes Must-have für jede einzelne großartige Frau!

Autorin

Peta Mathias wurde in Neuseeland geboren und arbeitete als Krankenschwester, bevor sie für sechs Jahre nach Kanada zog. Anschließend verschlug es sie nach Paris, wo sie zehn Jahre lang ihr eigenes Restaurant führte. Seit 1990 lebt sie in Auckland, schreibt Bücher und präsentiert Reise- und Kochsendungen im Fernsehen. 2008 gründete sie eine Produktionsfirma, die Koch-DVDs und TV-Dokumentationen ihrer kulinarischen Abenteuerreisen vertreibt.

Peta Mathias

Wer weiter sehen will, braucht höhere Schuhe

Ein Schnellkurs für
angehende Lebenskünstlerinnen

Aus dem Englischen
von Andrea Brandl

blanvalet

Die englische Originalausgabe erschien 2009 unter dem Titel
»Fabulous. Thoughts on Being a Woman«
bei Mainstream Publishing Company Ltd., Edinburgh

MIX
Papier aus verantwortungsvollen Quellen
FSC
www.fsc.org
FSC® C014496

Verlagsgruppe Random House FSC-DEU-0100
Das FSC®-zertifizierte Papier *Holmen Book Cream* für dieses Buch
liefert Holmen Paper, Hallstavik, Schweden.

1. Auflage
Deutsche Erstveröffentlichung August 2011
bei Blanvalet, einem Unternehmen
der Verlagsgruppe Random House GmbH, München

Umschlaggestaltung: © bürosüd°, München,unter Verwendung
eines Motivs von Getty Images / Image Source
Redaktion: Ingola Lammers
NB · Herstellung: sam
Satz: Uhl + Massopust, Aalen
Druck und Einband: GGP Media GmbH, Pößneck
Printed in Germany
ISBN: 978-3-442-37704-6

www.blanvalet.de

INHALT

Meiner Mutter Ann – all das hier ist nur deine Schuld.
Und meinen Schwestern, Keriann und Desirée,
meinen Schwägerinnen, Sharyn, Pip und Lou,
sowie meinen Nichten Estée, Jessica und Alba.

Ich danke all den Frauen für ihre Bereitschaft,
sich von mir interviewen zu lassen – etwas anderes
als Großzügigkeit und Offenheit hätte ich nicht
von euch erwartet –, ebenso wie den Frauen,
die die endlos langen Fragebögen ausgefüllt haben.

PROLOG

Ob Sie es glauben oder nicht, aber die Gene von Männern und Frauen sind zu 99 Prozent identisch. Aber genau dieses eine, winzige Prozent ist ausschlaggebend für jede einzelne Zelle in unserem Körper, für die chemischen Vorgänge in unserem Gehirn und unserem Hormonsystem, für unsere Gedanken und Gefühle. Das weibliche Gehirn wird extrem stark von Hormonen beeinflusst. Sie steuern unsere Stimmungen, unser Verhalten, unsere Sexualität und legen unsere Wertmaßstäbe fest. Die Veränderung in unseren Gehirnen beträgt jeden Monat unglaubliche 25 Prozent, was das Leben mit uns, wie wir alle wissen, nicht gerade einfach macht.

Die Recherchen in diesem Buch sind absolut verlässlich. Und genau das ist der springende Punkt: Meiner Meinung nach muss man all diese Studien und Untersuchungen sehr kritisch betrachten, schließlich lügen alle bei den Befragungen wie gedruckt. Ich habe sogar einmal angegeben, einen Wahnsinns-G-Punkt-Orgasmus gehabt zu haben, dabei habe ich noch nicht einmal eine Ahnung, wo sich mein G-Spot befindet. Ganz im Gegenteil, ich habe den dringenden Verdacht, dass er gar nicht existiert. Sämtliche anderen Informationen habe ich wahllos aus meinem eigenen Leben und den Erfahrungen meiner Freundinnen zusammengetragen, ausnahmslos Frauen, die ihre Macken haben. Jede Ähnlichkeit mit lebenden Personen ist nicht zufällig, sondern beabsichtigt. Kein Mensch könnte Frauen wie meine Freundinnen erfinden. Die einzig Normalen in unserem Club sind die Ärztin und die Seelenklempnerin.

Beim Schreiben des Health-&-Beauty-Kapitels habe ich herausgefunden, dass die Antwort auf die ewige Frage »Sehe ich in diesen Klamotten fett aus?«, schlicht und ergreifend »Ja. Na und?«, lautet. Das Sex-Kapitel brachte mir die Erkenntnis, dass selbst ein noch so bewegungsfreudiges Becken nichts nützt, wenn keine Liebe im Spiel ist. Mit dem Beziehungskapitel ließ sich die Frage »Bin ich wirklich emanzipiert, oder leide ich nur unter Konzentrationsstörungen?«, klären (der Trick besteht darin, es so aussehen zu lassen, als wäre man total emanzipiert). Der wichtigste Ratschlag des Reise-Kapitels ist, dass es völlig unwichtig ist, wohin und wie lange man wegfährt: Es gibt keine Regeln. Mit Ausnahme der »Weiße Schuhe«-Regel: Es gibt keinerlei Veranlassung, weiße Schuhe zu tragen, es sei denn, man arbeitet als Krankenschwester oder tritt vor den Traualtar.

Im Hinblick auf die Ernährung leben wir in einem Zeitalter geradezu unglaublichen Wohlstands. Noch nie gab es eine derartige Auswahl, eine solche Fülle an Information und so unglaubliche Vorräte an sonnengetrockneten Tomaten – also, immer schön brav sein. Stopfen Sie sich nicht mit Junkfood voll. Im Kapitel über das Singen und die Musik werden Sie erfahren, dass es keine Entschuldigung für die Teilnahme an einem Karaokeabend gibt, und weshalb gute Musik unser Leben verändert und uns in einen Zustand absoluten Glücks und emotionaler Ekstase versetzt. Aus dem Job-Kapitel lernen Sie, warum Sie nicht alles auf eine Karte setzen sollten. Falls Ihnen der Sinn nach einem beruflichen Kurswechsel steht, kramen Sie Ihre alten Zeugnisse heraus! Ich verspreche Ihnen, es ist reichlich ernüchternd und zeigt Ihnen genau, was schiefgelaufen ist, als Sie sich für Archäologie entschieden haben, wo Sie doch in Wahrheit zur Modeschöpferin geboren sind. Wenn Sie gelesen haben, was ich über Gesundheit, Beauty und Hormone zu sagen habe, werden Sie extrem enttäuscht sein. Ich gebe es nur sehr ungern zu, aber es geht kein Weg an Obst und Gemüse vorbei, und Sie müssen den Glimmstängeln Adieu sagen, aber zum Glück ist es nie zu früh am Tag für ein schönes Glas Rotwein.

Es heißt immer, eine robuste Gesundheit und ein schlechtes Gedächtnis seien das beste Rezept für ein glückliches Leben. Wenn Ihnen keine positive Grundeinstellung in die Wiege gelegt wurde, sollten Sie sich schleunigst eine zulegen. Glückliche Menschen haben kein Erfolgsgeheimnis, sondern sind von Natur aus abenteuerlustig, haben einen Sinn für die Poesie des Lebens und befreien sich instinktiv von negativen Einflüssen.

In diesem Buch werden Themen behandelt, die mich persönlich interessieren und zu denen ich persönliche Erfahrungen gesammelt habe. Deshalb gibt es auch keine Kapitel über Religion, Spiritualität oder Sport. Moment – in all diesen Bereichen habe ich durchaus Erfahrungen gemacht, nur bin ich gerade deshalb zu dem Entschluss gekommen, nicht darüber zu schreiben. Sie wollen etwas über Religion erfahren? Stellen Sie sich selbst die entsprechenden Fragen. Ihnen steht der Sinn nach Sport? Gehen Sie zu Fuß zum nächsten Weinhändler. Sie können mir alles glauben, was ich über Essen und Reisen zu sagen habe, denn genau davon verstehe ich etwas; das Kapitel über Männer hingegen würde ich an Ihrer Stelle mit Vorsicht genießen: Dieses Thema erforsche ich in selbstloser Absicht bereits mein halbes Leben lang, ohne wesentliche Erkenntnisse daraus gewonnen oder auch nur ein Quäntchen verstanden zu haben. Da ich nie einen Mann gefragt habe, was er sich von einer Frau wünscht, habe ich beschlossen, meinen männlichen Freunden ein paar Fragen zu stellen. Ergebnis? Die reinsten Niagara-Fälle! Die Typen fanden kein Ende mehr. Wer behauptet eigentlich, Männer würden nicht gern reden? Die Frauen seien das A und O in ihrem Leben, behaupten sie. Ihre gesamte Existenz widmeten sie der Frage, was sie wollen, wie sie sie kriegen und halten können, wie sie sie wieder loswerden und womit sie sie glücklich machen können.

Wie könnte ich mich angesichts all dieser Aussagen über das Leben als Frau beschweren? Gar nicht. Andererseits blicke ich auf einen ziemlich großen Erfahrungsschatz zurück. Abgesehen davon bin ich das älteste von sechs Geschwistern, diplomierte Krankenschwester, Sängerin ohne Gesangskarriere, Meisterköchin und Autorin. All das kann man nur für sich in Anspruch nehmen, wenn man neugierig und fasziniert vom Leben anderer Menschen ist.

KAPITEL 1

Mode: Asset Management oder: Vom richtigen Umgang mit den eigenen Vorzügen

Die US-amerikanische Komikerin Phyllis Diller sagt, es gäbe nur kein Frauenfootball, weil man nie im Leben elf Frauen dazu bringen könnte, freiwillig und in aller Öffentlichkeit in denselben Sachen herumzulaufen. Keine von uns zieht sich an, um sich zu wärmen oder weil man nun einmal nicht nackt durch die Gegend laufen kann. Nein, unsere Kleidung erzählt etwas über uns: Wer wir sind, wie wir uns in unserer Haut fühlen und wie wir die Welt sehen. Kleidung enthüllt sowohl tief im Verborgenen schlummernde Komplexe als auch Höhenflüge des Selbstwertgefühls. Eine Frau, die jeden Tag nur in Jeans und Schlabber-Shirt herumläuft, sagt: »Hallo, ich will nicht, dass ihr mich bemerkt, weil ich wenig Selbstwertgefühl habe. Ich will, dass meine verborgene Schönheit auch weiterhin verborgen bleibt, wenn ihr nichts dagegen habt.« Eine Frau in einem hautengen roten Kleid und Highheels hingegen signalisiert: »Hallo, los, sieh genau hin, damit du weißt, was dich erwartet!«. Eine Frau in Laura Ashley sagt: »Hallo, ich bin Pollyanna. Ich möchte, dass ihr glaubt, ich sei ohne Sex schwanger geworden, und ernähre mich nur von Bio-

Kost.« Eine Frau in einem schwarzen T-Shirt, hautengen, nietenbesetzten Lederjeans, hellblauen Doc Martens und Cowboyhut sagt: »Hallo, ich bin eine Kampflesbe mit Sinn für Humor und einer Schwäche für Hetero-Frauen.« Eine Frau in Issey-Miyake-Plissee sagt: »Ja. Ich bin der Typ stilbewusste Intellektuelle. Eigentlich hätte ich auf die Kunsthochschule gehen müssen. Ich trage Miyake, weil ich wahnsinnig viel reise, Schätzchen, nicht gern bügle und einfach eine Wahnsinnsfrau bin.«

Früh übt sich

Unsere ersten Berührungspunkte mit dem Thema Mode sind die Familie, die Schule und die Kirche. Nonnen waren in meiner Kindheit ein steter Quell der Faszination, und ich war wild entschlossen, hinter das Geheimnis ihres Modebewusstseins zu kommen. Schließlich muss jemand, der sich selbst bei brütender Sommerhitze in endlos viele Kleiderschichten hüllt, etwas zu verbergen haben. Eine durchaus einleuchtende Annahme. Was die Kleidung meiner Mutter betraf, lagen die Dinge auf der Hand. Sie trug den ganzen Sommer über Büstenhalter, Höschen und ein leichtes Kleid. Doch das mittelalterlich anmutende Outfit der Nonnen aus schwarzen Strümpfen, schwarzen Schuhen, dem langen schwarzen Habit und der Kopfbedeckung aus weißer Haube und schwarzem Schleier verlangte nach einer Erklärung. Woher hätte ich auch wissen sollen, dass dies das Vorläufermodell der Standardkluft einer Zeitschriftenredakteurin war? Ich linste unter ihre langen Kutten (damals war ich allerdings erst fünf) und fand prompt heraus, wie sich ein Hieb mit dem Gürtel anfühlt.

In der Grundschule trugen wir Mädchen ausnahmslos dicksohlige schwarze Schuhe, dicke schwarze Strumpfhosen und eine schwarze Schuluniform mit gelb-schwarz gestreifter Krawatte, einem schwarzen Hütchen und schwarzer Strickjacke. Kleine unschuldige Mädchen, von Kopf bis Fuß in Schwarz gekleidet, um das Heidentum und die an jeder Ecke lauernde Abkehr vom Guten abzuwenden. Selbst im zarten Alter von fünf Jahren musste man bereits auf der Hut sein. Mit meinen dunklen Locken, den Sommersprossen und der Streifenkrawatte sah ich aus wie ein mobiler Zebrastreifen, möglicherweise trage ich deshalb heute kein Schwarz mehr.

Auf dem Gymnasium veränderte sich meine Schuluniform ein klein wenig, Blau kam ins Spiel, was recht hübsch aussah. Das Ensemble wurde mit Details wie Hosenträgern abgerundet – in Weiß wohlgemerkt. Schwarz war verpönt. Auf meine Frage, ob ich schwarze Unterwäsche anziehen dürfe, hieß es, ich solle mich gefälligst wie ein anständiges Mädchen benehmen. Die Internatsschülerinnen wurden noch strenger kontrolliert als die Externen. Höschen im Bikinistil, wie sie in den Sechzigern gerade Mode geworden waren, galten als Gipfel der Verdorbenheit. Mädchen wurden angehalten, in dünnen Baumwollhemdchen zu baden, um beim Anblick ihres nackten Körpers nicht in Versuchung zu geraten. Dank kollektiven Protests schafften die Nonnen diese unsinnige Regelung zwar irgendwann ab, beharrten aber trotzdem weiter darauf, dass der Bund unserer Unterhosen bis zur Taille reichte. Wurden in der Wäscheschublade der Internen Unterhosen im Bikinistil gefunden, wanderte der Stein des Anstoßes geradewegs in die Mülltonne. Schönen Dank auch. Unsere dicken kuttelfarbenen Baumwollstrumpfhosen waren kugelsicher, und unsere BHs hätten garantiert einen Atomschlag überstanden. Dass es überhaupt einem zu allem entschlossenen Jungen gelang, eine von uns zu schwängern, gehört zu den letzten wissenschaftlichen Wundern unseres Zeitalters.

Zu Beginn meiner Laufbahn als Krankenschwester im Jahr 1968 gehörten festliche Bälle zum guten Ton, und Blumen im Haar waren ein absolutes Muss. Ich war ziemlich geschickt mit der Nähmaschine und schneiderte mir ein hellblaues Organzakleid mit weißen Pünktchen im Empirestil, dessen tiefer Ausschnitt mit einer weißen Rüschenborte verziert war. Schwarzer Lidstrich, sorgfältig nachgezogene Brauen, falsche Wimpern und hellrosa Lippenstift gehörten ebenfalls dazu. »Pass bloß auf, dass du immer schön auf dem Teppich bleibst, Mädchen«, mahnte mein Vater, und meine Mutter meinte: »Ohne Schminke siehst du viel hübscher aus, Peta.« Mütter! Was wussten die schon? Hübscher? Ohne Make-up? Zu dieser Zeit wäre ich noch nicht einmal ungeschminkt morgens auf die Toilette gegangen. Falsche Wimpern waren besonderen Anlässen vorbehalten, die restliche Zeit pflasterte man sich die Wimpern mit drei Schichten Tusche zu, die mit Spucke angefeuchtet wurde, bevor man mit dem Bürstchen durch das Farbklötzchen streichen konnte.

In den Siebzigern war ich eine der Ersten, die sich kopfüber in die Hippie-Revolution stürzten, allerdings wollten sich meine braven Schwestern-Kolleginnen nicht so recht anschließen. Ich verstand das nicht! Wie konnte man Teil einer Gesellschaft sein und sich in einem entscheidenden Stadium der Entwicklung befinden, ohne sich davon mitreißen zu lassen, was um einen herum vorging? Wie konnte man an den alten Maßstäben und konservativen Werten festhalten, wo einem Freiheit, Abenteuer und ein unendlicher Vorrat an Alfalfa-Sprossen versprochen wurden? Wie konnte ein Mädchen weiterhin geschmackvolle kamelhaarfarbene Angora-Twinsets, Perlenketten, Nylons und Haarspray tragen, wo sich Alternativen in Form von Makramee-Mänteln, antiken weißen Spitzen aus dem Laden der Heilsarmee, Sandalen und Perlenketten boten? Und nicht zu vergessen: die Achselhöhlen-Frage. Wie konnte jemand so dreist sein und die natürliche, gottgegebene Behaarung abrasieren, wo das oberste Ziel doch lautete, gegen die männliche Verschwörung, die Macht der Frauen zu unterminieren, aufzubegehren? Nach dem Schulabschluss und meiner frühen Karriere als Krankenschwester bekam ich einen Job, in dem ich hübsche Kleider für den Markt in der Brown Street nähen sollte, die genauso aussahen wie die, die ich mir selbst schneiderte. Kleider aus weißer Baumwolle oder mit Batikmuster und Bändchen auf meiner Nähmaschine zu produzieren machte einfach mehr Spaß, als anderen Leuten im Krankenhaus die Nieren durchzuspülen.

Der BH

Busenfaschisten haben uns einzureden versucht, dass man vom BH-Tragen Krebs bekommen kann. Laut ihrer Theorie schnüren die Retter unserer weiblichen Würde, unsere rosa Spitzen-BHs, die Lymphknoten in den Achselhöhlen ab und verhindern damit, dass toxische Stoffe aus unserem Körper geschwemmt werden. Manche Ärzte behaupten sogar, im Fettgewebe der Brust lagere sich ein Großteil der in unseren Körper dringenden Giftstoffe ab, deren Abtransport durch das Tragen eines BHs behindert werde. Aber weshalb sollten sich all diese Giftstoffe ausgerechnet in unseren Brüsten einnisten? Und ein BH ist doch keine Zwangsjacke, sondern lediglich eine Methode, um das weibliche Brustgewebe ein wenig zu stützen. Wenn man nicht gerade völlig verblödet ist und einen zu engen oder zu kleinen BH trägt (was offenbar eine ganze Menge Frauen tun), lässt nichts darauf schließen, dass ein Zusammenhang zwischen diesem Dessous und Brustkrebs besteht. Allerdings kann ein zu enger BH, der auf den Brustkasten oder das Diaphragma drückt, Atemnot auslösen.

G-Strings

Hören Sie mir bloß mit diesen Dingern auf. Niemand hatte je vom G-String gehört, bevor irgendwelche Stripperinnen den Leuten einredeten, sie seien das Allergrößte! Sie sind das revolutionärste und zugleich unbequemste Wäschestück der gesamten Geschichte der Menschheit. Der G-String sieht fürchterlich aus, scheuert die Haut wund und führt zu Infektionen. Das Problem ist der String selbst, der Entzündungen im Genitalbereich hervorruft, die dann zu Vaginalpilz und sonstigen Erkrankungen führen. Aber all das gilt natürlich nicht für Stripperinnen und Burlesque-Tänzerinnen.

Kurvenkontrolle

Als wir in den Siebzigern unsere BHs verbrannten, haben wir auch gleich unsere Hüftgürtel und andere unbequeme Wäscheteile in die Flammen geworfen, nur die Strapse haben wir für den Einsatz im Schlafzimmer behalten. Aber niemand, der Strümpfe und Strumpfhalter unter der Schuluniform tragen musste, kann behaupten, diese kugelsicheren Lästigkeiten seien sexy. Alle fanden damals, dass Natürlichkeit an erster Stelle stehen sollte und die natürlichen Kurven einer Frau völlig in Ordnung waren. Jede von uns galt auf ihre Art als schön und begehrenswert. Bequemlichkeit war oberstes Gebot. Tja, damit ist es heute vorbei. Ob Sie es glauben oder nicht, aber wir zwängen uns wieder freiwillig in enges, schwitziges Nylon, das uns auf der Haut klebt, nur damit die Kurven dort sitzen, wo der liebe Gott sie ursprünglich vorgesehen hatte, und nicht dort, wo Mutter Natur sie versehentlich hinwandern ließ. Anbieter formender Unterwäsche überschwemmen geradezu den Markt und erwirtschaften in England Umsätze von 135 Millionen Pfund und von 735 Millionen Dollar in den USA. Trinny and Susanna's Magic Knickers und Control Pants gehen *en masse* über die Ladentische, die US-amerikanische Firma Spanx ist ein absoluter Renner auf Shoppingseiten im Internet, und Rago Waist Cinchers verzeichneten allein im vergangenen Jahr einen Umsatzzuwachs von 200 Prozent. Zwischen April und Juni 2007 wurden bei Marks & Spencer fünf formende Höschen pro Minute verkauft – das macht 7670 Stück am Tag. Wer hätte gedacht, dass es so viel Elastik auf der Welt gibt?

Aber wieso tun wir so etwas? Weil wir es leid sind, Diät zu halten und Sport zu treiben, aber genauso wie Scarlett Johansson oder Kylie Minogue aussehen wollen. Die meisten Leute bekommen uns sowieso nicht nackt zu sehen, weshalb also nicht ein bisschen schummeln? Modedesigner wollen, dass wir Kostüme mit anatomisch unmöglich schmaler Taille, hautenge Kleider, hoch geschnittene Hosen und Bleistiftröcke tragen. Und mit einem dieser figurformenden Höschen lassen sich locker zwei Kleidergrößen heruntermogeln. Laut Trinny und Susanna ist formende Wäsche das alleinige Geheimnis, um Sachen tragen zu können, die man auf dem Ständer nicht mal anzusehen wagen würde. Ärzte warnen allerdings, dass formende Wäsche Thrombosen auslösen und Nervenschäden hervorrufen kann, weil die Blutzufuhr in den Beinen abgeschnürt wird. Aber seit wann hört man darauf, was Ärzte sagen, wenn man vor diesem unglaublichen Kleid mit Riesenblumenmuster im Fifties-Stil steht?

Asset Management oder vom richtigen Umgang mit den eigenen Vorzügen

An diesem Punkt kommt die wahre Werbebotschaft ins Spiel. Seien Sie vorsichtig, welche Message Sie unterschwellig mit Ihren Kleidern vermitteln. Es bringt nichts, enge schwarze Lederkluft und Versace zu tragen, wenn man nicht bereit ist, sich der Öffentlichkeit zu stellen und seine Vater-Konflikte noch nicht gelöst hat. Sinnlos ist es auch, einen Tschador anzulegen und darunter Gucci zu tragen (obwohl die arabischen Männer bestimmt durchaus einen Sinn darin sehen), und in »Nieder mit dem Establishment«-Outfits herumzulaufen ist idiotisch, solange man sich ein Musical wie *The Sound of Music* ansieht, weil einem die Geschichte der Trapp-Familie so ans Herz geht. Ebenso wenig ratsam ist es, im Designer-Shirt in irgendwelchen urbanen Pseudo-Trashvierteln abzuhängen, wenn man ein Haus in Soundso Heights besitzt und eine Haushälterin beschäftigt, die einem die Jeans bügelt. Wir durchschauen euch, Leute. Elitäres Denken? Nein, keineswegs. Die Botschaft der Werbung. Zeigt euch, wie ihr tatsächlich seid. Mit einer Einschränkung – das könnte kein allzu guter Ratschlag sein, wenn Sie todlangweilig sind. In diesem Fall ist Tricksen natürlich völlig in Ordnung. Es gibt ein wunderbares Zen-Sprichwort: Tu so, als ob, dann wirst du schon bald so sein.

Wieso tragen Frauen eigentlich so oft Schwarz? Gibt es so viele Begräbnisse auf der Welt? Wenn Sie nicht gerade Italienerin, Nonne oder Zeitschriftenredakteurin sind, gibt es keinen Grund dafür. Wenn schon Schwarz, muss es seine Berechtigung haben, und ohne die richtige innere Haltung dümpeln Sie lediglich auf Pseudo-Schwarz-Niveau herum. Wenn Sie nicht einer der oben genannten Gruppen angehören, müssen Sie entweder linke Intellektuelle sein, in der PR-Branche arbeiten oder unter manischen Depressionen leiden, um Schwarz tragen zu dürfen. Und lächeln Sie bloß nicht, wenn Sie Schwarz tragen: Sie müssen angepisst oder mysteriös aussehen, sonst wissen die Leute nicht, dass Sie unter Depressionen leiden, sondern glauben nur, jemand hätte Ihnen die Lippen zusammengenäht. Wichtig ist auch, dass es richtiges Schwarz ist: tiefschwarz. Mischen Sie niemals mehrere Schwarztöne. Und die Haare müssen auch schwarz gefärbt werden. »Schwarz macht schlank« ist die größte Lüge der Menschheit seit »Aber Liebling, du bist die Einzige, die ich wirklich liebe.« Dicke sehen in Schwarz einfach nur öde und – wow, was für eine Überraschung – wie Dicke in schwarzer Kleidung aus. Dicke in bunter Kleidung sehen hingegen toll, fröhlich und sexy aus. Meine Freundin Tanah ist ziemlich üppig und trägt enge bunte Tops, figurbetonte Hosen und knallroten Lippenstift. Sie hat ein hinreißendes Lächeln und sieht einfach fantastisch aus.

Es gibt zwei unterschiedliche Ansätze: der Zieh-an-worauf-du-Lust-hast-es-geht-sowieso-keinen-was-an-Ansatz und der Zieh-an-was-dir-am-besten-steht-Ansatz. Rein intellektuell gehöre ich zur ersten Gruppe, kulturell hingegen zur zweiten. Ich bin mit einer sehr modebewussten Mutter aufgewachsen, die stets sorgfältig gekleidet war und keinen Zweifel daran ließ, dass ich geradewegs in den Knast wandern würde, wenn ich Braun und Lila zusammen trage. Heutzutage gelten diese Regeln nicht mehr, aber das gibt uns noch lange keinen Freifahrtschein. Realitätsbezug ist nach wie vor wichtig.

Hier ein Beispiel dafür, wie man es nicht machen sollte: Nennen wir die Frau einfach Marigold. Ich kenne sie seit Jahren, und sie ist ein klassisches Beispiel für den schlechten Umgang mit den eigenen Vorzügen. Sie kennen diesen Typ: Marigold hat große, faltige Hängebrüste, also trägt sie bevorzugt tief ausgeschnittene Tops, damit sie so richtig schön zur Geltung kommen. Sie hat ein paar Pfund zu viel auf den Rippen, also trägt sie durchsichtige Kleider mit einem G-String darunter. Ihre Arme sind schwabbelig, also trägt sie ärmellose Tops. Sie hat tolle Beine, also trägt sie Hosen, damit sie bloß keiner sieht. Sie hat eine wunderschöne Haut, also brutzelt sie stundenlang in der glühenden Sonne. Das Resultat ist geradezu grotesk, was sie im Grunde ahnt, trotzdem versuchen ihre Freundinnen seit Jahren vergeblich, ihr zu helfen. Mittlerweile ist sie Anfang sechzig und versucht verzweifelt, das Rad der Zeit zurückzudrehen. Wenn Marigold hübsche, modische Sachen tragen würde, die ihre kleinen Makel kaschieren und ihre Vorzüge betonen, wäre sie eine äußerst attraktive Frau. Ihr Kommentar zu all dem würde lauten: Ich habe keine Komplexe. Mein Kommentar dazu wäre: Dann leg dir um Himmels willen schleunigst welche zu.

Die Weigerung, sich altersgemäß zu kleiden, ist nicht nur ein äußerliches Problem, sondern hat etwas mit dem Inneren zu tun. Sie müssen herausfinden, wieso Sie es nicht über sich bringen, Ihren Zwanzigern Adieu zu sagen. Das ist sehr schwer zu akzeptieren, insbesondere wenn man gut aussieht und daran gewöhnt ist, von allen Seiten Beachtung und Komplimente zu bekommen. Ein Therapeut würde Sie höchstwahrscheinlich bitten, zwei Listen anzulegen: das Gute und das Schlechte an den Zwanzigern, den Dreißigern, den Vierzigern und so weiter… Jugendliche Kleidung macht nicht jung, sondern lässt einen wie eine tragische Figur aussehen, und zwar so sehr, dass fremde Menschen Mitleid mit einem bekommen. Wenn Sie Kleider aus einer anderen Zeitspanne Ihres Lebens tragen, bedeutet das nicht, dass Sie modisch etwas hinterherhinken (und wenn schon, wen würde das interessieren?); nein, es bedeutet, dass Sie nicht in den nächsten wunderbaren Lebensabschnitt eingetreten sind. Man entwickelt sich immer weiter, in den Dreißigern, den

Vierzigern, den Fünfzigern. Die Haarfarbe verändert sich, die Figur, das Innere, und nichts davon ist schlecht, sondern eben nur anders.

Seit zehn Jahren hat die Welt meine Oberarme nicht mehr zu Gesicht bekommen, dafür aber gelegentlich meine Brüste, weil sie immer noch dort sind, wo sie sein sollen. Niemand bekommt wegen meiner Beine schlaflose Nächte, also trage ich keine kurzen Röcke. Haben Sie hingegen schöne Beine, zeigen Sie sie. Der richtige Umgang mit den Vorzügen, so lautet die Parole. Außerdem sieht kein Mensch gut in zeltartigen Kleidern aus, sondern auf Figur geschnittene Sachen lassen uns einfach besser aussehen, egal welche Figur wir haben. Und noch was, Mädels: Wenn ihr keinen Modelkörper besitzt, will ich weder euer Schamhaar noch eure Taillenröllchen über den Bund einer Hüftjeans quellen sehen. Danke. Nur weil es Mode ist, muss es noch lange nicht heißen, dass es auch gut aussieht. Eine meiner Nichten trägt Hüftjeans und tief ausgeschnittene Tops, aber dieses Mädchen ist auch eine einsachtzig große Göttin mit Modelfigur. Ganz im Gegensatz zu den meisten von uns.

Ich weiß noch, als mich ein in die Jahre gekommener Möchtegern-Modezar drei Jahre in Folge zur am schlechtesten gekleideten Frau des Landes ausgerufen hat. Eines Tages war ich im Frühstücksfernsehen und wurde zu diesem und jenem befragt (beispielsweise zu meinem erstklassigen Modegeschmack). Es stellte sich heraus, dass die Moderatorin heimlich diesen widerwärtigen Schleimbeutel hinter der Bühne versteckt hatte. Sie fragte mich, ob ich bereit sei, ihm zu verzeihen. Dieser elende Drecksack saß tatsächlich in der Seitenkulisse und wartete darauf, dass ich ihm vergab. Ich sagte Nein. Wann ich dann dazu bereit sei, fragte die Moderatorin, und wie lange man meiner Meinung nach einen Menschen für einen Fehler zappeln lassen solle. Ich sei Irin, erwiderte ich, und Vergebung sei ein Fremdwort für uns. Immerhin betrauern wir heute noch Verbrechen, die man uns vor über zweihundert Jahren angetan hat. Deshalb laute das Urteil »lebenslänglich«. Ich leide nun mal am »Versuch ja nicht, mich hier zu verarschen, sonst wirst du's bereuen«-Syndrom. Dieser Vorfall sorgte für einigen Wirbel in der Presse, unter anderem deshalb, weil viele Journalisten, die ich kenne, unter derselben Krankheit leiden und man sich deshalb darauf verlassen kann, dass sie sich mit Begeisterung auf so eine Geschichte stürzen.

Frech, witzig und spontan

Als ich in den Achtzigern in Paris lebte, waren »frech«, »witzig« und »spontan« die Schlagworte in der Modewelt. Mir leuchtete nicht ganz ein, was so neu daran sein sollte, schließlich klang es exakt nach dem, was ich seit zwanzig Jahren lebte. Außerdem verwenden Modejournalisten innerhalb eines einzigen Artikels unter Garantie mindestens siebenunddreißigmal das Wort »Story.« So trugen die Modestrecken unter anderem wohlklingende Titel wie *The English Tea Dance Story*, *The Decadent Opulence Story*, *The Bolivian Mountain Girl Story* und *The Dominatrix Story*. Sitzen all diese Leute ernsthaft an ihren Schreibtischen und denken sich diese »Storys« aus? Waren sie überhaupt schon mal in Bolivien? Wissen sie, dass Mädchen aus bolivianischen Bergdörfern jeden Tag dasselbe Kleid und kein Höschen drunter tragen? Ich weiß es, weil ich nämlich schon mal in Bolivien war. Und in den zwei Wochen ist mir keine einzige »Story« über den Weg gelaufen. Natürlich musste jedes modebewusste Mädchen in der *La Vie Ordinaire Story* automatisch frech, witzig und spontan sein … Oh Mann. Kein halbwegs anständiges Mädchen ahnte, was mit Dominatrix gemeint ist. Nur ich weiß es rein zufällig, weil an der Wand des Hauses gegenüber meinem Pariser Apartment ein riesiges Poster von einem Mädchen mit einem kompliziert aussehenden Arrangement aus Peitschen und Ketten prangte. Ihr Name war Madame Dominatrix. Und ich zählte zwei und zwei zusammen.

Nach sorgfältiger Betrachtung der Modestrecken in der *Vogue* gelangte ich zu dem Schluss, dass *frech, witzig* und *spontan* für ein Revival der psychedelischen Muster (als wäre es bei der ersten Runde nicht schon schlimm genug gewesen), des Leopardendrucks (schon wieder) und Hot Pants (die nicht einmal ein Prozent der Bevölkerung tragen können) stand. Die Hot Pants trieben mir den Schweiß auf die Stirn. Wieso müssen einen Moderedakteurinnen eigentlich zur Verletzung jeglichen Anstands zwingen? Ich gebe zu, dass ich zu den Fashion Victims gehöre, trotzdem gibt es ein paar unumstößliche Regeln:

1. Keine weißen Schuhe. Niemals. Es sei denn, Sie arbeiten als Krankenschwester oder treten vor den Traualtar.
2. Keine durchsichtige Kleidung am Frühstückstisch, egal welche schmeichlerischen Lügen Ihnen Ihr Bettgenosse letzte Nacht ins Ohr gesäuselt hat.

3. Kein Mini oder gar Mikro-Mini bei Boticelli-Oberschenkeln.
4. Nicht aus dem Fitness-Club direkt ins Lieblingscafé. Fahrt um Himmels willen nach Hause, Leute, zieht die albernen Sportklamotten aus und geht unter die Dusche.

Ich bin die erste Neuseeländerin, die trotz der eindringlichen Warnung meiner Mutter Rot und Pink am selben Tag getragen hat. Ich war schon rumänische Zigeunerin, lange bevor Vivienne Westwood eine »Story« daraus gemacht hat. Entgegen des klar formulierten moralischen Kodex trug ich einen roten Spitzenunterrock unter meiner weißen Schwesterntracht. Die wichtigste Moderegel, die mir und meinen Schwestern von Geburt an eingetrichtert worden war, lautete: Niemals etwas tragen, in dem man einen Unfall haben möchte. Es gab nur zwei Mädchen, die gegen diese eiserne Regeln verstießen: unsere Cousine, die auf dem Land lebte, und das Nachbarsmädchen, das Löcher in den Ohren und gefärbte Haare hatte. Allen anderen wohl erzogenen Mädchen wurde beigebracht, stets saubere, blütenweiße Unterhosen anzuziehen und Schwarz nur zu Begräbnissen zu tragen.

Ich brauchte meine gesamte Kindheit, bis mir all diese ungeschriebenen Modegesetze in Fleisch und Blut übergegangen waren, und jetzt kam die *Vogue* daher und präsentierte mir ein völlig anderes Modekonzept, das mehr Fragen aufwarf, als es beantwortete. Durfte ich jetzt auf einmal doch um zehn Uhr morgens Strass tragen? Konnte ich Leopardenmuster allen Ernstes mit Paisley mixen? Wie sollte ich wissen, dass ich noch ich bin, wenn ich Hermès anstelle von Gaultier trage? Und was ist mit diesen elenden Hot Pants? Meine Freundin Trudy arbeitete als Model und trug alles, was kurz war, aber sie war schließlich einen Meter achtzig groß – und zwar nur die Beine, wohlgemerkt –, wohingegen ich es gerade mal auf einen guten Meter sechzig bringe und Knöchel habe, die nur eine Mutter lieben kann.

Es gibt zwei Arten von Mode: Laufstegmode oder Haute Couture, die sich niemand außer einer Handvoll saudischer Prinzessinnen leisten kann, und Klamotten von der Stange, wie Sie und ich sie tragen. In den Neunzigern war die Kleidung der wahren Modekennerin darauf ausgerichtet, ein Statement abzugeben. Auffallen um jeden Preis, so lautete die Botschaft. Der Sexappeal in dieser Ära hatte etwas Hartes, Gewalttätiges, der Power-Business-Look war out – zum Glück – und machte dem Trash-Look Platz. Plötzlich kam niemand mehr an billig aussehenden Strings, Killer-Stilettos, Wildlederriemchen, schwarzem Leder, Sexshop-Styling, Bondage-Stil und Stiefeln im Fetischlook vorbei. Ob Sie es glauben oder nicht, aber Kunstpelz musste echtem Pelz weichen, und »Dominatrix« hielt wieder Einzug ins Vokabular der Moderedakteure. Sind wir so fantasielos, dass wir ständig wieder diese übertriebenen Schulterpolster, Leopardenmuster, Federn, Netzstrümpfe und Hot Pants aus dem Hut ziehen müssen? Wenigstens ist dieser Heroin-Chic mittlerweile out. Ich meine, wie viel lila Lidschatten kann man sich eigentlich unter die Lider schmieren, und haben Sie eine Ahnung, wie schädlich Bleichmittel für die Haare ist und wie hässlich dunkle Ansätze aussehen?

Im neuen Jahrtausend lautet die Regel, dass es keine

Regeln mehr gibt; stattdessen tragen Frauen, worauf sie Lust haben, alles ist in, und alles ist out. Niemand verfügt mehr über die kulturelle Autorität zu diktieren, was Mode ist und was nicht. Heutzutage sind strikte Regeln der Anarchie des Frohsinns und der Lässigkeit gewichen. Allerdings erfüllt mich dieser Trend mit Sorge, weil ich fürchte, dass das Ganze tränenreich enden könnte. Wie kann man erwarten, dass jemand, der mit der *Vogue* aufgewachsen ist und unerschütterlich einem unerreichbaren Idol huldigt, das sich außerhalb jeder Reichweite befindet und ohnehin niemals den Weg in unsere heimischen Gefilde schaffen wird, sich nun auf einmal auf eine am Kunden orientierte Modeindustrie einlässt? Die jungen Pariserinnen tragen Plateauschuhe mit schwindelerregenden Absätzen, und die Jungs, die scheinbar immer weiter in die Höhe schießen, kommen in engen schwarzen Jeans und T-Shirts daher. Obwohl sie eisern Sport treiben und scheinbar jede Menge essen, bleiben sie doch stets dünn und sexy.

Bei einem meiner Besuche in Paris steckte eine berühmte französische Modezeitschrift ein Model in ein Outfit von Christian Lacroix, schickte es auf die Straße und bat Passanten, vier Fragen zu beantworten:

1. Gefallen Ihnen diese Sachen?
2. Würden Sie so etwas auch tragen, und wenn ja, zu welcher Gelegenheit?
3. Wie viel kosten Sie Ihrer Meinung nach?
4. Von welchem Designer stammen sie?

Das Model trug ein limonengrünes Transparenttop, blaue Spitzenhandschuhe, rot-schwarz bedruckte Schlaghosen und einen langen Mantel mit Blümchenmuster. Die meisten Passanten fanden die Sachen sehr schön und gaben an, sie auch durchaus anzuziehen (wenn auch nur in den eigenen vier Wänden), verschätzten sich geradezu lächerlich im Preis (sie gingen davon aus, die Sachen seien wesentlich billiger), und nur ein Drittel der Befragten erriet den Designer. Männern gefiel die Vorstellung, ihre Frauen in den Sachen zu sehen, Frauen hingegen hatten eine realistischere Einschätzung des Outfits und wussten, dass sie es sich entweder nicht leisten oder nicht in einer Million Jahren gut darin aussehen würden. Das Interessanteste an der Umfrage war, dass die Sachen aussahen, als stammten sie aus dem Fundus der Heilsarmee, und vorzugsweise Jean Paul Gaultier zugeschrieben wurden.

Ein modisches Statement, das ist alles, was ich verlange, selbst wenn es nicht meinem Geschmack entspricht. Wann immer ich der typischen Intellektuellen begegne, verfalle ich angesichts ihres Kleidungsstils und des eklatanten Fehlens jeglichen Lippenstifts spontan in einen anaphylaktischen Schock. Sagen Sie nichts. San Francisco 1968? Hier kommt der Look: selbst gestrickter Pulli, löchrige Strümpfe, halbblinde Glasbroschen, lila Seidenschals, graue Haare, keinerlei Make-up und Riesentaschen. So sehen sie aus, die naturbelassenen, Bloß-kein-lächerlicher-Schnickschnack, ich-bin-wer-ich-bin-Frauen. Ich hingegen stehe auf unnützen Schnickschnack: Lippenstift (allerdings nicht rosa!), nachgezogene Augenbrauen und ein Hauch Rouge verwandeln jede graue Maus im Handumdrehen in eine strahlende Schönheit. Keine Frau über dreißig sollte das Haus ohne eine Schicht Lippenstift verlassen, nicht einmal, um den Müll rauszubringen. Weshalb sollte man so gemein sein und den Hund zu Tode erschrecken? Gehen Sie zur Maniküre, legen Sie sich eine anständige Frisur zu, und tragen Sie Ihr Äußeres mit Stolz. Und noch etwas: Es ist nicht gut, sich schon morgens im Spiegel anzusehen. Kriechen Sie auf allen vieren vom Schlafzimmer ins Bad, und montieren Sie sämtliche Spiegel und Lampen auf dem Weg bis dorthin ab. Treten Sie erst vor den Spiegel oder ins Licht, wenn Sie Ihr Make-up aufgelegt haben und angezogen sind.

Und dann gibt es da noch dieses Thema: »Es gibt kein schlechtes Wetter, sondern nur verkehrte Kleidung.« Meine Cousinen, die außerhalb von Melbourne auf dem Land wohnen, gehen bei miesem Wetter raus, heißen die Elemente willkommen, sprechen mit Gott und treten in Kontakt mit ihren inneren Schwachköpfen. Hallo? Das ist eine dieser angelsächsischen Albernheiten, die in dieselbe Kategorie fällt wie Monopoly und Murder Mystery. Nur dass es hierbei am Ende keine Gewinner und keine Belohnung gibt. Beim »Lass uns im strömenden Regen einen Spaziergang machen«-Spiel frisiert man sich, zielt uralte Sachen an, wirft sich eine handbestickte Stola um die Schultern und latscht mit Leuten durch die Gegend, die gerade aus der Fremdenlegion entlassen worden sind. Man kommt mit völlig ruinierter Frisur und einem festgefrorenen Grinsen zurück, wo ein einfaches Lächeln völlig genügen würde. Wenn Sie ein absoluter Schlechtwetterfreak sind, ziehen Sie Stiefel, einen Armeemantel und eine Skibrille an, und lassen Sie sich nicht von Menschen aufhalten, die lieber bei einer Zigarette und einem Glas Sherry im Trockenen bleiben.

LOUISE

Louise Pilkington ist seit zwölf Jahren die zauberhafte, anmutige Inhaberin des Serville Ponsonby Friseursalons. Friseurin ist ihr Traumjob, den sie mit großer Begeisterung ausübt. Als ich sie interviewte, trug sie ein Sommerkleid im Vintagestil mit einem breiten Gürtel, einer dazu passenden Strickjacke und hohe Sandalen mit Keilabsatz. Louise hat ein sehr hübsches, offenes Gesicht, ein strahlendes Lächeln, haselnussbraune Augen und – zumindest im Augenblick – dunkelblondes Haar. Sie hat einen wunderschönen olivfarbenen Teint und gehört zu den Frauen, die man ständig ansehen muss. Ich habe sie gefragt, warum sie Kleider trägt.

»In erster Linie, weil ich einfach Lust dazu habe – für mich ist das eine Kunstform. Meine Mutter war immer sehr modisch und hatte eine breitgefächerte Garderobe. Meine Großmutter war Schneidermeisterin und hat die kompliziertesten, raffiniertesten Kleider mit unglaublicher Liebe zum Detail genäht. Außerdem hat mich unsere Nachbarin sehr inspiriert, die immer wunderschön angezogen war und mich ausstaffiert hat. Sie reiste nach Europa oder Australien und brachte mir sogar einmal ein vollständiges Outfit in Rosa mit. Ich war im Himmel. Ich verändere meinen Kleidungsstil und meine Frisur je nach Stimmung und genieße dieses Chamäleon-Dasein. Natürlich hat es den Nachteil, dass man nie unsichtbar ist. Wenn ich einen Tag habe, an dem ich am liebsten nicht wahrgenommen werde, trage ich Schwarz oder eine andere dezente Farbe.«

»Wie sieht es in Ihrem Kleiderschrank aus?«

»Er ist groß und sehr aufgeräumt. Alles ist sortiert. Nach Stoffen, Farben, Accessoires, Schmuck, Schuhen. Und alles ist in Sichtweite, so dass ich mir den Look zusammenstellen kann, den ich an diesem Tag tragen möchte. Morgens überlege ich mir ein Motto: Cowboy, sexy Sekretärin, Businessfrau, Lebenskünstlerin ... ich bekomme meine Inspiration von überall her. Von der Straße, aus Filmen, Designern.«

»Welches ist Ihr schlimmster modischer Fauxpas?«

»Einmal habe ich mir in den Achtzigern korallenroten Glitzerpuder auf die Augenbrauen gegeben und ein anderes Mal einen dicken, rechteckigen Streifen roten Lidschatten aufgemalt. Und dann war da noch die Phase, in der ich mir die Haare hellblond gefärbt und lila Strähnchen eingeklebt habe.«

»Sollten Frauen Ihrer Meinung nach tragen, was ihnen gefällt, egal ob es ihnen steht oder nicht?«

»Nein, das finde ich nicht, weil diese Einstellung etwas mit Nachlässigkeit und Selbstzerstörung zu tun hat. Ein enges weißes Top zu tragen, während einem das Speckröllchen über den Bund quillt, spricht dafür, dass man ein Problem mit dem Respekt vor sich selbst hat. Ich finde diese Vorher-Nachher-Sendungen im Fernsehen wirklich gut, weil die Frauen eine Menge über ihren Figurtyp lernen. Es ist für jeden nachvollziehbar, dass man seine Vorzüge eher betonen und die Problemzonen kaschieren sollte. Ich habe zum Beispiel ziemlich große Brüste, aber kaum Hüften, also trage ich figurbetonte Sachen – ich würde nie im Leben ein Kleid anziehen, das wie ein Sack an mir herunterhängt. Es geht nicht darum, möglichst modebewusst zu sein, sondern sich anständig und angemessen zu kleiden. Wenn man toll aussieht, gibt einem das Selbstvertrauen. Frauen sollten lockerer werden und ein bisschen mit ihrem Aussehen experimentieren – wenn Coco sich selbst erfinden kann, dann können alle anderen das auch.«

»Aber wen kümmert das in Wahrheit? Ist Mode im großen Bild überhaupt wichtig?«

»Ja und nein. Mode ist nicht so oberflächlich, wie es vielleicht scheint. Die oberflächliche Seite daran ist nur das gesellschaftliche Ego. Mode und Frisuren haben seit jeher eine große Bedeutung; sie erzählen eine Geschichte. Ohne Moden und Haarkunst wäre die Welt ein langweiliger Ort, wie eine Suppe ohne Salz.«

»Erzählen Sie mir doch bitte von Ihrer Beziehung zu Schuhen.«

Breites Lächeln.

»Schuhe sind der wichtigste Bestandteil jeder Garderobe. Wenn sie nicht gut verarbeitet, abgelaufen, schmutzig oder hässlich sind, überträgt sich das auf das gesamte Erscheinungsbild. Die Schuhe sind das i-Tüpfelchen jeder Garderobe. Einen Mann kann man beispielsweise nach seinen Schuhen beurteilen. In den Achtzigern habe ich mich sogar mal von einem Mann getrennt, nur weil er weiße Commando-Treter anhatte.« Sie lacht.

»Wo steht die Mode heute, und wo geht sie hin?«

»Im Augenblick geht die Mode ziemlich an die Grenzen. Es ist alles sehr theatralisch und bunt, es werden sehr viele Stile und Muster gemixt. Ich frisiere häufig bei internationalen Shows in Mailand, Paris und New York, und im Moment ist alles sehr hollywoodmäßig.«

Marni-Magie

Im Lauf der Jahre war ich schon in viele Designer verliebt: Jean-Paul Gaultier, Trelise Cooper, Issey Miyake, Zambesi, Prada, Marilyn Sainty… und meine derzeitige Leidenschaft gehört dem hinreißenden, aber sehr im Verborgenen agierenden italienischen Label Marni. Consuelo Castiglioni ist der kreative Kopf dieses Familienbetriebs. Marni schaltet keine Anzeigen in Modemagazinen, hält seine Schauen zu so unglamourösen Uhrzeiten wie um zehn Uhr früh ab, und die Designerin hasst es, im Mittelpunkt zu stehen. Marni steht nicht für den typischen sexy, überkandidelten Glitzerlook, wie man ihn sonst von den Italienern gewöhnt ist, sondern für den lässigen, geschmeidigen, kantenlosen Look mit außergewöhnlichen Mustern, herrlichen Farben und handgefertigten, beinahe kunsthandwerklichen Accessoires wie Halsketten aus Leder, Häkeleinsätzen und bunten Plättchen. Die Kleider von Marni werden nicht designt, um Blicke auf sich zu ziehen, sondern sind darauf ausgerichtet, sich angenehm tragen und Frauen schön aussehen zu lassen, ohne dabei übertrieben aufreizend oder auffällig zu sein. Außerdem können sie jederzeit mit den Teilen aus der vorhergehenden Saison kombiniert und gemixt werden. Sie sind eher außergewöhnlich als konventionell und für Frauen gemacht, die sowohl modisch als auch bequem gekleidet sein wollen. Die Kleider fühlen sich ausnahmslos weich und feminin an und engen nicht ein.

Spiegel und Rauch

Mittlerweile gibt es einen Spiegel, der einem nicht nur sagt, dass man die Schönste auf der Welt ist, sondern der gewährleistet, dass auch die Freunde es tun. Ein New Yorker Designer hat einen Spiegel mit einer über Infrarot gesteuerten Kamera ausgestattet, die eine Liveaufnahme auf jedes Handy, Mailadresse oder sonstiges digitales Empfangsgerät auf der Welt schicken kann. Sie sind also gerade in Paris und beschließen in einem spontanen Anfall von Wahnsinn, dass Sie in Versace besonders gut aussehen. Mithilfe dieses Spiegels kann Ihre Mutter, die mit ihrem Handy in Sydney sitzt, zusehen, wie Sie das gute Stück anziehen und Sie rechtzeitig auf den Boden der Tatsachen zurückholen, indem sie sagt: »Hör sofort mit diesem Unsinn auf.« Aber damit nicht genug. Mithilfe von Touchscreens auf dem dreiteiligen Spiegel können auch Accessoires wie Schuhe oder eine Handtasche ausgewählt werden. Auf der linken Seite des Spiegels befindet sich ein Touchscreen, auf dem der Kunde ein anderes Outfit aussuchen und auf den mittleren Spiegelteil übertragen kann, um zu sehen, ob ihm die Kombination steht, ohne sie anprobieren zu müssen. Die rechte Spiegelseite liefert weitere Informationen über andere Schuhe und Accessoires. Wie cool ist das denn!

One of these days these boots are gonna walk
all over you

»Ein Schuh soll uns beflügeln, uns in die Lüfte heben.
Wer erst einmal auf Wolken geht, der wird auch andere
Träume wahr machen.«

Roger Vivier, Schuhdesigner

Wissenschaftliche Studien haben bewiesen, dass eine Frau höchstwahrscheinlich vom Hals an tot ist, wenn sie keine Lust hat, Schuhe zu kaufen. Laut UK Woolwich Survey verbringen 29 Prozent aller Frauen mehr Zeit mit der Jagd auf Schuhe als mit der Suche nach dem Mann fürs Leben. Im Schrank der Durchschnittsfrau stehen 19 Paar Schuhe, ein kleiner Prozentsatz besitzt sogar 100 Paar; und das Imelda-Marcos-Syndrom greift immer mehr um sich. Ebenso wie BHs kaufen viele Frauen auch ihre Schuhe zu klein und lassen sich nicht von der Frage beeinflussen, ob sie bequem sind oder nicht.

Eine perfekte Methode, um herauszufinden, ob sich ein Mann als Partner fürs Leben eignet, ist, ihm ein paar grundsätzliche Fragen zum Thema Schuhe zu stellen, ein Thema, in dem sich jede Frau auskennt. Wer ist Robert Clergerie? Wieso lassen Highheels Frauenbeine sexy aussehen? Ist es wichtig, auch Designerschuhe zu kaufen? Was hältst du davon, Alkohol aus Damenpumps zu trinken? Außerdem sollte man ihn bitten, den Schrank aufzumachen und die Designer der Schuhe zu nennen, ohne einen Blick auf das Etikett zu werfen. Mit dieser einfachen Taktik schlagen Sie zwei Fliegen mit einer Klappe: die Suche nach dem idealen Mann und nach dem perfekten Schuh.

Durch sämtliche Jahrhunderte waren Schuhe ein Symbol für Reichtum und Status. Die Herstellung eines Schuhs ist unglaublich kompliziert und aufwändig. Als Erstes entsteht die so genannte »Leiste« – die handgefertigte Holzreplik des Fußes. Anhand dieser Leiste werden die Kontur des Spanns und die Verteilung des Gewichts der Trägerin auf der Sohle festgelegt. Ihre Herstellung erfordert großes handwerkliches Können. Jeder Schuhtypus hat seine eigene Leiste, und der Hersteller muss bestimmen, wie die Trägerin letzten Endes in den Schuh schlüpfen wird. Das Wichtigste ist, den Umfang und die Form des Fußrists sowie des Ballens richtig zu ermitteln, denn genau auf ihnen ruht das Körpergewicht beim Gehen. Der Schuh selbst besteht aus mehreren Einzelteilen: die Vorderkappe, in der sich die Zehen befinden, das Schuhblatt, das unmittelbar darüber liegt, die Zunge, das Quartier, das um den Fuß herum verläuft, und die Kuppe, die die Ferse stützt. Als Nächstes wird der Schuh gefertigt: der Schuhmacher zeichnet die Umrisse der Sohle, formt die Vorder- und Hinterkappe und weicht das Leder ein, damit es geschmeidig wird. Dann wird es über die Holzleiste gezogen, gespannt und mit Nägeln befestigt. In dieser Form wird das Schuhmodell einige Wochen gelagert, ehe die Sohle und der Absatz angefügt werden.

Schuhe mit hohen Hacken für praktische Zwecke, wie zum Beispiel dem Reiten, gehen bis in vorchristliche Zeiten zurück, modisch traten Absätze zum ersten Mal 1533 in Erscheinung, als Katherina von Medici sie anlässlich ihrer Hochzeit mit dem Herzog von Orléans von Italien nach Frankreich mitbrachte. Einer der herausragendsten Schuhdesigner, Roger Vivier, hat Königin Elisabeths Hochzeitsschuhe gestaltet: goldene, mit Granaten besetzte Ziegenlederpumps. Hohe Absätze verleihen einer Frau Macht, vor allem wenn es darum geht, einen Mann zu verführen. Rein psychologisch lassen sie die Frau zur Anführerin werden, statt zu derjenigen, die dem Mann folgt. In sexueller Hinsicht wird man entweder das Subjekt oder das Objekt männlicher Begierde. Schuhe sind ein Mittel, um einem unbefriedigenden Leben zu entfliehen. Cinderella hat ihren Prinzen der Tatsache zu verdanken, dass er ihren Schuh fand. In hohen Absätzen gibt es keine Möglichkeit, ängstlich zurückzuweichen, da das gesamte Körpergewicht auf den Fußballen ruht. Auf diese Weise drückt man automatisch die Wirbelsäule durch, die Beine wirken länger, die Waden straffer, weil sie angespannt werden, und der Spann hebt sich. Genau hier liegt die erotische Querverbindung: Der Fuß wird in dieselbe vertikale Position gezwungen, wie er sich laut Sexualforscher Alfred Kinsey im Augenblick des Orgasmus krümmt, wenn die Frau das Bein bis zu den Zehen durchstreckt. Im Durchschnitt wölbt sich das Hinterteil der Frau in hohen Absätzen um 25 Prozent. Darüber hinaus gelten Fußknöchel und verlängerte Beine in der Tierwelt als biologisches Signal für sexuelle Verfügbarkeit. Highheels zu tragen ist ebenfalls gut für Sie, weil Sie damit automatisch Ihre Beckenbodenmuskulatur trainieren.

Männer sind wie Linoleum – sie betteln regelrecht darum, dass man auf sie drauftritt, heißt es immer so schön. Es geht das fiese Gerücht, dass der menschliche Körper nicht für das Tragen von Highheels geschaffen ist. Nicht für das Tragen von Highheels geschaffen? Wieso hat der liebe Gott dann das Linoleum erfunden? Und wieso hat er Christian Louboutin, dessen Spezialgebiet das »Zehendekolletée« ist, das Leben geschenkt? Okay, all die Miesmacher da draußen unken zwar, wir könnten hintenüberkippen, Hammerzehen bekommen, uns Knieverletzungen zuziehen, uns den Knöchel verstauchen und Rückenprobleme bekommen. Oder zumindest am Ende des Tages unter fürchterlich schmerzenden Füßen leiden oder, was noch viel schlimmer wäre, psychische Probleme bekommen, wenn man sie uns wegnimmt – ich bin nur einen Meter sechzig groß, eine Körpergröße von einem Meter achtzig ist aber absolutes Muss für mich. Wenn man Sie daran hindert, Schuhe zu kaufen (über die Sie sich definieren), werden Sie Ihre Identität verlieren. Als wir diese »Warnungen« ignorierten und weiterhin die sexieste Erfindung in der Geschichte der Menschheit (abgesehen von der Pille) trugen, kamen sie mit der Fruchtbarkeitsgeschichte daher: Wegen der Highheels kippt das Becken nach vorn, so dass die Organe zusammengedrückt werden. Realistisch ist, dass das Tragen von Highheels im Alltag irgendwann einmal etwas zu unbequem wird, trotzdem können sie ohne Weiteres zu besonderen Anlässen getragen werden. Hohe Absätze sind wie eine spontane Verjüngungskur; quasi ein Lifting ohne Messer.

Man ist nie zu fett oder zu alt, um sich ein neues Paar Highheels zuzulegen, schon gar nicht, wenn es sich um Edelexemplare handelt. Je mehr Schuhe eine Frau besitzt, umso besser wird sie. Ein guter Schuh ist ein echtes Kunstwerk, vor allem der Absatz. Wenn Sie gern Highheels ausprobieren würden, aber Angst haben, bestenfalls einen Samstagabend darin zu überstehen, kaufen Sie sich ein anständiges Paar. Designerschuhe sind Einzelanfertigungen, folglich passen manche besser, manche schlechter, genauso wie Kleider.

Hohe Schuhe zu tragen ist eine Kunst. Versuchen Sie nicht, sich gleich genauso darin zu bewegen wie in flachen Schuhen, das wäre, als würde man eine Arie anstimmen, ohne vorher Gesangsunterricht genommen zu haben. Sie können sich dabei nur zum Narren machen. Gestatten Sie Ihrem Körper, sich an die Form des Schuhs anzupassen und nicht umgekehrt. Das kann nur mit Schmerzen und Peinlichkeiten enden. Denken Sie daran:

Sie tragen Ihre Schuhe, nicht Ihre Schuhe tragen Sie. Halten Sie den Kopf hoch, drücken Sie die Schultern nach hinten, und sehen Sie nicht zu Boden. Anmut und gute Haltung sind gefragt. Das Gewicht sollte über der Ferse bleiben, nicht auf den Zehen. Gehen Sie langsamer, und machen Sie kleinere Schritte. Sie müssen regelrecht dahinschweben. »Einbahnschuhe« nennt meine Freundin Ginny richtige Highheels: Man kann sie nur auf dem Weg zur Party und dort tragen, beim Nachhausegehen definitiv nicht mehr. Wahre Stilgöttinnen ziehen ihre Schuhe niemals aus, wenn sie unbequem werden; sie sichern sich ab, indem sie sich Gelpflaster auf die Füße kleben.

Schuhe besitzen die Fähigkeit, ebenso wie Musik Erinnerungen und Gefühle auszulösen. Beim Anblick der Babyschuhe meiner Nichten spüre ich automatisch einen Kloß im Hals. Wann immer mir der Geruch von Ballettschuhen in die Nase steigt, fühle ich mich in die wunderbare Welt der Tutus, Pirouetten und des Lampenfiebers zurückversetzt. Ich erinnere mich teilweise genau, welche Schuhe ich bei welchen wichtigen Begebenheiten meines Lebens getragen habe. In der Schule: klobige, vom Regen durchnässte schwarze Schnürschuhe. Als Krankenschwester: klobige, vom Regen durchnässte weiße Schnürschuhe. Erste Liebe: Sandalen mit Riemchen bis zu den Knien. Mit Stiefeln im Bett: Cowboy-Boots aus Seattle zwischen kanadischen Laken. Hochzeit: schwarze Wildlederschuhe mit rotem Stiletto-Absatz. Gastro-Tour durch Norditalien: Mules von Pucci. Letzte Geburtstagsparty: Plexiglasplateaus mit 15-Zentimeter-Absatz.

Der **Ballettschuh** oder **Ballerina** ist ein flacher, weicher Schuh aus Leder oder Satin, in dem Primaballerinen tanzen oder gehen, mit flacher Ledersohle, und steht am besten sehr schlanken jungen Frauen in Caprihosen, dunkler Sonnenbrille und einem Hermès-Seidenschal, der über ihren Rücken flattert.

Ein enger, aber weitaus weniger glamouröser Verwandter des Ballerinas ist der **Slipper**, der ursprünglich sehr kunstvoll gearbeitet war, heutzutage teilweise aber reichlich schäbig daherkommt. Ursprünglich war dieser Schuh darauf ausgerichtet, nur einen Abend lang zu halten. Er war so zart, dass er lediglich im Schlafzimmer getragen wurde. Ein Hauch von wunderschönem Nichts, ein winziges Stück bestickte Seide, Satin oder Samt, das kaum den Fuß zu bedecken vermochte. Er zeigte, wie modebewusst und wohlhabend seine Trägerin war. Heutzutage sieht man üppig verzierte Slipper immer noch bei besonderen Gelegenheiten wie Hochzeiten oder festlichen Abendveranstaltungen, wo sie ebenfalls nur einen Abend lang getragen werden sollen – eine Reminiszenz an die Unschuld, die Romantik und die Launenhaftigkeit seiner Trägerin.

Stöckelschuhe tauchten in den frühen Fünfzigern das erste Mal auf. Die meisten Auszeichnungen für ihre Stöckelschuh-Kreationen ernteten zwei begnadete Designer: Salvatore Ferragamo und Roger Vivier. Keine Sexbombe, die etwas auf sich hielt, kam an diesem Schuhwerk vorbei. In den Sechzigern und Siebzigern, als wir damit beschäftigt waren, unsere BHs abzufackeln und auf »au naturel« zu machen, kamen sie aus der Mode. Zum Glück jedoch feierten sie ein Comeback, als die Power-Kostüme in den Achtzigern Einzug hielten. In den Neunzigern waren sie kaum merklich flacher. Dieses Jahr hingegen sind sie absolut spektakulär: Nur Frauen mit Spezialausbildung können sie tragen.

Die Ideen für die Mehrzahl der modernen Schuhe stammen aus der Werkstatt von Ferragamo, und auch der **Keilabsatz**, den er 1936 erfunden hat, bildet da keine Ausnahme. Die lediglich einen Meter fünfzig große Brasilianerin Carmen Miranda platzte wie eine Bombe in ihren 20 Zentimeter hohen Glitzerwedges in die Hollywood-Szene. Ein Wedge ist ein Stiletto, nur dass der Absatz ganz aus Kork besteht, was die Verteilung des Gewichts und damit den Stand erleichtert. Schuhe mit Plateau sind eigentlich eine nette Sache und sehen gut aus, nur fühlt es sich ein bisschen so an, als hätte man ein Lexikon unter den Füßen.

Mules waren ursprünglich Boudoir-Schuhe, die für Glamour und Sex-Appeal standen, und wurden lediglich im Haus getragen. Die Spitzen sind mit Marabu-Federn verziert, sie haben hohe Absätze und sind hinten offen, so dass der Fuß nur zur Hälfte bedeckt ist. Bei ihrem Anblick malt man sich automatisch aus, wie Marilyn Monroe oder Diana Dors kokett in hellrosa oder schwarzen, federbesetzten Mules herumtrippeln. Sie sind ein Symbol für die Fünfziger und der Inbegriff der Sünde. Mittlerweile wurden sie straßentauglich gemacht und werden nicht mehr mit Federn, sondern mit anderen Accessoires verziert.

Gesellschaftsschuhe oder Pumps traten 1555 in Erscheinung. Das Wort Pumps leitet sich vom französischen *poumpe* ab, der Bezeichnung für den damaligen Slipper der Lakaien. Kaum hatten die Frauen ihn wegen seiner Bequemlichkeit für sich entdeckt und ließen ihn aus Wildleder anfertigen, hielt er als perfekter Tanzschuh Einzug in die Salons. Der moderne Pump ist tief ausgeschnitten, mit eher flachem Absatz, meist schwarz und wird vorzugsweise von Stewardessen, Jackie Kennedy und Brautjungfern getragen, die das Leder einfärben, damit es zum Kleid passt. Dieser Schuh steht für Seriosität und guten Geschmack. Ich habe noch nie im Leben einen getragen.

Es hat etwas unglaublich Romantisches, in Schuhen aus Leinenstoff und Hanf herumzulaufen, ein gewisses *je ne sais quoi*. Sie halten nicht lange und sind trotzdem chic und riechen förmlich nach Sonne, Strand und Meer. Von spanischen Bauern erfunden und ursprünglich als *alpargatas* bezeichnet, bestanden ihre Sohlen aus Espartogras. Als sie Anfang der Achtziger nach Südfrankreich kamen, wurden sie unter dem Namen **Espadrilles** geführt. Am Ende jedes Sommers warf man sie einfach weg. Heutzutage gibt es sie auch mit Keilabsatz aus Hanfseil. Normalerweise wäre es ein Ding der Unmöglichkeit, mit Highheels oder Keilabsätzen auf südfranzösischem Kopfsteinpflaster zu gehen, doch in diesen leichten Kork-Espadrilles sind selbst schwierige Straßen kein Problem mehr.

Flipflops oder Jandals, wie man sie in Neuseeland nennt, wo sie 1957 patentiert wurden, sind das billigste, demokratischste Schuhwerk der Welt und bestehen aus Gummi. Ihr Design wurde der japanischen Zori-Sandale entlehnt, und eigentlich waren sie für den Strand gedacht. Der Sand kann auf allen Seiten herein- und wieder herausrieseln, außerdem läuft man in ihnen gut über Muschelschalen und Felsen. Sie sind absolut fantastisch, und viele Neuseeländer sehen keine Notwendigkeit, irgendetwas anderes zu tragen. Mittlerweile haben Flipflops ihren Status als Strandschuhwerk längst abgelegt und werden in den unterschiedlichsten Varianten von beiden Geschlechtern und quer durch sämtliche gesellschaftlichen Schichten getragen. Um diese Schuhe würdig zu tragen, muss man saubere, gepflegte Füße mit lackierten Nägeln haben und sich Mühe geben, nicht wie eine Ente daherzuwatscheln.

Sport- oder Turnschuhe sind – wer hätte das gedacht? – für sportliche Aktivitäten gedacht. Sie sind speziell gefertigt, um dem Fuß Halt und Federung zu geben. Zu anderen Gelegenheiten trägt man keine Turnschuhe; sie sind hässlich, klobig und machen kein schönes Bein. Dasselbe gilt für die hässlichen Sportklamotten. Ich habe mich häufig gefragt, wie Turnschuhe den Sprung in die Riege der Straßenschuhe schaffen konnten, und mittlerweile die Antwort darauf gefunden: Als tausende New Yorkerinnen 1980 während des Streiks der öffentlichen Verkehrsmittel in Kostüm und diesen Tretern zur Arbeit gingen, wurden sie schlagartig straßentauglich.

Der **Stiefel** ist seit jeher ein modischer Schuh – vom Zeitalter der Jeanne d'Arc, über die Schnürstiefel mit Häkchen des 18. Jahrhunderts, über den Halbstiefel, den Cowboystiefel bis hin zu den Doc Martens und den schmalen, spitzen Exemplaren von heute. Stiefel sind immer ein modisches Statement. Einmal habe ich mir ein Paar unglaublich spitze, knöchelfreie Stiefel von Patrick Cox mit Schnürung und extrem hohen Absätzen in der Form eines Toilettensitzes gekauft. Ich fand sie toll und dachte, es macht bestimmt Spaß, sie an einem Samstagabend für fünf Minuten zu tragen. Ich wusste, dass ich unmöglich darin gehen könnte, aber selbst im Sitzen hatten sie eine unfassbare Wirkung auf Männer. Kaum betrat ich in diesen Dingern den Raum, lagen die Männer auf dem Fußboden und winselten: »Bitte, bitte, schlag mich« (okay, das ist leicht übertrieben). Das war übrigens nicht in Frankreich; ich trug sie bei einer Konferenz zu Hause, und ein steinalter Architekt ging auf die Knie und leckte sie ab. Gütiger Himmel!

Shopping

Womit wir beim Thema wären. Sie kennen bestimmt die alte Redensart: Ich gehe seit vierzig Jahren shoppen und habe immer noch nichts anzuziehen. Wer der Welt eingeredet hat, man müsse rund um die Uhr glücklich und zufrieden sein, ist ein elender Betrüger. Es ist völlig normal, mindestens die Hälfte der Zeit unglücklich zu sein. Deshalb hat der liebe Gott schließlich das Shoppen und den Gin erfunden. Es ist auch völlig normal, shoppen zu gehen, ebenso normal wie essen und trinken. Wir kaufen mehr, als wir brauchen, nur für den Fall, dass es plötzlich einen Engpass an Schuhen, Kochbüchern oder schwarzen BHs mit rosa Spitze gibt. Das Universalgesetz bei Geld ist, dass man es ausgeben muss, damit wieder etwas hereinkommt, deshalb ist es Ihre Pflicht als anständiger Steuerzahler, dieses hübsche Marni-Kleidchen zu kaufen.

Wir bunkern Kleider ebenso wie Schuhe; deshalb können Unternehmen wie eBay überhaupt überleben. Sie sind die reinsten Goldminen. Ich gehe viel lieber shoppen, als meine »Probleme« vor einem Seelenklempner auszubreiten. Neue Klamotten geben einem ein tolles Gefühl. Der Psychiater hingegen führt einem lediglich vor Augen, was für ein abscheulicher Mensch man ist. Wirklich unkontrolliertes Shoppen wird als Kaufzwang bezeichnet. Es ist ein obsessives Reflexverhalten. Sie denken ununterbrochen daran, verbergen es vor anderen, ziehen grundsätzlich allein los und schaden damit Ihren familiären Beziehungen. Das ist bei mir nicht der Fall.

Zukunftsmusik

Laut strategischen Thinktanks gibt es ein neues Zielpublikum für die Modedesigner: SOSs (sexy old ladies). Sie wollen sinnlich, sexy und stylish sein. All das ist Teil der Feminisierung der Gesellschaft, die sich aufgrund der Veränderung des Rollenbilds der Frau abzeichnet: der allseits dokumentierte »Männermangel«, das Kinderkriegen auf einen späteren Zeitpunkt im Leben verschieben und der kontinuierliche Strom an Frauen, die in den Arbeitsprozess eingreifen. Und was braucht man bei der Arbeit? Anständige Klamotten und anständige Schuhe.

Was lernen wir daraus

- ♥ Finden Sie heraus, was Ihnen steht, und wenn Sie Zweifel haben, fragen Sie einen Teenager; die sind gnadenlos.
- ♥ Bolivianische Stolen sehen in Bolivien prima aus; vietnamesische Seidenkleider haben in Saigon einen ganz besonderen Charme; Strohhüte im Lavendelpflückerstil sind in der Provence zauberhaft … Aber

all diese Sachen sehen in heimischen Gefilden absolut lächerlich aus.

- Kaufen Sie sich die tollen, sündteuren Schuhe. Am Ende können Sie sie immer noch über eBay wieder verkaufen.
- Ein Lächeln ist das modischste und schmeichelhafteste Accessoire, das man überhaupt tragen kann.

KAPITEL 2

Essen: Wenn ich noch einmal Trüffelöl rieche, schreie ich

Ohne den Mund zu voll nehmen zu wollen, kann ich behaupten, dass Essen der Sinn meines Daseins ist. Der Versuch, mehr davon zu kriegen, weniger davon zu essen, seine Zubereitung, Geld damit zu verdienen, es zu lieben und es zu hassen. Meine Mutter war meine erste Kochlehrerin, und meine erste Unterrichtsstunde habe ich in der Grundschule absolviert. Wir trugen kleine Schürzen und Mützen und bereiteten Biskuitteig, Braten, Miniküchlein und Makkaroni mit Käse zu. Es war der reinste Himmel auf Erden. Ich fand es immer schon faszinierend, wie man eine feuchte, halbfeste Pampe in den Ofen schieben und eine Dreiviertelstunde später einen fertigen Kuchen wieder herausholen kann. Mir war einfach nicht klar, wie das funktionierte. Wo ging all das andere Zeug hin? Meine gesamte Kindheit hindurch kochte meine Mutter aus nur einem einzigen Kochbuch, dem *Edmonds Cookery Book,* in dem Verbrechen gegen die Menschlichkeit wie Nierensuppe, Zwiebelsauce und Zungenauflauf vorkamen. Zum Glück mussten wir nie als Versuchskaninchen für derartige Widerwärtigkeiten herhalten, mit Ausnahme von klumpigem Zwiebel-Tapetenkleister zum Weihnachtsbraten oder dem einen oder anderen Corned Beef, dafür zog sie es als Anleitung für die Zubereitungsdauer von Steak (eine halbe Stunde), Braten (drei Stunden) und Hackbraten (eine Stunde) zurate.

Eine kürzlich in Großbritannien durchgeführte Studie ergab, dass Menschen unter 25 Jahren keine Ahnung haben, was *spotted dick,* ein traditioneller Kochkuchen mit Rosinen, Presskopf und Nackenfleisch ist. Allein die Vorstellung, Innereien, Schellfischköpfe oder eine Pastete aus Eichhörnchenfleisch zu essen, war abscheulich für sie. Menschen über sechzig vergessen diese Gerichte oft nur allzu bereitwillig, weil sie für Nahrungsmittelknappheit, Frostbeulen und billigstes Fleisch beim Metzger stehen. Weiß heute noch jemand, dass man früher Blut benutzt hat, um Saucen zu binden? Und wie hieß noch mal diese gesüßte Milch mit Labpulver? Zunehmender Wohlstand und Zeitmangel haben Innereien, Schmorbraten und Desserts wie gekochten Pudding aus den Küchen der jungen Menschen vertrieben.

Oder stehen wir kurz vor einem neuerlichen Umschwung? Sind wir unser hektisches, sich stets veränderndes Leben leid? Sehnen sich unsere Mägen nach bekömmlichen, schonend zubereiteten Speisen? Brauchen wir alle eine schöne, beruhigende Tasse Tee und ein Stück lockeren Biskuitkuchen dazu? Meiner Ansicht nach wollen wir gar nicht ständig aufs Neue von Speisen stimuliert, beeindruckt oder zu Tränen gerührt werden. Manchmal brauchen wir das Einfache, Prosaische, Vorhersehbare, Verlässliche. Wo ich auch hinkomme, finde ich stets Gerichte wie gebratene Hühnerleber, den klassischen Tee für zwei in der alten Familiensilberkanne, Scones, Bratäpfel, Steak und Pommes frites. Es gibt Menschen, die sehnen sich danach, die dünnen Sommersachen bald in den Schrank hängen und sich von den flockig-leichten Gerichten verabschieden zu dürfen, damit sie endlich anfangen können, kräftige Eintöpfe zu köcheln und sich in dicke, kuschelige Winterkleider zu hüllen.

Die Wahrheit und das Gedächtnis sind kompliziert, man kann sich nicht auf sie verlassen, und häufig lassen sie einen eiskalt hängen. Es gibt einen Unterschied zwischen dem, was wirklich stimmt, und dem, was einem die Erinnerung sagt. Nach meiner Erinnerung sind die Kartoffeln aus dem Garten meines Vaters die leckersten, nahrhaftesten und köstlichsten Knollen, die ich je gegessen habe. Allein bei der Erinnerung an dieses kulinarische Erlebnis fangen meine Geschmacksnerven vor Sehnsucht an zu weinen. Viele, viele Jahre haben wir uns durch kartoffelaromatische Dürren gekämpft, ein Zustand lähmender Betäubung, aus dem wir erst jetzt langsam erwachen. Zum Glück haben wir mittlerweile Zugang zu verschiedensten Kartoffelsorten, einschließlich der Heritage-Kartoffeln, die nach Typ und Kochmethode, wie mehlig, fest oder vorwiegend festkochend, ausgezeichnet werden.

In meinen Zwanzigern strich und dekorierte ich alle sechs Monate ganze Häuser um, brachte hoffnungslosen männlichen Mitbewohnern Kochen und Putzen bei, schmiss riesige Dinnerpartys und kochte und kochte und kochte. Kochen und essen machte mich glücklich und diente als eine Art Therapie. Das Einkaufen, Schnippeln, Rühren und Probieren beruhigte mich. Selbst zubereitetes Essen schmeckte besser; das Allerbeste daran war jedoch die Dankbarkeit, Musik in den Ohren der künftigen

Erdmutter. Ich war nie zu müde, um für andere zu kochen, denn Kochen war gleichbedeutend mit Liebe. Als Kind hatte ich aus Angst und Unsicherheit riesige Portionen verdrückt, jetzt tat ich es aus reiner Freude am Essen. Und Essen schenkte mir ebenso große Freude wie das Leben selbst. Kaum hatte ich eine Mahlzeit verspeist, plante ich auch schon die nächste. Ich überlegte, eine Laufbahn als Köchin einzuschlagen, doch meine Freunde meinten: »Was soll das? Du wirst Krankenschwester. Es gibt keine weiblichen Sterneköche.« »Gibt es doch sowieso nicht«, ist einer der Hauptgründe, weshalb Menschen über Jahre, manchmal sogar ihr ganzes Leben lang, erfolgreich dem Irrglauben anhängen, die Erde sei tatsächlich eine Scheibe, der Papst unfehlbar und der Orgasmus nichts als ein Gerücht.

Erst als ich mit Mitte zwanzig nach Kanada zog, entdeckte ich so wunderbare Zeitschriften wie *American Gourmet* und Bibeln wie *The Joy of Cooking*. Letzteres ist ein Riesenwälzer, aus dem ich gelernt habe, wie man Hollandaise- und Béarnaise-Saucen zubereitet – ohne jede Frage der Inbegriff der Kultiviertheit und meilenweit von diesem Tapetenkleister namens klassische Mehlschwitze entfernt. Eine klassische Mehlschwitze kann jeder, aber nur eine Frau wie Julia Child war fähig, eine Sauce béarnaise hinzubekommen, weil sie perfektes Timing, eine erstklassige Kochtechnik und geradezu beängstigende Mengen an Butter erfordert. Selbst wenn man sie theoretisch beherrscht, konnte sie am Schluss immer noch gerinnen, wenn man sie an einem heißen Sommertag zu lange in der warmen Küche herumstehen ließ. In Verbindung mit einem saftigen Steak oder einem Lammkotelett möchte man sich beim Geschmack der würzigen, mit Estragon verfeinerten Sauce am liebsten hinlegen und dem Schlag des eigenen Herzens lauschen. Das *Gourmet Magazine* mit seinen einzigartigen Fotos und den intelligenten Restaurantkritiken hat meine Liebe fürs Kochen endgültig besiegelt. Ich habe Dutzende dieser Zeitschriften durch die halbe Welt geschleppt, über dreißig Jahre lang, bis sie vergilbt, eselsohrig und mit Fettspritzern besprenkelt waren.

Damals brach ich in Tränen aus, wenn eine Sauce gerann, ein Soufflé kein Soufflé blieb oder bei meinem Rinderfilet Wellington der Pastetenteig aufweichte. Ich bereitete verrücktes Zeug wie Alaska-Bombe zu – Eiscreme mit einer dicken Schicht Baiser, das so schnell im Ofen überbacken wird, dass das Baiser goldbraun wird und das Eis nicht schmilzt – sprich, es entsteht eine Süßspeise, die außen heiß und innen kalt ist. Haben Sie jemals eine echte Consommé selbst gemacht? Kompletter Irrsinn, aber ich fand es absolut fantastisch, das Eiweiß oben schwimmen zu sehen. Meine Schwester hat mir beigebracht, wie man Apfelstrudel backt, aber nein, ich musste ihn ja unbedingt mit einem handgezogenen Strudelteig machen und dann meinen Freunden an die Gurgel springen, wenn sie Frechheiten à la »Wieso kaufst du nicht einfach einen fertigen Blätterteig, wie deine Schwester gesagt hat?«, von sich gaben. In Montreal lernte ich Leute kennen, die ebenso essverrückt waren wie ich. Jeden Sonntag veranstalteten wir einen Zug durch die lokalen Restaurants, was besonders im Winter riesigen Spaß machte. Man fängt morgens mit einem Kaffee und einem Croissant an, geht ins nächste Restaurant, wo man sich Eier Benedict bestellt, dann, nach einem Spaziergang durch den Park, verleibt man sich eine Pasta und ein Glas Champagner ein, besucht anschließend ein Sonntagskonzert, marschiert zur nächsten Lokalität, um sich einen Kaffee und ein Stück Kuchen zu genehmigen ... in jenen glücklichen Tagen aßen, aßen und aßen wir, ohne auseinanderzugehen.

1980 zog ich nach Paris, um dort für zehn Jahre zu leben, zu lieben und zu essen. Ich entdeckte die frischen Märkte, Käse und Wein. Im 5. Arrondissement eröffnete ich ein Restaurant und machte Bekanntschaft mit völliger Erschöpfung, Anorexie und Wahnsinn. Mein französischer Ehemann Alexy, der mittlerweile tot ist, bereitete mit Vorliebe Lapsang Souchong Tee in einer weißen Porzellankanne zu und trank ihn aus hauchzarten weißen Porzellantassen. Ich möchte nicht sentimental werden, aber das ist mir wohl am deutlichsten von ihm in Erinnerung geblieben. Er benutzte nie ein Sieb, weil die umherschwimmenden Blätter das intensive Aroma bewahrten. Er brachte Stunden in den *salons du thé* zu, probierte verschiedene Teesorten und schwelgte in herrlichen Kuchen, müßigem Geplauder und geradezu krankhafter Zeitungslektüre. Manchmal bereitete auch ich Tee zu, aber wenn es die verkehrte Sorte war, erklärte er mir genau den Grund dafür. Manche Tees werden mit Milch getrunken, andere mit Zitrone und manche nur zu bestimmten Tageszeiten. Pfefferminztee ist ein typischer Nachmittagstee, weil er leicht und erfrischend ist und genau dann getrunken wird, wenn man entspannt und ruhig werden möchte. Aus diesem Grund hat der liebe Gott den English Breakfast Tea erfunden, den man morgens trinkt, weil er stimuliert und so viel Koffein enthält, dass er wach macht.

Als Franzose vertrat Alexy die Ansicht, Lamm müsse

grundsätzlich mit grünen Bohnen und nicht mit Süßkartoffeln, Erbsen, Kartoffelgratin oder sonst irgendeiner Neukreation serviert werden, wie eine unzivilisierte Ausländerin wie ich sie ersann. Er hielt es für ein Zeichen vulgären Kolonialismus, an den alten Rezepten und traditionellen Teezeremonien herumzudoktern, weil sie schließlich nicht *comme par hazard* entstanden waren, sondern eine durchaus solide gastronomische, geografische und historische Daseinsberechtigung besaßen.

»Früher gab es nur getrocknete grüne Bohnen, die perfekt zur Lammkeule passen, weil sie im Gegensatz zur Minzsauce das Aroma des Fleisches nicht übertünchen. *Quel horreur*!«, erklärte er.

»Aber man braucht die Säure von Essig, um das Fett aus dem Lammfleisch herauszubekommen«, wandte ich ein.

»Dann röste das Lamm doch einfach mit Zitrone und Rosmarin«, hielt er dagegen.

Als ich Frankreich 1990 wieder verließ, hielten gerade Lebensmittel wie sonnengetrocknete Tomaten, Meersalz, Quittencreme, *crème brûlée,* 70-prozentige Schokolade und Büffelmozzarella Einzug. Mittlerweile haben ihnen Minisalate, Quinoa, toskanischer Schwarzkohl, lila Kartoffeln, Ciabatta und Prosciutto den Rang abgelaufen. Aber eines muss ich in diesem Zusammenhang feststellen: Je routinierter ich werde, desto einfacher werden die Lebensmittel, mit denen ich umgehe. Wenn man jung ist, stehen Experimentieren und Eindruckschinden im Vordergrund, mit zunehmendem Alter hingegen geht es darum, mit dem Universum im Einklang zu stehen und das zuzubereiten, was einem die Intuition als regionaler Koch rät. Wobei »regional« das Synonym für »einfach« ist. Ihre

Familie und Freunde werden Sie kein bisschen mehr lieben, wenn Sie ihnen Schneeeier nach dem Rezept von Tetuya vorsetzen, die vor Schokolade nur so strotzen. Das mag grausam sein, aber leider wahr. Lieben werden Sie sie dagegen für Nigella Lawsons Plumpudding. Und ganz besonders werden Sie sie lieben, wenn Sie auch noch aussehen wie Nigella, was ebenfalls grausam, aber wahr ist.

Das A und O beim Kochen ist, Liebe zu schenken und Menschen ein Gefühl von Behaglichkeit zu vermitteln. In diesem Zusammenhang möchte ich Ihnen die Lösung für ein allgegenwärtiges Problem geben: Wenn es Ihnen zu peinlich ist, gute Köche zu sich zum Essen einzuladen, gibt es nur zwei Möglichkeiten: Entweder Sie reden nicht mehr mit ihnen, oder Sie lassen etwas von einem guten Lieferservice kommen. Ihre Koch-Freunde wollen Zeit mit Ihnen verbringen. Und ich bin diese ewige »Ich kann aber nicht kochen«-Ausrede leid.

Mir ist aufgefallen, dass wir immer seltener kochen, aber immer mehr Kochbücher kaufen, Kochsendungen im Fernsehen anschauen und essen gehen. So etwas nennt man in der Psychologie Übertragung. Wir sitzen im Bett und schmökern in Kochbüchern wie in Romanen, weil uns die Zubereitung, der Geruch, die Farbe und die Tätigkeit selbst fehlen, und damit auch die Befriedigung und die Freude, die das bereitet. Bestimmt kennen Sie die Redensart: »Es gibt nichts Schöneres, als sich mit einem Buch ins Bett zu kuscheln«; nun ja, so ähnlich ist es auch mit dem Kochen: Es geht nichts über eine anständige Mahlzeit. Im Lauf der Jahre hatte ich literarische Liebesaffären mit Mark Kurlansky, Marcella Hazan, Robert Carrier und Elizabeth David, um nur einige zu nennen. Ich habe wunderbare Bücher gelesen, wie *Bittersüße Schokolade* von Laura Esquivel, *Geständnisse eines Küchenchefs* von Anthony Bourdain, *Das Buch vom Salz* von Monique Truong und *My Year of Meat* von Ruth Ozeki. Im Augenblick bin ich verliebt in Maggie Beer, High Fearnley-Whittingstall, M.F.K. Fisher und Paula Wolfert. Amüsiert habe ich mich auch sehr über den Restaurantkritiker A.A. Gill. Es ist genauso, wie er sagt: »Wenn das Essen nicht schmeckt, beschweren Sie sich. Wenn das Essen grauenhaft ist, bezahlen Sie nicht dafür.«

Die Philosophie des Essens

Essen ist die billigste und einfachste Methode, um sich und andere Menschen glücklich zu machen. Und genau da liegt der Hase im Pfeffer. Wir scheinen zu glauben, dass Essen mehr als Glück bedeutet. Meiner Ansicht nach rangiert Sex unmittelbar dahinter auf Platz zwei, und auf Essen ist ein Quäntchen mehr Verlass. Das natürliche Verlangen sorgt dafür, dass wir beides genießen können. Nun da es italienischen Büffelmozzarella im Delikatessengeschäft gibt und man uns eingeredet hat, Strauchtomaten seien das allergrößte (wo sollten sie auch sonst wachsen?), können wir uns innerhalb von fünf Minuten in Ekstase versetzen, wenn wir Lust dazu haben. Sie brauchen nur rauszugehen, frisches Basilikum im Garten zu pflücken, die leuchtend roten Tomaten und den weißen Käse in Scheiben zu schneiden und überlappend auf einen Teller zu legen, mit kaltgepresstem Olivenöl zu beträufeln, eine Prise Meersalz und schwarzen Pfeffer darüberzugeben, sich ein Glas Rosé einzuschenken und sich mit Ihrer Kreation an den Tisch zu setzen. Es würde mich sehr wundern, wenn Sie nicht vor Zufriedenheit laut stöhnen.

Ich habe das Glück, im ältesten Beruf der Welt zu arbeiten (der nur vom ältesten Gewerbe der Welt überrundet wird). Das Erste, was wir nach der Geburt tun, nachdem wir uns vor Angst die Seele aus dem Leib gebrüllt haben, ist essen. Wir nehmen die Muttermilch zu uns, und von diesem Augenblick an kreist unser Denken und Streben nur um eins: Essen. Wir hören auch nie auf zu reden. Wir brauchen unsere Münder, um zu essen und zu reden, und damit werden Kochen und Essen zu einer weiteren Kommunikationsform, eine Art »angeborenem Zungenschlag«, wenn Sie so wollen. Eine Mahlzeit mit anderen zu teilen ist eine Methode, seiner Liebe Ausdruck zu verleihen. Essen und der Duft von Speisen weckt mit beinahe derselben Eindringlichkeit Erinnerungen an Menschen, Orte und Gefühle wie Musik. Der Duft von Lavendellutschern lässt mich zum Beispiel immer an meine Großmutter denken, und daran, wie sehr sie mich geliebt hat. Der Duft von frittierten Zwiebeln erinnert mich an eine Jugendliebe, der sie immer zubereitet hat, um mich glauben zu machen, er koche ein ganz tolles Mahl für mich, wo er sie in Wahrheit nur aus dem Tiefkühlfach herausgenommen und in die Mikrowelle geschoben hat. Essen und Gefühle vereinen sich und leben deshalb noch lange in unseren Gedanken weiter.

Nach einem langen, harten Tag in der Zeche hatte ich gerade das Haus betreten, und was sah ich? Jamie Oliver war im Fernsehen. Ich hatte Hunger und musste dringend etwas essen. Folglich galt es mit Intelligenz, Schwung und ohne ärztliche Hilfe mehrere Dinge gleichzeitig zu erledigen. Und jetzt zeige ich Ihnen, wie Sie in der Werbepause von *Jamie at Home* ein tolles Essen zaubern.

Ich bin ein Riesenfan von Jamie Oliver, weil er bewiesen hat, dass ein süßer Akzent und ein niedlicher Sprachfehler kein Hinderungsgrund sind, reich und berühmt zu werden. Und hier ist das Rezept: Jamie steht in seinem Garten, liebkost die Erbsen und Bohnen und schwadroniert über Nacktschnecken und Marienkäfer, aber bislang ist nichts wirklich Relevantes passiert. Ich nutze die Gelegenheit, um in den Kühlschrank zu sehen. Es gibt eine sehr professionelle Art, den Kühlschrankinhalt zu inspizieren. Wenn Sie den Blick nur über die Lebensmittel schweifen lassen, werden Sie hungers oder an gebrochenem Herzen sterben, je nachdem, was als Erstes eintrifft. Nein, Sie müssen schnell, aber methodisch alles im obersten Fach erfassen, dann alles, was im Gemüsefach liegt. Möglicherweise ist es an der Zeit, diesen offenen Rosé in der Tür zu entsorgen und geradewegs in Ihren Blutkreislauf, wo er augenblicklich Ihre Laune hebt und Sie sich mit einem Schlag fühlen, als wären Sie in Südfrankreich.

Inzwischen zerdrückt Jamie Erbsen und Bohnen im Mörser, schmeißt ein bisschen Minze hinein und rundet das Ganze mit Olivenöl und Pecorino ab. Dann (aus irgendeinem Grund steht er plötzlich wieder im Garten bei den Nacktschnecken) erscheint plötzlich ein Teller mit gegrilltem Brot, auf das er einen dicken Klecks Bohnenmus gibt, während weiße Büffelmozzarellafetzen vom Himmel schweben, mit denen er das wunderbare Mahl verziert. Werbepause. Mittlerweile habe ich Lammkoteletts, Fenchel, Zitronen und den herrlichen geriebenen Ziegenkäse namens Soignon hergerichtet. Mit der Anmut einer Ballerina drehe ich den Ofen auf volle Temperatur, schnappe mir eine Pfanne und lege ein Bett aus frischem Thymian darin aus. Darauf gebe ich das Lammfleisch, jede Menge Meersalz und Zitronensaft und darauf noch mehr Thymian. Dann gebe ich die Fenchelknolle dazu, während ich zusehe, wie Jamie Erbsen und Bohnensprossen isst. Mittlerweile ist der Ofen heiß, also stelle ich die Pfanne hinein und lasse alle Zutaten exakt zehn Minuten lang rösten.

Wieder Werbepause. Ich kann nicht nur Lamm und Fenchel essen, sonst denken die Leute noch, ich hätte es nicht einmal versucht. Ich öffne die Tür zur Vorratskammer – oh welche Freude! Eine glänzende Büchse dicker El Navarrico Butterbohnen strahlt mich an. Inzwischen steht Jamie in seiner niedlichen, unaufgeräumten, aber dennoch organisierten Küche und formt perfekte kleine Fleischbällchen. Ja, ja. Ich wache auf, als mir der Duft der Koteletts in die Nase steigt, hole sie aus dem Ofen, und während sie ruhen, erhitze ich die Bohnen in der Mikrowelle. Oooh, ich liebe diese Klößchen aus Bohnen und Zitronenschale, die er mit Tzatziki serviert.

Thymian wegwerfen, Lamm und den Fenchel auf einen Teller geben, Bohnen mit viel Ziegenkäse und Zitronensaft hinzugeben. Setzen. Und Jamie wandert währenddessen auf einem Feldweg in den Sonnenuntergang.

Fast Food

In den USA beginnt sich allmählich die Slow-Food-Bewegung durchzusetzen, während der Anblick der fettleibigen Menschen, die dieses Land hervorgebracht hat, amerikanischen Food-Autoren und Ernährungswissenschaftlern den Schweiß auf die Stirn treibt. Doch die Dämonisierung von Fett ist ein recht junger Trend. Einst Symbol für Wohlstand und Prestige, ist Fett heutzutage gleichbedeutend mit Schande und Ohnmacht, Ignoranz und Krankheit. Noch nie zuvor in der Geschichte der Menschheit waren reiche Menschen dünn und arme Menschen dick. Aus rein optischen Gründen dünn sein zu wollen, geht eindeutig gegen die Evolution, darum fällt es uns so schwer, wie Bohnenstangen auszusehen. Fett hat uns geschützt und das Überleben unserer Spezies gesichert. In Zeiten der Not brauchten wir Fett, und unsere Körper sind darauf programmiert, es zu speichern. Fettleibigkeit ist im Grunde die ununterbrochene Speicherung von Energie (Kalorien) im Übermaß zu dem, was der Körper verbraucht. Mittlerweile bunkern wir einfach viel mehr Fett als wir brauchen.

Amerikanische Ernährungsexperten sagen, dass die US-Bevölkerung von den Konzernen bewusst dazu erzogen wurde, viel zu essen, damit Lebensmittel billig und im Übermaß zur Verfügung gestellt werden können. Große Portionen verleiten die Menschen dazu, mehr zu essen, ebenso wie billige Lebensmittel. Meiner Ansicht nach sollten Junkfood, Fast Food, Limonaden und alles andere stark Zuckerhaltige mit einer hohen Steuer belegt werden, genauso wie Zigaretten. Die Kennzeichnung von Lebensmitteln muss dringend verbessert und die Werbung von hochkalorischer, nährwertarmer Kost strikt kontrolliert werden. Schul- und Krankenhausessen müssen gesund sein, Obst und Gemüse subventioniert und von der Steuer befreit und die Bevölkerung zu körperlicher Betätigung ermutigt werden. In allererster Linie ist es ein politisches Problem: Obst und Gemüse müssen billiger sein als Junkfood. Fett und Zucker sind das neue Nikotin und sollten mit entsprechenden Warnungen der Gesundheitsbehörde versehen werden. Lassen Sie Ihr Auto stehen, und gehen Sie zu Fuß. Weg mit dem Schaltknüppel, her mit den Tanzschuhen!

Es ist bewiesen, dass Starköche großen Einfluss auf die Bevölkerung haben, die Leute vertrauen ihnen und hören auf sie. Menschen wie Ricky Stein stehen für Integrität, Wissen und Leidenschaft. Sie betteln den Zuschauer förmlich an, richtige, sexy Lebensmittel anstelle von unsexy Massenprodukten zu sich zu nehmen. Saisonale und lokale Produkte bevorzugen, so lautet die Parole. Lokale Lieferanten sind lebensnotwendig für uns, im wahrsten Sinne des Wortes, und wenn Sie sie nicht unterstützen, kommen immer mehr Produkte aus Massenhaltung und -anbau auf den Markt und Sie müssen für den Rest Ihres Lebens genmanipuliertes Rindfleisch essen. Ernähren Sie sich bewusst von traditionellen, nahrhaften Lebensmitteln, die mit Liebe hergestellt wurden. Fast Food ist häufig Junkfood, und Junkfood ist eine echte Volksplage. Glauben Sie ernsthaft, Sie sparen Zeit, wenn Sie Fast Food konsumieren? Zeit sparen wofür? Für das Leben nach dem Tod? Um länger fernsehen zu können? Sie würden sich selbst einen großen Gefallen tun, wenn Sie in aller Ruhe ein paar Karotten schnippeln, eine Handvoll Tomaten dazugeben und mit einem schönen Stück Fisch für zehn Minuten in den Ofen schieben, während Sie eine leckere Flasche Pinot Noir aufmachen.

Sie bringen sich um einen herrlichen Genuss, wenn Sie nicht kochen, und vermitteln Ihren Kindern falsche Ernährungsgewohnheiten, indem Sie ihnen Fast Food vorsetzen. Bei der Geburt haben wir 10000 Geschmacksknospen, im Alter von achtzig Jahren sind nur noch etwa 3000 davon übrig. Gerichte von Pizza Hut, KFC, McDonald's und Burger King stecken voller Fett, Zucker und Salz. Laut der St. George's Hospital Medical School in London enthalten diese Speisen ebenso viel Salz wie Meerwasser. Wenn Sie so etwas schon zum Frühstück essen, erhöht sich dadurch Ihr Blutdruck, so dass Ihr Herz mehr pumpen muss und Sie für den Rest des Tages unter Stress setzt. Wenn Sie jemandem Lebensmittel aus der Dose vorsetzen, hat derjenige nichts anderes als eine Lebensmittelfabrik vor der Nase.

Eine Auswahl an ausgewogenen, frischen Zutaten macht das Kochen einfacher und noch viel schöner. Erkennen Sie die Vorteile kleiner, spezialisierter Hersteller, die Meister ihres Handwerks sind, und kaufen Sie handgemachten Käse, in kleinen Mengen hergestellte Marmeladen, hochklassige Schokolade und gutes Brot, das unter Verwendung von hochwertigem Mehl gebacken wurde und dessen Teig ausreichend Zeit zum Gehen hatte. Das Wort »Qualität« meint Lebensmittel, die mit Sinn für Geschmack und Konsistenz und angemessenen Herstellungsmethoden entstanden sind. Ich halte nichts davon, Lebensmittel um jeden Preis zu kaufen, das ist nichts als die Gourmet-Version der allseits gefürchteten Globalisierung. Stattdessen sollten Meisterköche mit saisonalen Produkten arbeiten und ruhig geduldig das ganze Jahr über auf Heritage-Kartoffeln, Milchlämmer und Austern warten. Wenn wir diese Myriaden an Geschmäckern lokaler Produkte verlieren und Lebensmittel vor ihrem optimalen Reifegrad verzehren, verlieren wir automatisch jede Essenskultur, die wir von unseren Vorfahren geerbt haben.

Slow Food

Bei der Slow-Food-Bewegung geht es nicht darum, möglichst langsam zu kochen, sondern langsam zu essen, mit Freunden und Familie das Essen zu genießen, zu lachen und sich dabei zu unterhalten. Gastronomen und Food-Enthusiasten legen großen Wert darauf, lokale Küchen, ökologisch korrekte Viehzucht und Sortenvielfalt von Gemüse zu schützen. Ziel der Slow-Food-Bewegung ist es, gegen die negativen Auswirkungen der Industrie- und Fast-Food-Kultur, die die Geschmäcker zu standardisieren versuchen, anzugehen. Durch den Verzehr von Lebensmitteln von McDonald's und KFC fügen Sie Ihrem Organismus nicht nur Schaden zu, sondern zeigen keinen Respekt vor der Bedeutung der Esskultur und ihrer damit verbundenen Einzigartigkeit. Jemand auf der anderen Seite des Erdballs könnte exakt dasselbe essen wie Sie – ist diese Vorstellung nicht völlig unromantisch?

Ich liebe die vollwertigen, unkomplizierten Gerichte, die die Slow-Food-Bewegung propagiert. Riesige Portionen, komplizierte Dekos und sonstiger marktschreierischer Schnickschnack sind mir inzwischen ein Gräuel. Ich möchte gern den Geschmack dessen benennen können, was ich gerade auf der Zunge habe. Wenn ich nur noch einen einzigen Tropfen Trüffelöl rieche, schreie ich. Ein perfektes Beispiel dafür ist das wunderbare italienische Restaurant Maria Pia's Trattoria in Wellington. Bei Pia kommen nur hausgemachte Pasta, hausgemachte Würste, selbst gebackenes Brot und einfache, köstliche Gerichte auf den Tisch, die alle täglich frisch zubereitet werden. Ihr Restaurant ist immer bis auf den letzten Platz besetzt; man muss eine Woche im Voraus reservieren. Sie weigert sich, Kompromisse einzugehen, und kocht genauso wie ihre Mutter früher. Und sie geht sogar so weit und lässt den Mozzarella aus ihrer Heimatstadt in Apulien einfliegen. Bei ihr kommt nichts auf den Tisch, was gerade keine Saison und nicht den richtigen Reifegrad hat. Am Ende des Sommers weckt sie die Tomaten ein, die sie bei einem alten Italiener kauft, der sie in seinem Hinterhof zieht, und hat auf diese Weise auch im Winter stets die besten Tomaten, die nach Sonne und Sommer schmecken.

Lassen Sie sich nicht dazu verleiten, langsam köchelnde Eintöpfe möglichst schnell zuzubereiten, sie danken es Ihnen nicht. Essen Sie mit den Fingern: Sie werden staunen, welche Kindheitserinnerungen an herrliche Esserlebnisse ohne Messer und Gabel es heraufbeschwört.

NATALIA

Natalia Schamroth ist eine mehrfach ausgezeichnete Starköchin und Autorin, die gemeinsam mit ihrem Partner Carl den berühmten Engine Room in Auckland betreibt. Ihre unaufdringliche Art steht in krassem Gegensatz zu ihrem Können und ihrem Erfolg. Natalias attraktives exotisches Äußeres und ihr hinreißender Charme lassen ihr Lächeln aussehen, als wäre gerade die Sonne aufgegangen und strahle auf einen herab. Ich habe sie gefragt, weshalb sie kocht und welche Gefühle es in ihr auslöst.

»Ich koche, weil ich schon immer gekocht habe. Es liegt mir im Blut. Von klein auf habe ich mit Mum, Dad und meinen Großmüttern in der Küche gestanden. Ich koche, weil ich so gierig bin, dass ich sofort kochen können muss, worauf ich gerade Lust habe. Gerichte nachzukochen, die ich irgendwo auf der Welt probiert habe, und anderen damit dieses Geschmackserlebnis nahezubringen, ist ein tolles Gefühl. Es ist unglaublich befriedigend für andere zu kochen, die ebenso gern essen wie ich. Kochen löst ein enormes Verlangen nach essen in mir aus.«

»Sollten wir essen, was wir mögen, oder eher das, was dem Alter, der Figur und den gesundheitlichen Anforderungen angemessen ist?«

»Ich finde, man sollte seine Ernährung entsprechend anpassen, wenn man unter einer Krankheit leidet, aber da das bei mir nicht der Fall ist, esse ich eigentlich alles. Nur wenn ich Probleme habe, meine Röhrenjeans in Größe 44 zuzubekommen, fällt mir ein, dass ich vielleicht ein wenig auf meine Ernährung achten sollte. Also gibt es eine Woche lang Hüttenkäse auf Vollkornbrot. Ich esse, um Geschmäcker und Konsistenzen auszuprobieren, nicht wegen der Wirkung, die die Lebensmittel auf meinen Körper haben, sprich, um zu überleben.«

»Ist Kochen wichtig, und wenn ja, warum?«

»Natürlich ist Kochen wichtig! Wie sollen wir sonst etwas Essbares bekommen? Beim Kochen geht es darum, etwas zu teilen; es geht um die Familie, um Traditionen, Erinnerungen und darum, Teil eines Teams zu sein. Kochen ist Adrenalin (zumindest im Restaurantumfeld), und – habe ich das schon gesagt? – Kochen ist Essen. Ich bin nicht sicher, was zuerst da war, das Kochen oder das Essen. Ich denke ununterbrochen ans Essen, wirklich ununterbrochen. Als ich elf war, kamen meine Schwester und ich von der Schule nach Hause und machten uns Pommes Anna als Nachmittagssnack. Wir haben gerne die vierzig Minuten gewartet, die ihre Zubereitung dauert, nur damit wir etwas hatten, was uns wirklich schmeckt.«

»Unterscheidet sich Ihre Haltung gegenüber dem Kochen und Essen von der Ihrer Mutter?«

»Meine Mutter ist eine typische Jüdin: Sie kocht viel zu viel, lädt die Teller der Gäste viel zu voll, und keiner darf vom Tisch aufstehen, ehe nicht alles aufgegessen ist, und auch dann gibt es immer noch vier weitere Gänge. Und NICHTS bleibt übrig, nichts wandert in den Müll. Was verständlich ist, schließlich waren Mums Eltern Überlebende des Holocaust. Heute kocht Mum, weil sie das Abendessen auf den Tisch bringen muss (schätzungsweise ist das eben so, wenn man jahrelang für die Kinder gekocht hat). Ich koche, weil ich das Essen mit anderen teilen möchte. Ich möchte, dass andere die leckeren Sachen probieren können. Ich koche extravaganter, mit viel kaltgepresstem Olivenöl, viel Butter und viel Salz (zu viel, sagt sie).«

»Was war Ihr größtes kulinarisches Verbrechen?«

»Vielleicht der Avocado-Käsekuchen, den ich gemacht habe,

als ich zwölf war, er war absolut widerlich. Oh, und so ein Verrückter, für den ich in Israel gearbeitet habe, hat mich gezwungen, einen Lachs am Stück in Plastikfolie zu wickeln und in der Geschirrspülmaschine zu dämpfen. Das Problem war nur, dass sich die Spülmaschine geweigert hat, etwas anderes zu tun als zu spülen!«

»Erzählen Sie mir doch von Ihrer Beziehung zu Schokolade.«

»Frühstück. Cote d'Or Bouches. Leere Schachtel. Das sind die Worte, die mir beim Stichwort Schokolade einfallen. Einmal ist meine Mutter mit mir und meiner Schwester in Paris in ein Café gegangen, um eine heiße Schokolade zu trinken. Wir bekamen eine Schale voll seidiger, warmer Creme, die absolut göttlich geschmeckt hat. Cadbury's Trinkschokolade ist nie an dieses Geschmackserlebnis herangekommen. Der reinste Himmel. Schokolade ist für mich eindeutig mit dem Frühstück verbunden. Man sollte sie ganz langsam essen, jeden einzelnen Bissen genießen. Als wäre sie pures Gold.«

»Wo stehen Essen und das Kochen heute, und wohin geht die Reise?«

»Einfach und lässig. Und natürlich Bio. Ich bin begeistert, dass Bauernmärkte immer mehr an Bedeutung gewinnen. Saisonal und zurück zu den Wurzeln, das ist der Trend. Ich glaube, deshalb funktioniert das Konzept unseres Engine Room so gut. Wir haben es uns zum Ziel gemacht, Schlichtheit auf höchstmöglichem Niveau zu liefern. Molekulargastronomie ist eine feine Sache, aber ich halte sie nur für eine Modeerscheinung. Wir lieben Seelennahrung; Gerichte, die keine Ehrfurcht einflößen. Der Schwerpunkt muss auf dem Produkt selbst liegen. Heute wollen die Leute mehr denn je wissen, woher die Lebensmittel kommen. Und dann verarbeiten sie sie auf einfache Art.«

In seinem Buch *Table Talk* sagt der umstrittene britische Food-Autor A. A. Gill, dass er die Zielsetzung der umweltbewussten Bauern zwar gutheißt und unterstützt, das Wort »Bio« jedoch seiner Meinung nach inzwischen mit einem derartigen Maß an Zynismus, Heuchelei, Missbrauch und Lügen behaftet ist, dass es intellektuell und vom pragmatischen Standpunkt aus ruiniert ist. In seinen Augen bedeutet »Bio« nicht, dass etwas frei von Zusätzen ist, sondern dass es lediglich unter Verwendung von diesem oder jenem Zusatz anstelle eines anderen produziert wurde. Bio bedeutet nicht automatisch, dass das Lebensmittel nicht mit Düngemittel behandelt, nicht tiefgekühlt oder nicht unter Verwendung von Gasen frisch gehalten wurde oder keinen ellenlangen Transportweg hinter sich hat. Und biologisch gezüchtetes Vieh hat auch nicht zwangsläufig ein glücklicheres Leben geführt und ist eines gnädigeren Todes gestorben. Bio bedeutet auch nicht, dass die Menschen, die das Produkt gesät, geerntet, verpackt oder das Vieh geschlachtet haben, fair behandelt und angemessen bezahlt wurden. Stattdessen erklärt er, dass Bio zur »Die und wir«-Angelegenheit verkommen ist: »die«, die sich mit billigem, schlechten Massenzeug vollstopfen, und »wir«, die sich von teuren, snobistischen, sauberen Designer-Lebensmitteln ernähren. Somit ist Bio nichts anderes als ein Betrug der Wohlhabenden.

Kurz nach der Veröffentlichung von Gills Buch 2007 in Großbritannien schlug folgende Erkenntnis wie eine Bombe in die britische Medienlandschaft ein. Laut einer breit angelegten Studie zum Thema Bio-Lebensmittel stimmt es tatsächlich, dass sie nahrhafter als konventionelle Lebensmittel sind und damit den Menschen zu einem längeren, gesünderen Leben verhelfen. Der Beweis aus diesem auf vier Jahre angelegten EU-Forschungsprojekt, das mit 12 Millionen Pfund gefördert wurde, ist, dass Bio-Obst und -Gemüse die unglaubliche Zahl von über 40 Prozent mehr Antioxidantien enthalten; mehr Eisen, mehr Kupfer, mehr Zink, mehr Vitamin C und Flavonoide, die allesamt das Risiko von Krebs- oder Herzkreislauferkrankungen senken. Die Milch von Vieh aus biologischer Haltung besaß einen 90 Prozent höheren Anteil an Antioxidantien und deutlich mehr Omega-3-Fettsäuren als die von konventionell gehaltenem Vieh.

Der britische Markt für Bioprodukte hat sich in den letzten Jahren um beeindruckende 25 Prozent erweitert und verzeichnet mittlerweile Umsätze von zwei Milliarden Pfund pro Jahr. Normalerweise sind Bio-Produkte um rund 30 Prozent teurer als konventionelle Lebensmittel; für Bio-Milch im Supermarkt muss der Verbraucher im Schnitt 28 Prozent mehr hinblättern. Letztes Jahr hat eine Zehnjahresstudie der University of California Bio-Tomaten mit konventionell angebauten Tomaten verglichen und festgestellt, dass Bio-Tomaten einen doppelt so hohen Anteil an Flavonoiden enthalten (ein Antioxidans, das das Risiko einer Herzkreislauferkrankung senkt). Lebensmittel mit höherem »Nährwert« wirken sich also in jedem Fall positiv auf unsere Gesundheit aus.

Schokolade

Schokolade – Quelle der Finsternis, gefährliche Droge, Verführer von Kakao-Jungfrauen. Studien zufolge ziehen sechs von zehn Frauen Schokolade dem Sex vor. Aber das kann doch nicht sein, diese Frauen schlafen allem Anschein nach mit Rennmäusen. Trotzdem gibt es nur wenige Lebensmittel, die ein derartiges Ausmaß an Leidenschaft und Loyalität auslösen. Der Trick ist, beides zu vereinen! Wenn Ihr Partner sagt: »Hör auf, so viel Schokolade zu essen. Du wirst allmählich fett«, nehmen Sie einfach die Schachtel mit ins Bett.

Schokolade schärft den Verstand und hilft im Kampf gegen die Müdigkeit, gegen Schlafstörungen, den Alterungsprozess und trübe Gedanken. Zwei Stückchen 70-prozentiger Schokolade am Tag sind so effektiv wie ein Aspirin und gegen Arterienverkalkung. Wie die meisten Menschen esse auch ich mein ganzes Leben lang leidenschaftlich gern Schokolade und assoziiere sie mit »etwas Besonderem«. Als Kinder waren Schokolade und Lutscher rationiert. Unsere Eltern hatten weder Lust auf ständigen Mord und Totschlag unter ihren Sprösslingen noch auf eine Bande überzuckerter Werwölfe. Merkwürdigerweise haben wir diese Beschränkung klaglos hingenommen, so dass eine Art Schokoladenkultur daraus entstand: Dad, der eine Schwäche für Süßes hatte, brachte uns freitagabends nach der Arbeit eine Tafel einfache, dunkle Schokolade mit, und von unseren reichen, liebevollen Großeltern bekamen wir zu Weihnachten Edelschokolade in Schachteln mit hübschen Damen auf dem Deckel.

Erst als ich nach Frankreich zog, wurde ich zur echten

Schokophilen – verführt von den unverbrämt pornografisch präsentierten Köstlichkeiten in den Schaufenstern der so genannten Chocolatiers. In Angelinas Teesalon in der Pariser rue de Rivoli probierte ich das erste Mal ein Getränk, das aus echter Schokolade und Sahne hergestellt wird, ein Gebräu, in dem beinahe der Löffel stecken blieb. Es dauerte eine Weile, bis ich mich an diese hochkarätige Schokolade mit dem hohen Kakaogehalt und dem typisch bitteren Geschmack gewöhnt hatte, weil ich mit Süßwaren aufgewachsen war, die vor Milch und Zucker nur so strotzten. Eindeutig das Werk Satans.

Wenn man jemals ein Stück Grand-Cru-Schokolade auf der Zunge hatte, weiß man, dass sie dieselbe Wirkung auf den Gaumen hat wie ein Grand-Cru-Wein. Hochwertige Schokolade erkennt man an ihrer dunklen, schimmernden Oberfläche und ihrer glatten Seidigkeit. Sie lässt sich problemlos mit den Fingern auseinanderbrechen und mit der Zunge knacken. Im Mund beginnt sie augenblicklich zu schmelzen, und man spürt die seidige, glatte Konsistenz, weich, aber nicht fettig, und das satte, volle Aroma mit der angenehmen Bitterkeit und einem anhaltenden, fruchtigen Finish. Sitzen Sie noch auf dem Sofa?

Schokolade enthält geringe Mengen Theobromin und Koffein, die aufputschen und die Freisetzung von Endorphin auslöst beziehungsweise erhöht. Endorphin ist ein natürliches Opiat, das die Schmerzempfindung herabsetzt, übrigens dieselbe chemische Substanz, die auch für das so genannte Runner's High verantwortlich ist. Schokolade enthält außerdem Spuren von Anandamid, einer Substanz, die in geringem Ausmaß der Wirkung von Marihuana gleicht, indem sie auf dieselben Rezeptoren im Gehirn wirkt. Schokolade erhöht den Serotoninspiegel, der Depressionen mildert. Das in Schokolade enthaltene Phenol reduziert das Risiko einer Herzerkrankung, indem es die Bildung von Ablagerungen in den Koronararterien verhindert. 50 Gramm einer hochwertigen Schokolade enthalten so viel Phenol wie ein normal großes Glas Rotwein. Diese beeindruckende Studie beweist, dass Sie zwar ein ganzes Kilo essen müssten, um so stoned zu werden wie von einem Joint, zugleich aber Ihrer Gesundheit schaden, wenn Sie die Finger davon lassen. Mit Schokolade verhält es sich so: Wir brauchen sie nicht, wir wollen sie, und es ist uns egal, wenn es unvernünftig ist.

Gemüse

Ich habe keine Ahnung, ob es daran liegt, dass mir meine irische Mutter das Kartoffel-Gen vererbt hat, oder daran, dass sie so unverschämt gut schmecken, jedenfalls ist meine ganze Familie total verrückt nach den dicken Knollen, seit ich denken kann. Und wir sind nicht allein. Es gibt über 50 Kartoffelsorten, und 87 Prozent von uns essen sie mindestens dreimal pro Woche. Meine Schwester hat ein tolles Bratkartoffelrezept, das ich mir jedes Mal wünsche, wenn ich sie in ihrem Haus auf dem Land besuche. Das Geheimnis seines unglaublich leckeren Geschmacks liegt unter Garantie an der richtigen Kartoffelsorte, der einfachen Zubereitung und der Tatsache, dass sie mit Liebe gekocht werden. Man schält sie, ritzt sie mit der Gabel ein und brät sie dann. Die Südfranzosen haben gerade das Kartoffelpüree für sich entdeckt, man kann das Haus nicht verlassen, ohne mindestens über zehn verschiedene Püreezubereitungen zu stolpern, die Mehrzahl davon mit Olivenöl und Sahne. Lassen Sie die Finger von Rezepten, in denen »500 Gramm Kartoffeln kochen« steht. Sie sind Teufelswerk, denn die wichtigste Frage ist, welche Kartoffelart verwendet werden soll. Größe, Sorte, Geschmack und Farbe, all das spielt eine große Rolle. Achten Sie beim Kauf darauf, dass die Knollen fest und makellos sind und noch ein bisschen Erde daran klebt. Gewaschene Kartoffeln sollten Sie ebenso meiden wie ein Fast-Food-Restaurant: Einfach ganz schnell daran vorbeigehen und an etwas anderes denken. Zu Hause lagern Sie die Kartoffeln an einem dunklen, kühlen Ort und keinesfalls in Plastik.

Köche lieben Gemüse, und wir nehmen es liebend gern im Laden in die Hand, putzen es, schnippeln, schnuppern daran und träumen vor uns hin, während wir es zubereiten. Gemüsekochen hat etwas Heilsames; die Farben sind so wunderbar, danach fühlt man sich einfach großartig. Beispielsweise habe ich schon immer gern mit Lauch gearbeitet, ich finde ihn herrlich, ganz besonders, wenn er in feine Ringe geschnitten und mit viel Sahne, einem Schuss Wein und frischem Estragon oder Kerbel zubereitet wurde. Wissen Sie, was ich meine? Probieren Sie das einmal mit einem schönen Glas Rosé dazu, vielleicht auf einer schönen Scheibe Sauerteigbrot. Diese Liebe zu Gemüse hat jedoch rein gar nichts mit den Vegetariern zu tun, die nichts als um Aufmerksamkeit heischende Spinner sind. Vegetarier zu werden ist eine Entscheidung, die jeder für sich treffen muss, aber tun Sie es nicht aus rein gesundheitlichen Gründen. Wir brauchen Fleisch auf unserem Speiseplan, um gesund und bei Kräften zu bleiben.

Und um unseren Geschmack in Sachen Mode zu bewahren. Ist Ihnen schon mal aufgefallen, wie fürchterlich Vegetarier angezogen sind? Wissenschaftler haben Studien mit Vegetariern durchgeführt und ihnen über einen Zeitraum von zwei Monaten Fleisch zu essen gegeben. Mit dem Ergebnis, dass sie wegen des Eisens enorm an Kraft zugelegt haben. Im Gegenzug hat man Spitzenathleten für einen Monat auf fleischlose Kost gesetzt, in dem sie prompt an körperlicher Kraft eingebüßt haben. Allerdings sollten Sie darauf achten, nicht zu viel rotes Fleisch zu essen, da es Herzerkrankungen und Krebs fördern kann. Und es scheinen Beweise dafür vorzuliegen, dass der Verzehr von hochkarätigen Lebensmitteln wie Heidelbeeren, Tomaten, Spinat und Rotwein den Alterungsprozess aufhalten kann.

Brot und Gebäck

Brotbacken ist eine Tätigkeit, der sich Kochfans ganz besonders gern widmen, um ihre Nerven zu beruhigen und sich Pluspunkte innerhalb der Familie zu verschaffen. Ich habe kein Interesse an Brotbackautomaten für den Hausgebrauch, aber bevor ich meine Nase zu hoch trage, muss ich zugeben, dass ich durchaus schon Brot aus dem Automaten probiert habe, das mich in puncto Geschmack und Konsistenz überzeugt hat. Keiner von uns muss aus reiner Notwendigkeit sein eigenes Brot backen, vielmehr sparen wir uns damit die Kosten für den Therapeuten. Wenn Ihnen nicht klar ist, inwiefern Sie das Kneten von Teig weiterbringen soll, probieren Sie es einfach aus, und sagen mir hinterher, ob es Zeitverschwendung war. In der Zeit, die man braucht, um das Brot zu backen, und wenn Sie spüren, welche Freude Ihnen das bereitet, werden Sie feststellen, dass es gar nicht nötig ist, Ihre unerfreulichen Gedanken jemand anderem anzuvertrauen.

Im Winter sollte man sich um den Aufbau seiner Muskeln kümmern, das kann zum Beispiel beinhalten, das eine oder andere Glas Rotwein mehr zu stemmen, Kaninchenpasteten zuzubereiten, bei der alle Zutaten von Hand geschnippelt werden müssen, die Haselnüsse mit den Zähnen zu knacken oder Pasta und Gebäck selbst herzustellen.

Das Tolle am Brotbacken ist, dass man sich einfach grandios dabei fühlt, so als hätte man die Kontrolle über sein eigenes Universum. Es ist nicht einfach, deshalb werden Ihre Freunde und Ihre Familie beim Anblick eines Apfelkuchens mit selbstgemachtem, hauchzartem Blätterteig sofort erkennen, dass dieses Wunderwerk Ausdruck Ihrer tiefen, unermesslichen Liebe zu ihnen ist. Entweder das, oder Sie sind eine ganz, ganz üble Angeberin. Und wenn Sie wie ich aus einer ziemlich wilden Familie stammen – meine zuckerkranken Brüder bezeichnen sich selbst als durchgedrehte Chaoten und mein Neffe hat den Schulball in diesem legendären Herrenbadeanzug im Borat-Stil eröffnet –, müssen Sie sich einiges einfallen lassen, wenn Sie gleichziehen wollen. Jeder kann backen. Man arbeitet einfach Butter im Verhältnis 1 zu 2 in die entsprechende Menge Mehl unter, und das war's. Doch allein die Vorstellung, den zu Recht gefürchteten Blätterteig selbst zu backen, treibt den meisten Leuten den Schweiß auf die Stirn.

Die Herstellung von echtem Blätterteig ist ein im wahrsten Sinne des Wortes vielschichtiges Wunderwerk, das ein perfektes Zusammenspiel aus Geheimcodes, exakter Verarbeitung, vorsichtiger Behandlung und den Handschlag der Ritter des Templerordens erfordert. Pseudo-Blätterteig hingegen braucht nichts als Zeit und Geduld. Ursprünglich wurde Blätterteig aus Mehl und Wasser hergestellt und diente als Behältnis für Eintöpfe, quasi der Ofen im Ofen. Der Teig war steinhart und ungenießbar. Man brach ihn auf, wenn der Eintopf fertig war, löffelte ihn aus und warf den Teig dann in den Müll. Aber weil die Bauern so hungrig waren, fingen sie irgendwann an, auch den Teig zu essen, der grauenhaft schmeckte, also gaben sie Salz und etwas Fett in Form von Gänseschmalz, Speck, Öl oder Butter hinzu. Der Rest ist Geschichte. Die Herstellung von feinem Gebäck wurde zur Kunstform, und in Frankreich gibt es Spitzenköche, die sich ihr ganzes Leben nichts anderem als der Patisserie widmen. Dafür braucht man ein Faible für Pedanterie und mathematische Genauigkeit, außerdem bleibt beim Backen nichts dem Zufall überlassen: Alles muss exakt abgewogen, verarbeitet und zeitlich koordiniert werden. So etwas wie »eine Prise hier, ein Stäubchen dort« gibt es beim Backen nicht. Für meine Begriffe ist die Patisserie der beste Job in der Profiküche, abgesehen vom Spüler, weil man im einzigen Bereich arbeitet, in dem es kühl ist und in den nichts vom sonstigen hektischen Wahnsinn dringt.

Blätterteig hat diese blättrige Konsistenz, weil man die Butter nicht mit den Fingern in das Mehl verarbeitet, sondern sie mit Hilfe eines Nudelholzes in Schichten aufträgt. Im Backofen heben sich diese unsichtbaren Schichten voneinander ab und lassen dieses einzigartige kulinarische Phänomen entstehen: ein zarter, hoch empfindlicher, köstlicher Teig, der mit keinem anderen vergleichbar ist. Kühle ist oberstes Gebot bei der Herstellung von Blätterteig, auch das Nudelholz und die Butter müssen kalt sein, und zwischen den Schichten muss der Teig im Kühlschrank ruhen. Das Ganze ist so komplex, dass man einem sogar verzeiht, wenn man diese Köstlichkeit einfach so isst.

Eier

Jeder von uns hat seine eigenen traumatischen Begegnungen mit Eiern: missratene Soufflés, Omeletts ohne Eigelb, weil uns irgendein verrückter Arzt erzählt hat, damit ließe sich der Cholesterinspiegel senken, oder weich gekochte Eier, deren Eiweiß trotzdem noch glibberig war. Und dann gibt es noch das Trauma der anderen Art: die Auseinandersetzung mit jenen, die trotz jahrelanger Erziehung nicht aufhören können, einem ständig während der Arbeit dazwischenzureden – die selbsternannten Eier-Experten. Laut Trainern von exotischen Tieren kann man einer Hyäne eine Pirouette und einem Elefanten das Malen beibringen, also sollte es doch möglich sein, einen Partner dazu zu bringen, sich nicht ununterbrochen einzumischen. Die Trainer exotischer Tiere haben ein hervorragendes Belohnungssystem für nervtötende Exemplare entwickelt: Stellen Sie eine Schüssel mit gebratenem Speck in die andere Zimmerecke. Der Exot, in diesem Fall Ihr Partner, wird auf dem Bauch zum Speck robben, weil niemand, noch nicht einmal Vegetarier, gebratenem, salzigen Schweinefett widerstehen kann. Während er also abgelenkt ist, genießen Sie die Ruhe und den ungewohnten Platz in der Küche und bereiten das Omelette zu. Servieren Sie es Ihrem dankbaren Partner, der beim Anblick des Kunstwerks aus Eiern und Butter ins Schwärmen geraten wird.

Aphrodisiaka

Mit Ausnahme von Knoblauch, das die Fließeigenschaften des Blutes erhöht, gibt es keine aphrodisierenden Lebensmittel. Was ein Jammer ist, schließlich könnten wir jede Form von Hilfe durchaus gebrauchen. Schließlich sind die Angelsachsen nach asiatischen Geschäftsmännern, finnischen Dichtern und bolivianischen Politikern die Menschen mit dem geringsten Sex-Appeal. Im Lauf der Zeit standen die geheimen Kräfte von Trüffeln, Paua-Muscheln, Austern, Krabben, Granatäpfeln, Glattechsen, dem Blut und dem noch schlagenden Herzen von Schlangen und eine Reihe gefährdeter Wildtiere im Mittelpunkt derartiger Spekulationen. Manche Leute glauben, diese grenzenlose Begeisterung für Aphrodisiaka durch sämtliche Jahrhunderte stelle lediglich die Suche des Menschen nach der Essenz des Lebens dar, gewissermaßen nach einer göttlichen Substanz, die ebenso wie Götter und Göttinnen die Macht besitzt, Leben zu erschaffen und zu verlängern, und die uns, ebenso wie die Speisen, die besagte Gottheiten zu sich nehmen, Ekstase, Energie und Unsterblichkeit schenken. Anders ausgedrückt: Man isst, was eine Göttin isst, und schon avanciert man selbst zur Sex-Göttin.

Der Glaube, dass manche Lebensmittel über aphrodisierende Wirkung verfügen, ist an den Haaren herbeigezogen, metaphysisch und vollkommen haltlos, ebenso wie religiös induzierte Ernährungsvorschriften, heilige Speisen, verbotene Speisen, Vegetarismus und Lebensmittelallergien. Nur sehr, sehr wenige Menschen leiden an echten Lebensmittelallergien, und es gibt nicht einmal den Hauch eines wissenschaftlichen Beweises dafür, dass Lebensmittel die sexuelle Erregung oder Leistungsfähigkeit erhöhen. Der Glaube, bestimmte Lebensmittel besäßen magische Fähigkeiten oder stünden in Zusammenhang mit Sexualität, ist uralt und taucht in jedem Zeitalter in unterschiedlicher Ausprägung auf. Die einzig plausible Erklärung dafür ist, dass diese Überzeugungen das Gefühl der Zugehörigkeit zu einer Gruppe heraufbeschwören und den Leuten gestatten, die irrwitzigsten Forderungen im Restaurant zu stellen. Ich gehe allerdings nicht mit den Starköchen konform, die sich diesem neurotischen Blödsinn unterwerfen. Ein Meisterkoch verbringt Stunden damit, ein ausgewogenes Gericht für seine Gäste zu erschaffen und zu probieren, deshalb ist es absolut unhöflich, irgendwelche Sonderwünsche anzubringen, nur um das eigene Ego zu befriedigen. Allerdings besteht meiner Meinung nach ein Zusammenhang zwischen den Talenten eines Mannes im Bett und seiner Art zu tanzen. Und derselbe Rückschluss gilt auch für die Art und Weise, wie er seinen Spargel isst. Die einzige Querverbindung zwischen Essen und Sex, die ich mir vorstellen kann, ist die, dass beides Erlebnisse sind, die die Sinne in hohem Maß ansprechen. Und man muss nur einmal eine Feige aufbrechen, um zu sehen, wie sich eine sexuelle Botschaft anfühlt. Oder gibt es irgendjemanden, dem die Metapher einer Auster verborgen bleibt? In Wahrheit hat jedes Essen eine aphrodisierende Wirkung, und jedes Gericht, das man für einen geliebten Menschen zubereitet, hat etwas mit Sinnlichkeit zu tun. Essen erfüllt einen mit Glück und Liebe, und wir alle wissen, dass Essen und Tanzen fast automatisch auch zu Sex führen.

Gute Gastgeber

Gute Gastgeber gehören zu den Menschen, die ihre Gäste auf eine Art verwöhnen, so dass ihnen erst danach auffällt, wie selten und einzigartig gute Gastlichkeit ist. Die guten Gastgeber, die ich kenne und liebe, haben nicht unbedingt eine Ausbildung in der Gastronomie, sondern wissen intuitiv, wie man auf verschiedene Gästetypen eingeht. Schlechte Gastgeber hingegen halten es für ihre Pflicht, ihre Gäste zu unterhalten und aufzuklären. Wenn ich aufgeklärt werden möchte, gebe ich gern Bescheid, herzlichen Dank.

Im Hinblick auf zwanghaftes Erklären sind Ehemänner eher gefährdet, ins Fettnäpfchen zu treten. Sie sind geradezu immun gegen Signale, wie im Wäscheschrank Zuflucht Suchende, auf die Tischplatte knallende Köpfe oder Gäste, die mit Ohrstöpseln am Tisch sitzen und hochkonzentriert den Garten hinter dem Haus betrachten.

Gute Gastgeber verwöhnen ihre Gäste nicht mit Nahrung für den Körper, sondern liefern auch Futter für den Geist. Sie interessieren sich sowohl dafür, was ihre Gäste essen, als auch dafür, was sie denken, sprich, sie bringen soundsoviele Gänge auf den Tisch und legen nebenbei auch Wert auf spannende und anregende Gespräche. Gute Gastgeber beschränken sich nicht auf höfliche, meinungsfreie, risikolose Unterhaltungen. Wenn sie nicht gerade in der Küche stehen, sitzen sie am Tisch und erwarten von Ihnen, dass Sie Ihre Intelligenz unter Beweis stellen und ihnen etwas erzählen, was sie noch nicht wissen. Eine Dinnerparty kann sowohl Kampfsport sein als auch mit ein bisschen Glück an eine Debatte auf Oxford-Niveau grenzen. Exotische Tischwäsche, ein Kerzenständer, Kristallgläser und Silberbesteck bedeuten gar nichts. Das kann jeder auflegen. Aber nicht jeder besitzt die Gabe, ein Essen und eine Konversation auf hohes Niveau zu heben. Einen guten Gastgeber erkennt man daran, dass er genau weiß, wann er aufhören muss. Dasselbe gilt für einen guten Koch. Keine wilde Vermischung von Geschmäckern, sondern einfache, schlichte, anständig zubereitete Kost. Erst wenn Sie wieder auf der Straße stehen und Ihr erstklassiger Gastgeber die Tür hinter Ihnen zugemacht hat, wird Ihnen bewusst, wie sehr Sie es genossen haben.

Gewicht und Gesundheit

Die Welt ist voller Menschen, die Kalorien zählen (die kriminellste Beschäftigung, die man sich nur vorstellen kann), über Nährwerttabellen brüten und den Eiweißgehalt jeder einzelnen Zutat überprüfen. Offenbar tun diese Menschen das, um gut drauf zu sein und gut auszusehen. Dabei gibt es nur eine einzige Möglichkeit abzunehmen: Indem man weniger zu sich nimmt, als man verbraucht. Wenn Sie mehr Kalorien zu sich nehmen, als

Sie verbrennen, werden Sie an Gewicht zulegen, egal wie viel Sport Sie treiben. Essen Sie weniger, als Sie verbrauchen, werden Sie abnehmen. Alle Diäten sind im Grunde gleich und funktionieren nach diesem Prinzip, unabhängig von ihrem schicken Namen und ihrem vermeintlichen Erfolgsgeheimnis. Diät zu halten ist traurigerweise zum täglichen Bestandteil des Lebens der Frauen geworden, als wäre es nicht schon anstrengend genug zu arbeiten, die Welt zu bevölkern und sie am Laufen zu halten. Es ist unglaublich schwierig, im Auge zu behalten, wie viel man isst. Wir alle wissen, wie es läuft, nach dem Aufstehen isst man, was man will, so lange bis man satt ist. Dasselbe macht man um die Mittagszeit, und dann noch einmal am Abend. So hat man es sein ganzes Leben gehalten und war dabei immer für sein Alter und seine Körpergröße normalgewichtig. Und dann, eines Tages, stellt man fest, dass sich das scheinbar aus heiterem Himmel verändert hat. Das Gemeine daran ist das Alter: Hormonelle Veränderungen bedeuten, dass der Körper nicht mehr so viel Nahrung braucht. So einfach ist das. Schweren Herzens muss man sich ausgerechnet bei dem einschränken, was mit die größte Freude bereitet.

Eine wirklich gute Methode, das Essen nicht zu genießen, besteht darin, all diesen Unsinn zu glauben, der darüber geschrieben wird. Nehmen Sie zum Beispiel das Stichwort Entgiftung. Als diplomierte Krankenschwester habe ich noch nie geglaubt, dass der normale, gesunde Körper voller Giftstoffe steckt. Recherchen haben schließlich gezeigt, dass unsere Körper extrem leistungsfähige Maschinen sind, die sich automatisch und ganz allein von Giftstoffen befreien. Einmal habe ich das Golden Door Wellnesszentrum in Australien besucht und mich einem einwöchigen Entgiftungsprogramm unterzogen, das daraus bestand, auf Zucker, Salz, Kaffee, Weizen, Fleisch, Milchprodukte, Fett und Alkohol zu verzichten. Stattdessen habe ich tonnenweise Obst und Gemüse verdrückt. Am Ende dieser Woche fühlte ich mich kein bisschen anders als vorher, hatte gerade einmal zwei Kilo abgenommen und war noch nie so schnell in meinem Leben ins nächste Hotel mit unbeschränktem Vorrat an Gin und Tonic gefahren.

Der Trend zum Global Food

Londoner Spitzenköche sind noch immer im Fusion-Fieber, andere hingegen, wie beispielsweise die Küchenchefs des River Café und des Moro, legen zunehmend Wert auf Schlichtheit und Qualität des im Mittelpunkt stehenden Lebensmittels. Während Peter Gordon so exotische Kreationen wie in Wasabi mariniertes Rind mit grüner Mango und Nashi-Birne, geräuchertes Lamm mit Tamarillo-Ingwer-Salsa und Schokoladen-Stew mit Quitten-Aioli serviert, bereiten »moderne britische« Spitzenköche Köstlichkeiten wie in Salz gebratenes Bio-Hühnchen mit geschmorten Gemüsen zu, was genau das ist, was Sie später auf dem Teller haben werden – das herrlichste Geflügel, das Sie jemals gegessen haben und das nach nichts als nach sich selbst und den breiten Bohnen, Erbsen und Artischocken schmeckt, die es begleiten. Oder Sie haben ein erstklassiges Stück Fisch mit Kapern und Petersilie auf Ihrem Teller und dazu eine kleine Portion gedünsteten Mangold. Trotz allem, was die Leute sagen, ist von Könnern zubereitetes Fusion-Food in Europa noch immer begehrt und angesagt, vor allem in Frankreich, wo man sich allmählich vom Joch der Tradition befreit und gern ein wenig zu experimentieren beginnt. Leichtere, weniger umständliche Gerichte jedoch sind auf den Speisekarten eindeutig auf dem Vormarsch. Laut Guide Michelin wird in diesem Jahr in Tokio am besten und unter Verwendung der besten Nahrungsmittel gekocht.

Die privilegierte Welt von heute lebt eher, um zu essen, statt zu essen, um zu leben. Die Menschen leben länger, sind besser bei Kasse, essen häufiger aus reinem Spaß an der Freude und haben hohe Ansprüche an die Qualität. So entstehen viele Nischenmärkte. Die Leute wollen ein Erlebnis der Spitzenklasse; wenn sie sterben, wollen sie sich nur an die wunderbaren Mahlzeiten erinnern, die sie genossen haben. Wer hätte gedacht, dass so etwas Langweiliges wie Salz eines Tages zum Designerprodukt avancieren würde? Verbraucher wollen auch wissen, was sie essen. Sie erwarten, dass die Lebensmittel, die sie zu sich nehmen, nicht schädlich sind, sondern ihnen ein langes, gesundes Leben versprechen und die Umwelt nicht zerstören. Am wichtigsten ist jedoch der Geschmack. Wir müssen auch weiterhin Speisen zubereiten, die gut schmecken und uns guttun.

Umfassende Recherchen sprechen im Hinblick auf Ernährung und Gesundheit eine klare Sprache: Japaner essen fettarm und leiden seltener an Herzerkrankungen als wir; Mexikaner essen fettreich und leiden seltener an Herzerkrankungen als wir; Chinesen trinken selten Rotwein und leiden seltener an Herzerkrankungen als wir; Deutsche stopfen sich mit Bier, Würstchen und Fett voll und leiden seltener an Herzerkrankungen als wir. Der Schluss liegt auf der Hand. Essen und trinken Sie, was Ihnen wirklich schmeckt. Was uns umbringt, ist die Tatsache, dass wir Englisch sprechen.

Was lernen wir daraus

- ♥ Das Glück, das uns Essen schenkt, ist vergänglich. Gott sei Dank, denn deshalb müssen wir sehr regelmäßig Nahrung aufnehmen.
- ♥ Essen Sie, wonach Ihnen der Sinn steht. Ein klein wenig von dem, wonach es Sie gelüstet, tut Ihnen auch gut.
- ♥ Ihr Körper ist ein Tempel mit gerundeten Wänden.
- ♥ Kochen Sie, wann immer Sie das Bedürfnis danach verspüren, aber essen Sie nur, wenn Sie auch Hunger haben.

KAPITEL 3

Beziehungen: Entspannen Sie sich – Wir haben alle unsere Macken

Ich bin grundsätzlich mit gekreuzten Fingern in jede meiner Beziehungen gegangen, vielleicht wäre es vernünftiger gewesen, stattdessen die Beine zu verschränken. Mangelnde Kommunikation in der Beziehung sind gefährlich und machen einsam; ebenso wie Angst. In den Neunzigern hat mir eine Freundin ein Buch über Männer mit Bindungsphobie geschenkt. Ich habe es auf der Stelle verschlungen und festgestellt, dass ich in Wahrheit ein Mann mit Bindungsphobie bin. In der Generation meiner Eltern war eine alleinstehende Frau über dreißig entweder verwitwet oder hatte einen Buckel. Im neuen Jahrtausend kommt so etwas erheblich häufiger vor, weil sie entweder geschieden ist oder beschlossen hat, erst gar nicht zu heiraten. Natürlich gab es schon immer Frauen, die »anders« waren: die Bohemiens, die Isadora Duncans, die reichen Erbinnen, die sich an keinerlei Konventionen halten wollten, aber in unserem Zeitalter stehen einem die Entscheidungen im Hinblick auf Berufs- und Privatleben weitgehend offen. Eine Fünfzigjährige von heute lässt sich nicht mit einer Fünfzigjährigen der vorherigen Generation vergleichen. Sie sieht auch vollkommen anders aus.

Familien

Jeder von uns glaubt, er sei in einer zerrütteten Familie aufgewachsen. Die Wahrheit ist, dass die meisten Familien zerrüttet sind. In der Mehrzahl von ihnen ist Gewalt an der Tagesordnung, und sei es nur in Form von lautem Schreien, Streit oder der einen oder anderen als Erziehungsmaßnahme getarnten Ohrfeige, bis hin zu sexuellem Missbrauch im schlimmsten Fall. Ihnen allen gemeinsam sind jedenfalls ein auffallend schlechter Geschmack bei der Auswahl der Wohnzimmertapete und höchst eigentümliche Gewohnheiten im Umgang mit der Zahnpastatube. Meiner Ansicht nach ist die Kleinfamilie als Lebensform für viele Menschen nicht geeignet und auch im Hinblick auf geistige Gesundheit, Glück und das Austeilen von Komplimenten keineswegs empfehlenswert. Die Familie sollte wieder zu ihrer früheren Form zurückfinden. So lastet weniger Druck auf allen Beteiligten. Kinder sollten auch andere Erwachsene als die eigenen Eltern in ihrem unmittelbaren Umfeld haben und erfüllende Beziehungen zu ihren erwachsenen Verwandten, zu Freunden, Lehrern usw. pflegen. Die Pflicht, Kinder großzuziehen, auf die Schultern von lediglich zwei Menschen zu legen, treibt alle Beteiligten nur in den Wahnsinn. Ich finde, dafür braucht man eine Gemeinschaft, die sich liebevoll zugetan ist. Meine Eltern haben stets gewitzelt, sie könnten nicht nachvollziehen, wie niedrig die Kindersterblichkeitsrate in unserer Generation sei.

Früh übt sich …

Meine erste große Liebe war ein Klassenkamerad in der Grundschule. Wir waren beide fünf. Bis zu dieser Zeit waren meine Beziehungen zum anderen Geschlecht von völligem Desinteresse gekennzeichnet. Aber dann lernte ich Marcel kennen. Ich wollte ihn, weil er so schön und so nett war. Im zarten Alter von fünf Jahren schwelgte ich in Träumereien von seinem runden, pausbäckigen Gesicht mit der olivfarbenen Haut und seinen Beinen, die unter den kurzen schwarzen Hosen seiner Schuluniform herausragten. Ich wusste, dass ich ihn heiraten wollte, auch wenn ich keine Ahnung hatte, was das überhaupt bedeutete. Nur Gott allein wusste, welchen Schwelgereien ich mich hingab, schließlich wusste ich nicht das Geringste von Jungs, Sex und Liebe. Wer käme auch auf die Idee, dass eine Fünfjährige derartige Informationen brauchen könnte? Trotzdem saß ich inmitten meiner Puppen auf dem Bett, trunken vor Liebe. Stundenlang.

Unser Haus hatte vier mit einem großen Schiebefenster ausgestattete Schlafzimmer, eine riesige Diele mit hoher Decke und ein großes Wohnzimmer, das nie jemand benutzte. Dieses Zimmer war besonderen Gästen vorbehalten und mit wertvollen, auf Hochglanz polierten Möbeln, edlen Tapeten und geblümten Teppichen ausgestattet. Hinter dem Haus gab es einen Garten mit Baumhütten, Blumen- und Gemüsebeeten, Hühnern und Obstbäumen. Den ganzen Sommer über ernteten wir Passionsfrüchte, Pfirsiche, Äpfel, Orangen, Zitronen und Pflaumen. Meine Geschwister und ich legten uns neben das Spargelbeet und aßen die zarten Keimlinge, sobald sie hoch genug waren. Wir kriegten zwar regelmäßig Ärger, was uns aber nicht davon abhielt. Manchmal saß ich mit Keksen und einem Glas Milch unter dem Pfefferbaum mit den tief hängenden Ästen und träumte von Marcel. Die meiste Zeit jedoch saß ich dort und schrie. Nur wenige Menschen wissen, dass ich die Urschrei-Therapie entwickelt habe, damit ich meiner Mutter nicht an die Gurgel ging. Ich bekam keinen Penny dafür. Jahre später nahm Artur Janov dieses Konzept in Kalifornien für sich in Anspruch und ermutigte die Menschen zu schreien, um auf diese Art Bezug zu ihrem ersten bewussten Erleben zu bekommen, was nach organisierter Religion die übelste Zeitverschwendung ist, die man sich vorstellen kann. Wenn das erste bewusste Erleben schon beschissen war, wieso sollte es dann beim zweiten Mal besser sein? Der Trick ist, alles gleich beim ersten Mal hinauszuschreien. Hätte ich das damals nicht geschafft, säße ich mittlerweile längst in der Klapsmühle.

Aber zurück zu Marcel. Er wollte mich nicht. Ebenso wenig wie irgendein anderer Junge. Wann immer ich ihn anlächelte, starrte er mich nur ausdruckslos an. Wenn ich ihm meine in Butterbrotpapier eingewickelten Pausenbrote schenkte, schlang er sie ohne ein Wort des Dankes hinunter. Und als ich ihm ein Lied vorsang, lachte er mich aus. Er und seine Freunde zwangen mich, ganz allein auf der Jungensbank unter einem blühenden Baum neben dem Baseballfeldrand zu sitzen, nur weil ich wie ein Junge hieß. Die Mädchen durften auf der anderen Seite sitzen. Die Nonnen mussten uns in diesem Alter noch nicht getrennt halten, das erledigten wir schon ganz allein. Das Ganze war nicht nur eine Zurückweisung in meiner

Eigenschaft als Mädchen, sondern eine Ablehnung meiner Identität insgesamt – meines Namens.

»Du musst bei den Jungs sitzen, weil du einen Jungennamen hast.«

»Nein, das stimmt nicht. Ich heiße wie ein Mädchen.«

Dunkle Wolken zogen sich über mir zusammen, als ich kerzengerade auf der Bank saß, versteinert von den Härten meines jungen Lebens. Alle wollten nur Vanessa, die eine Art Grace Kelly in Miniaturausgabe und der Inbegriff des süßen kleinen Mädchens war. Und ich konnte diesen Wunsch durchaus nachvollziehen, denn auch ich war völlig verzaubert von ihr und trug ihr die Schultasche, bis ich mir endlich ein eigenes Leben zugelegt hatte. Was mir anfangs nicht ganz so gut gelang, aber am Ende schaffte ich es doch. Dass niemand mich wollte, konnte ich nicht so ohne weiteres auf mir sitzen lassen. Ebenso wie die Tatsache, dass ich wie ein Alien aussah und mich auch so fühlte. Und dass ich nicht Vanessa war. Wer außer irgendwelchen anderen Losern würde sich unter diesen Umständen schon mit mir anfreunden? Und wie sollte ich jemals einen Ehemann abkriegen?

»Stock und Stein brechen mein Gebein«, rezitierte meine Mutter und blickte von ihrem Buch und ihrem Jüngsten auf, »doch Worte bringen keine Pein.« Diese Lüge wird Kindern regelmäßig aufgetischt, um sich künftige hohe Psychiaterrechnungen zu ersparen. In puncto Anpassung war ich eine absolute Null, dabei sehnte ich mich wie alle Kinder danach, so zu sein wie alle anderen, was mit dem Stigma eines Vornamens wie Peta nie im Leben passieren würde. Die Namen, die sie mir an den Kopf warfen, schlugen tiefere Wunden, als es Prügel jemals hätten tun können, und zwangen mich zu handeln. Als ich eines Tages wieder auf dieser Bank saß und das volle Ausmaß meiner gesellschaftlichen Ausgrenzung spürte, begann ich, mir allen Ernstes Gedanken über eine neue Identität zu machen. Mir war klar, dass ich niemals so hübsch, blond, hinreißend und gleichmütig wie Vanessa sein konnte. Also beschloss ich, stattdessen schlauer, witziger und tapferer zu sein. Und dann konnten sie mich alle mal gern haben. Und es funktionierte. Gab es am Ende etwa doch so etwas wie einen Gott? Mein neu gefundener Witz zeigte Wirkung. Auf einmal war ich nicht mehr ganz so unbeliebt, was meinen Kummer, hässlich zu sein und von Marcel nicht geliebt zu werden, automatisch ein wenig milderte und mich auch ein ganz klein wenig mit meinem ungewöhnlichen Vornamen versöhnte, der im Neuseeland von 1954 ein absolutes Unding war. Noch irgendetwas auf der Liste?

Die Zeit verging, und Marcel wurde zu »Marcel wer?« Während meiner Teenagerzeit hielt die medizinische, sexuelle und gesellschaftliche Revolution Einzug: die Erfindung der Antibabypille – zehn Jahre nach der Erfindung des Fernsehens. Bis zu dieser Ära waren Fernsehen und Pond's Nachtcreme die gebräuchlichsten Methoden zur Geburtskontrolle gewesen. Frauen klatschten sich die dicke weiße Pampe vor dem Zubettgehen ins Gesicht und hielten sich so ihre Männer vom Leib. Familien, die sich zuvor unterhalten, ums Klavier versammelt oder abends gelesen hatten, waren erleichtert, dass ihnen diese Last von den Schultern genommen worden war. Schon bald darauf kam die nächste Revolution: der Feminismus. Sie können sich bestimmt vorstellen, dass wir nicht wussten, wo uns der Kopf stand.

Als ich Anfang zwanzig war, las alle Welt Germaine Greers *Der weibliche Eunuch*. Ich ging zu einem ihrer Vorträge an der Universität und hätte alles darum gegeben, wie diese Amazonenkönigin zu sein. Sie war bildschön, witzig, klug und geradlinig. Doch sie hatte auch ihre wilde Seite, war vulgär, schlief mit Rockstars und machte sich über die Institution der Ehe lustig. Zu der Zeit keimte der Verdacht in mir auf, die Ehe sei sowieso ein Fall für den Mülleimer, nicht etwa, weil ich wusste, wovon ich redete, sondern weil ich von Natur aus aufmüpfig war. Die förmliche, gesellschaftlich legitimierte, privilegierte und symbiotische Struktur der Ehe sei nicht vorteilhaft für die Frau, verkündete Germaine. Ich war sowieso nicht vom Konzept der Kleinfamilie überzeugt und konnte mir nicht vorstellen, welchen Vorteil eine Ehe für mich bereithalten sollte, abgesehen davon, dass ich ein neues Kleid bekäme. Und da stand die atemberaubende, derbe, rasend witzige Germaine auf dem Podium und zog erbarmungslos über die großen Mythen der Mittelklasse, die Liebe und die Ehe, her. Werdet erwachsen, und legt euch ein Leben zu, sagte sie zu uns. Okay, sagten wir und tanzten weiter durch die Gegend. Auch für Männer erwies es sich als ratsam, den Feminismus mit offenen Armen willkommen zu heißen, denn auf diese Weise ließen wir uns wesentlich leichter flachlegen. Die Kerle hingegen konnten ihr Glück kaum fassen, dass emanzipierte Mädchen nicht erst mühsam zum Sex überredet werden mussten.

Als junge Frau revoltierte ich, wie jeder mit einem funktionierenden Gehirn, gegen den vermeintlichen Konformismus, die unverschleierten Heucheleien und die Bequemlichkeitslügen der Gesellschaft. Als Hippie und

Flüchtling vor der Mittelklasse hingen meine Freunde und ich dem festen Glauben an, allein die Gegenwart zähle. Nicht nur hatte der Katholizismus seine Berechtigung eingebüßt, sondern die Ehe rangierte in meinen Augen irgendwo zwischen uncoolem Lebenskonzept und blanker Sklaverei. Weshalb sich an einen einzigen Menschen binden? Und wer brauchte überhaupt diesen Fetzen Papier? Wir hielten uns für Helden und Revolutionäre. Und nicht zu vergessen dieses wunderbare Gefühl der Zugehörigkeit und Gemeinschaft – wir gegen den Rest der Welt. Wir fühlten uns unendlich mächtig und waren der festen Überzeugung, dass wir die Welt verändern konnten. Tatsache war, die Welt um uns herum veränderte sich ganz allein. Trends wie Bio-Kost, lässige Hippie-Mode (die uns seitdem bereits ein- oder zweimal wieder begegnet ist), Intellektualität, Umweltbewusstsein, Meditation und all das, die heutzutage selbstverständlich sind, hatten ihre Ursprünge in der Hippiezeit. In den Neunzigern taten diese nervtötenden New-Age-Freaks so, als hätten sie noch nie vorher vom Chillen gehört, was wahrscheinlich auch stimmte. Meine Freunde und ich waren manchmal so chillig drauf, dass wir uns drei Tage lang nicht vom Fleck rührten. Wir waren wirklich so unglaublich cool!

Lust & Liebe

Eines Tages, damals war ich gerade in den Vierzigern, beschloss ich, einen Liebesroman zu schreiben. Ich meine, wie schwer konnte das schon sein? Ich hatte mich nie überwinden können, über die schlechte Schreibe hinwegzusehen und eines dieser Machwerke zu Ende zu lesen, war aber der festen Überzeugung, ohne Weiteres selbst eines schreiben zu können. Sie kamen so unschuldig daher, eine vorhersehbare Story, in der es nie übers Küssen hinausging. Es bot sich an, einige jüngst erschienene Romane zu lesen, bevor ich anfing, also zog ich mit einer Freundin los und kaufte mir drei Schnulzen, um ein Gefühl für den Schreibstil zu bekommen. Wir lasen sie uns gegenseitig vor, brüllten und lachten und machten eine höchst erstaunliche Entdeckung: der Grund, weshalb diese Dinger Millionenauflagen bei Hausfrauen und Müttern erzielen, ist SEX. Ja. Ganz recht. Diese Schnulzen sind im Prinzip nichts anderes als Pornos. Die Lektüre ließ uns um ein Haar erblinden: Auf Seite 15 »liebkosten seine erfahrenen Finger die Tiefen des Leibes« der Heldin. Die Geschehnisse auf Seite 50 will ich lieber gar nicht erst wiedergeben. Ursprünglich hatte ich gedacht, es sei ausgeschlossen, sich mit einer der Figuren zu identifizieren. Ich meine, wie viele reiche, gut aussehende, maskuline Besitzer von Schaffarmen kann es schon geben? Die Antwort lautet: Wen interessiert das? Was ist so toll am wahren Leben, dass man unbedingt den Bezug dazu wahren will? Der Schaffarmbesitzer benimmt sich wie kein anderer Mann, dem die Leserinnen dieser Bücher je begegnet sind. Das ist gesellschaftlich legitimierte Frauenpornografie, die man in jedem Supermarkt kaufen kann. Im Gegensatz zum Ehemann der geneigten Leserin nennt der Held im Buch einen Luxuskörper sein Eigen, ist ein sexueller Musterknabe, höflich, romantisch und absolut bezaubert von der Heldin.

Kommunikation mit Edward De Bono

Ich mag Edward de Bono und möchte gern ein paar Worte zum Thema Denken verlieren. Ich bin völlig fasziniert von seiner Idee, Analysen und Denkansätze hinter sich zu lassen und nach der Wahrheit im alten sokratischen Sinne zu suchen und damit den Weg zu Kreativerem und Konstruktiverem zu ebnen. De Bono spricht von Paralleldenken; darüber, sich mehr Gedanken über das zu machen, was sein kann, statt lediglich über das, was ist; darüber, Möglichkeiten zu akzeptieren, ohne zu verurteilen; beide Seiten eines Widerspruchs zu betrachten und dann einen lateralen, kreativen Lösungsansatz zu finden. Menschen hassen Veränderung, und wir mutmaßen häufig, dies sei ein angeborener Teil unseres Naturells. Was ist, wenn wir einfach nur denken, wie wir denken, und unsere Probleme einfach lösen, wie wir sie lösen, weil wir mit einer Philosophie aufgewachsen sind, die nicht darauf ausgerichtet ist, mit Veränderungen zurechtzukommen? Nehmen Sie zum Beispiel das Thema Streit. Bis zu einem gewissen Ausmaß finde ich Streit gut. Ich bewege mich sehr stark in Schwarz-Weiß-Kategorien – richtig und falsch, gewinnen oder verlieren, ja oder nein. Meiner Ansicht nach haben ein aggressiver Schlagabtausch und ein angeregter verbaler Konflikt etwas durchaus Konstruktives, und ich finde, ein anständiger Tritt gegen das Schienbein hilft ungemein, die Wahrheit zu erkennen. Kämpferische, feindlich gesinnte Auseinandersetzungen hingegen halte ich für eine absolut sinn- und wirkungslose Art der Diskussion. De Bono betrachtet die Dinge gern aus unterschiedlichen Blickwinkeln und sieht nicht ein, weshalb wir diese beiden Ansätze nicht vermischen sollen. Es ist doch viel besser, die Intelligenz einzusetzen und kreativ und konstruktiv zu sein. Alles reine Kopfsache. Es gibt kein richtig und falsch – es gibt nur viele Lösungsansätze. Wenn ich von etwas überzeugt bin und das Gefühl habe, im Recht zu sein, bedeutet das doch nicht zwangsläufig, dass der andere im Unrecht ist. »Wahrheit« ist ein Schwindel. Und uns Menschen ist die Form häufig wichtiger als der Inhalt.

Ehe und Familie

Verheiratete Frauen stellen mittlerweile eine Minderheit dar. Das Leben der Frauen unterscheidet sich heute so fundamental von dem ihrer Mütter, dass man es beinahe als neue Gesellschaftsform bezeichnen könnte. Frauen leben ohne Trauschein mit einem Partner zusammen, sind Single, homosexuell oder haben sich mit anderen Frauen zu einer völlig neuen Form der Lebensgemeinschaft zusammengetan. Die Frauen von heute wollen frei sein, aber nicht unbedingt allein. Ich habe selbst zehn Jahre lang meinen Haushalt mit jemandem geteilt – es war wie eine WG für Erwachsene. Wir hatten ein wunderschönes Haus in einer erstklassigen Gegend, eine eigene Haushälterin, ein Abo für die Tageszeitung, einen Gärtner und jeder ein eigenes Badezimmer.

Ursprünglich war die Ehe ein reines Besitzverhältnis, bei dem die Inhaberschaft der Frau nebst Hab und Gut nahtlos vom Vater auf den Ehemann überging. In der heutigen Zeit erleben wir im Hinblick auf das Ehe- und Familienleben eine echte Revolution, allerdings keineswegs aus mangelndem Respekt vor dieser Institution. Stattdessen besitzen jene, die den Wandel vollziehen, häufig ein ausgeprägteres Gespür für Werte wie persönliche Verpflichtung, Liebe und gegenseitigen Respekt. Laut Expertenmeinung nehmen wir die Institution der Ehe immer noch schrecklich ernst und trennen uns erst nach einer endlos langen und häufig qualvollen Einschätzung der Situation. Der mit Abstand häufigste Scheidungsgrund ist Untreue, erst danach kommt das Verhalten des Partners. Die Ehe ist nicht länger der Dreh-und Angelpunkt des gesellschaftlichen Lebens und wird es wohl auch nie wieder werden. Diese Revolution innerhalb der Ehe findet nur statt, weil die Gesellschaft den Frauen nicht länger Vorschriften machen kann und sie mittlerweile in der Lage sind, für sich selbst zu sorgen. Auch die Verbindung zwischen Ehe und Kind beginnt sich zu lockern. Früher heirateten Frauen, damit sie jemand beschützte, ihnen finanzielle Sicherheit und einen gesellschaftlichen Stellenwert verschaffte, beziehungsweise aus politischen, geschäftlichen und religiösen Motiven. Erst in den letzten 200 Jahren sind die Menschen dazu übergegangen, ihren Partner aus Liebe auszuwählen, und erst in der jüngeren Vergangenheit sind gegenseitige Liebe und Intimität wesentliche Säulen einer Verbindung. Das Problem, das aus der Erfindung der Liebesheirat erwuchs, ist, dass die Menschen schon bald keinen Grund mehr sahen, verheiratet zu bleiben, wenn sie ihren Partner nicht mehr liebten. Der Mangel an Alternativen der Frau war einer der Hauptgründe, weshalb die Ehen früher so lange Bestand hatten.

Für eine gebildete Mittelklassefrau ist eine Ehe längst nicht mehr die beste Methode, sich wirtschaftlich für die

Zukunft abzusichern. Im Kapitel über die Arbeit werden Sie Bekanntschaft mit Leslie Bennett machen, die in ihrem Buch *The Feminine Mistake* feststellt, dass es ein enormes Risiko darstellt, die finanzielle Eigenständigkeit aufzugeben und sich stattdessen darauf zu verlassen, dass der Mann schon für einen sorgen wird. Die Ehe ist nicht länger das einzige Umfeld für eine Frau, um ihre Kinder großzuziehen. Ja, ganz genau. Die Ehe hat ihre Struktur unwiderruflich verändert, was nicht heißen soll, dass sie dem Untergang geweiht ist, sondern lediglich, dass sie sich verändern muss, um noch länger eine Rolle spielen zu können. Die Menschen werden künftig nicht mehr bis zum Ende ihres Lebens verheiratet sein, deshalb müssen wir uns neuen Strukturen gegenüber öffnen und somit einen Raum für alleinerziehende Eltern, Groß- und Patchworkfamilien, unverheiratete und homosexuelle Paare schaffen. In sehr hohem Maße geschieht das bereits heute: Zwischen 2003 und 2004 hat in Australasien jeder Zehnte seine Familienform geändert. Viele Menschen unter 35 haben ihre Partner verlassen und sich ein neues Lebensarrangement gesucht. 11 Prozent haben ihr erstes Kind zur Welt gebracht. Junge Menschen ändern ihre Lebenssituation häufiger als Ältere, und Kinder passen sich allen möglichen neuen Konstellationen recht gut an. Es scheint, als würden wir zu einer sich ständig wandelnden Gesellschaft werden. Und wir scheinen immer weniger Kinder zu bekommen. Prognosen zufolge werden die DINKS (kinderlose Paare mit doppeltem Einkommen) in Neuseeland im Jahr 2012 die Paare mit Kindern als Hauptfamilientypus überrundet haben. Das ist zum Glück noch nicht ganz so schlimm wie in Deutschland, wo erwartet wird, dass 30 Prozent aller Frauen kinderlos bleiben.

Wir heiraten immer noch, nur die Art und Weise, wie wir unsere Ehen leben, verändert sich. Architekten und Sozialforscher prognostizieren, dass 2015 die Mehrzahl der Häuser zwei Schlafzimmer aufweisen werden, eines für jeden Ehepartner. Und nicht nur, um das eheliche Liebesleben spannend zu halten, nein, sondern wegen komplizierter Arbeitszeiten. Die Frauen sind mehr in die Entscheidungen eingebunden, haben vielleicht sogar einen höheren Verdienst und brauchen nachts einfach ihren ungestörten Schlaf. Männer und Frauen wollen zwar immer noch zusammen sein, aber nicht unbedingt wie Kletten aneinanderkleben. Unabhängigkeit innerhalb der Beziehung, so lautet das Stichwort, getrennte oder gar geheime Konten, ja, sogar getrennte Sozialleben. Früher heirateten die Menschen wegen des Geldes oder weil die Frau so schön war, jetzt suchen sie Loyalität und Freundlichkeit. Ich persönlich würde mich für jemanden entscheiden, der die Hausarbeit beherrscht, gern abwäscht und tolle Cocktails mixen kann.

Macht uns die Ehe glücklicher? Ja, aber nur ein kleines bisschen und auch nur im ersten Rausch der Verliebtheit. Danach kehren die Menschen zu ihrem gewohnten, vorehelichen Glückszustand zurück. Im Grunde gilt folgende Regel: Wenn Sie als Single glücklich sind, werden Sie als Paar doppelt glücklich sein, und glückliche Menschen haben die Neigung, stabile Partnerschaften zu führen.

Freundschaften

All Ihre Vermutungen, worüber Frauen sich unterhalten, wenn sie unter sich sind, entsprechen der Wahrheit. Wir reden über Sex und Männer. Nachfolgend eine Unterhaltung, die ich vergangenes Jahr mit zwei Freundinnen in einer überfüllten Bar in Paris geführt habe.

»Hi.«

»Hey.«

»Hi.«

Ich: »Ich nehme einen Kir. Und ihr beide? Ein Glas Wie-immer-denn-Gott-möge-verhindern-dass-ihr-jemals-eure-Angewohnheiten-aufgebt-Bordeaux?«

Lucy: »Soll ich euch mal erzählen, was mir gestern Abend bei meinem neuesten Date passiert ist?«

Ich: »Das mit dem sterbenslangweiligen Zahnarzt, der so kumpelmäßig aussieht und Geld wie Heu hat? Lass mich raten. Hat er sich wie ein langweiliger, reicher Zahnarzt verhalten, was dich so was von überhaupt nicht anmacht?«

Lucy: »Na ja … Ja.« Sie verdreht die Augen. »Aber nett war er schon. Was soll ich bloß machen, wenn er wieder anruft?«

Ich und Cynthia wie aus einem Munde: »Nein sagen!«

Lucy: »Aber vielleicht könnten wir ja nur Freunde sein.«

Cynthia: »Nein!«

Ich: »Was macht eigentlich dein Liebesleben, Cynthia?«

Cynthia: »Es läuft gut, aber ich würde gern über den Orgasmus mit euch reden.«

Ich: »Aber wir sind doch erst seit fünf Minuten hier.«

Cynthia: »Okay, tut mir leid, wenn das mehr ist, als ihr hören wollt, aber wie es aussieht, kriege ich keinen, wenn ich mit jemandem Sex habe, sonst aber sehr wohl.«

Lucy: »Dann zeig ihm, wie man es macht, in welcher Stellung es am besten bei dir klappt und so. Ich muss oben sein, sonst fehlt die Verbindung zwischen Ihr-wisst-schon-was und meiner Klitoris.«

Cynthia: »Oh, okay. Aber was ist mit dem G-Punkt-Orgasmus?«

Ich: »Wenn du mich fragst, gibt es den überhaupt nicht. Ich habe jahrelang in selbstloser Absicht zu diesem Thema Forschung betrieben, und wenn ich keinen G-Spot habe oder keinen vaginalen Orgasmus bekommen kann, kann beides auch nicht existieren.«

Es folgte eine Unterhaltung, in deren Verlauf sich herausstellte, dass keine von uns mit Gewissheit sagen konnte, wo sich dieser G-Spot befinden soll.

Cynthia: »Könnte es sein, dass jede Frau anders ist und manche einen G-Spot haben, andere aber nicht?«

Ich: »Ja, ich wäre durchaus bereit, diese Möglichkeit in Betracht zu ziehen. Aber lasst uns diese anatomischen Besonderheiten beiseitelassen und uns wichtigeren Fragen zuwenden – wann hattet ihr eigentlich euren ersten Orgasmus?«

Lucy: »Als ich noch klein war. Beim Schwimmen. Dabei kam ich regelmäßig, und erst als ich älter wurde und beim Sex auch einen bekam, dämmerte mir, dass es dasselbe Gefühl ist.«

Ich: »Also, ich saß auf der Couch, und auf einmal passierte es, ohne dass ich mich irgendwie berührt hätte. Danach konnte ich natürlich nicht mehr aufhören.«

Cynthia: »Bei mir klappte es immer gut, wenn ich an der Gymnastikstange hoch- und runtergerutscht bin.« Kollektiver Aufschrei. »Okay, das hätten wir also geklärt. Was ist mit klitoraler Ejakulation?«

Ich und Lucy: »Schon davon gehört, aber nie selbst erlebt, soweit ich weiß.«

Lucy: »Was ist mit Fantasiesex?«

Cynthia und ich: »Fantasiesex?«

Lucy: »Ja, ihr wisst schon, im Traum. Man wacht plötzlich auf und ist mitten in einem Orgasmus, obwohl man sich nicht berührt hat.«

Cynthia und ich: »Ja, absolut – sehr oft.«

Ich: »So gern ich Sex mit Männern mag, aber sind wir uns nicht alle einig, dass der Do-it-yourself-Orgasmus immer noch der beste ist?«

Cynthia und Lucy: »Ja.«

Ich stehe auf und will gehen. In diesem Augenblick fallen mir die beiden gut aussehenden Männer neben uns auf, die mich freundlich ansehen. Wir waren so in unsere Schilderungen vertieft gewesen, welchen Sex mit welchen Männern wir schon mal hatten und was wir mit dem nächsten anstellen würden, dass wir die beiden gar nicht bemerkt hatten.

Im Zuge unserer Unterhaltungen über Sex und Männer tauschen wir Frauen auch noch andere Informationen aus. Es ist durchaus üblich, in einer einzigen Plauderrunde über Sex, Kunst, den perfekten Pflaumenkuchen, die Tatsache, dass grundsätzlich er dahintersteckt, wenn das Telefon nicht klingelt, Probleme bei der Arbeit, BHs und Politik abzuhandeln. Ob Sie es glauben oder nicht, aber selbst diejenigen, die mit dem Haushalt auf Kriegsfuß stehen, tauschen Rezepte aus. Bleiben Sie mir bloß weg mit meiner Freundin Gwendolin und dem Rindfleischauflauf-Rezept ihrer Großmutter; geschlagene zwanzig Minuten dauerte ihr Vortrag, in dessen Mittelpunkt hauptsächlich die Frage nach dem Unterschied zwischen der englischen und der französischen Teigzubereitungsmethode stand, ob man Nieren hinzufügen sollte oder lieber nicht, und die Erinnerung an dieses eine Mal, als sie das Gericht mit Speck zubereitet hatte, das vom Braten für die Jungs im Männerwohnheim übrig geblieben war.

Wir brauchen diese Freundschaften, weil wir alle zum selben Stamm gehören und dieser Stamm uns vor Gefahren beschützt. Wir müssen uns versammeln, ob in Zeiten des Reichtums oder der Not. Frauenfreundschaften ersetzen die familiären Bande und dauern meistens länger an als Liebesbeziehungen mit Männern. Wir brauchen unsere Freundinnen zur Unterstützung, wenn dieser Dreckskerl von Boss oder Ehemann plötzlich beschließt, uns eiskalt abzuservieren. Eine wahre Freundin stellt wichtige Fragen wie, ob dieser Penner unter einer bipolaren Störung leidet, was er im entscheidenden Moment anhatte, welche Körpersprache er an den Tag legte, ob er unter Ausschlag leide oder wieso man sein Leben verschont habe. Diese Informationen gestatten es Freundinnen, ein Urteil zu fällen. Ein männlicher Freund hingegen würde nur sagen: Vergiss den Typen. Teenager brauchen viele Freundinnen, weil kein anderes Lebewesen mit ihnen kommunizieren kann. Wenn man mit den Mädels zusammen ist, sind Besorgnis und Schuldgefühle überflüssig. Alles läuft wie von allein und völlig unkompliziert. Kein Druck, kein Scherz, der zu schlecht ist, niemand sagt »Das kannst du nicht machen« oder »Du siehst so müde aus«, und keine Idee ist zu abgedreht. Frauen können auf so gut wie alles verzichten, aber nicht auf Essen, Wasser und ein paar gute Freundinnen.

Frauen führen sehr intensive Freundschaften, in denen es gelegentlich zum Eklat kommt und die sich danach nie wieder kitten lassen. Manchmal arrangiert man sich über Monate mit dem schlechten Benehmen einer Freundin, manchmal sogar über Jahre – dreißig Jahre sind keine Seltenheit – und dann, eines Tages, wacht man morgens auf und hat schlagartig die Nase voll davon. Die Gründe für dieses »Nase voll« können variieren. Frauen hintergehen einander, lügen, sind bösartig, eifersüchtig und wetteifern. Das Interessante ist, dass Frauenfreundschaften ganz abrupt enden können, ohne dass die andere etwas davon mitbekommt. Die eine hört einfach auf, mit der anderen zu reden und fängt auch nie wieder damit an. Bei einem Mann würden wir uns niemals so verhalten, wenn wir eine Beziehung beenden wollen; stattdessen schreien und heulen wir, legen ihm haarklein dar, dass und inwiefern er unsere Erwartungen enttäuscht hat, ehe wir damit drohen, uns umzubringen oder sogar noch Schlimmeres. Ich kann mir nicht vorstellen, dass Männer ihre Freunde »abservieren«. Das scheint eher eine weibliche Vorgehensweise zu sein. Männerfreundschaften beschränken sich allem Anschein nach darauf, etwas gemeinsam zu unternehmen, wohingegen Frauenfreundschaften auf Gesprächen basieren und ohne vorherige Ankündigung eines neuen Gesprächsthemas auskommen. Man greift einfach zum Hörer und sagt: »Ich denke, du solltest das Grüne nehmen. Ganz klar.« Männer haben einfach keinen Sinn für die kleinen Dinge des Lebens. Sie würden schlicht den Verstand verlieren, wenn man sie zwingen würde, zwanzig Minuten über eine Fleischpastete zu reden. Ein Spaten ist ein Spaten, also nennt man ihn Spaten. So einfach ist das. Wie kann man das auch nur eine Sekunde in Zweifel ziehen? Aber vielleicht ist der Spaten ja eine Schaufel, eine Hacke oder eine Kelle, und die Farbe haben wir noch nicht einmal erwähnt. Männer betrachten das große Bild. Aber warum nur? Auf diese Weise versäumen Sie die 37 000 kleinen Bilder, die den Weg zum großen markieren. Wir sind diejenigen, die auf den Punkt hinarbeiten, sie hingegen gehen geradewegs zum Ziel.

Mutterschaft

Als Kinderlose bin ich selbstverständlich Mutterschaftsexpertin. Folgender Witz wurde eigens für mich geschrieben: »Es gibt zwei Typen von Menschen auf der Welt: solche, die Kinder haben, und solche, die keine haben. Und diejenigen, die keine haben, wissen nicht, dass es zwei Typen von Menschen auf der Welt gibt.« Die Autorin Rachel Cusk sagte einmal: »Mutterschaft ist eine Zwangskarriere, in der man sein schlechtes Gewissen auch nicht mit noch so vielen Ausreden besänftigen kann.«

Zum Glück gibt es immer noch Frauen, die gern Kinder bekommen, allerdings gilt für die Mutterschaft dasselbe wie für Beziehungen: Wir haben nicht die leiseste Ahnung, wie es funktioniert. Vielleicht war das Muttersein in Wahrheit ja nie das, wofür wir es immer halten? Viele meiner Freundinnen haben mir, obwohl sie ihre Kinder heiß und innig lieben und in ihrer Mutterrolle aufgehen, irgendwann erzählt, sie könnten beim besten Willen nicht nachvollziehen, wie ihre Mütter sich an dieser Verschwörung beteiligten und ihnen vorenthalten konnten, wie brutal eine Geburt und die Mutterschaft in Wahrheit seien. Wieso haben sie uns das nicht vorher gesagt?, fragen sie. Weil wir euch nicht daran hindern wollten, es uns nachzutun, antworten ihre Mütter. In ihrem Buch *Der Club der wilden Mütter: Das Leben zwischen Windeln, Sex und Margaritas* schildert die amerikanische Autorin Brett Paesel, wie es wirklich ist, Mutter zu sein, und nicht nur, wie alle es darstellen. Dieses wunderbare, rasend komische Buch hat für einigen Wirbel in den USA gesorgt, und in Oregon wurde ein besonders wollüstiges Kapitel sogar auf den Index gesetzt. Im Grunde hat Paesel sich die Tatsache schön getrunken, Mutter eines Kleinkinds zu sein, und anschließend ihre Erkenntnisse in einem Buch niedergeschrieben. Wie bewältigt man die Gratwanderung zwischen Mutterschaft, Alkohol und Sex? Sie nimmt das Bindeglied des Mutterseins unter die Lupe, das die frischgebackenen Mütter entweder in tief empfundener Freundschaft vereint oder in Lager teilt, die unterschiedlicher nicht sein könnten. Jeden Freitag trifft Brett sich mit ihren engsten Freundinnen in einer Bar, wo sie die wichtigsten Themen aufs Tapet bringen, während sie sich ihren Platz in der neu gefundenen Welt der Mutterschaft erobern. Die Frage, die in ihren Köpfen jedoch herumgeistert, während sie ihren Sprösslingen beim Spielen zusehen, ist jedoch: »Wann ist es endlich nicht mehr zu früh für einen Drink?«

Manche jungen Mütter leiden unter postnatalen Depressionen, was jedoch laut Bretts Einschätzung keineswegs verwunderlich ist. Schließlich hat man achtunddreißig Jahre lang frei und unbeschwert gelebt und ist nun auf einmal gezwungen, mit einem winzigen Menschen zu Hause zu bleiben, der zu hundert Prozent von einem abhängig ist und pausenlos schreit; man hat einen Dammschnitt hinter sich, ist aufgedunsen bis zum Anschlag, fühlt sich hilflos und hat keinen blassen Dunst, wie man ein Kind großzieht. Angesichts all dessen ist eine Depression eine wohl durchaus nachvollziehbare Reaktion. Vielleicht sogar eine vernünftige. Um ihre Laune zu heben, träumte sie von Büchern, die ihr helfen könnten; Bücher mit Titeln wie: »Was Sie über die geheimen Vorteile von Kokain wissen sollten, Erziehungsexperten Ihnen aber nicht verraten wollen« oder: »Rauchen – der Weg zurück zu mentaler Ausgeglichenheit und einer tollen Figur«. Was Brett am Ende rettet, ist nicht der Alkohol, sondern gute Freundinnen und ihr Sinn für Humor. An der Bar diskutieren sie über wirklich wichtige Mutterschaftsthemen, wie beispielsweise ihre abgedrehtesten Sexfantasien, mit dem Ehemann einen Joint zu rauchen, während die Schwiegermutter auf das Kind aufpasst, und wie man seinen Kater bewusst planen kann, damit er nicht mit den Verabredungen der Kleinen zum Spielen kollidiert. Als ihr kleiner Sohn in der Kindertagesstätte erzählt, er hätte eines Morgens gesehen, wie Mummy auf Daddys Gesicht gesessen hätte, wird Brett auf einen Schlag zur Berühmtheit.

Mütter haben es manchmal wirklich schwer. Alle – der Staat, die Schule, die Schwägerinnen und die Supermarktangestellten – erlauben sich ein Urteil darüber, ob sie ihre

Sache gut machen oder nicht. Sie werden danach bewertet, was sie ihren Kindern zu essen geben, wie lange sie fernsehen dürfen, wie oft sie selbst vor ihren Sprösslingen fluchen, für die grauenhaften Namen, mit denen sie sie für den Rest ihres Lebens strafen, wie sie sie anziehen und wie viele Freizeitaktivitäten sie für sie organisieren. Heutzutage ist es angesagt, die Mutterschaft glamourös darzustellen, statt sich dafür bewundern zu lassen, was man leistet; was Phänomenen wie der heißen Supermami und der noch viel heißeren Promi-Mami Tür und Tor öffnet.

Eine weitere Marotte ist die Bewunderung für die Promi-Mami, die innerhalb von fünf Minuten nach der Geburt »ihre Top-Figur zurückgewonnen« hat. Was gibt es daran auszusetzen, wie eine Frau auszusehen, die gerade ein Baby bekommen hat? Man ist kein junges Mädchen im heiratsfähigen Alter mehr, schließlich hat man gerade ein Kind zur Welt gebracht und sollte eigentlich stolz darauf sein. Wieso wollen frischgebackene Mütter nicht wie frischgebackene Mütter aussehen? Es ist völlig normal, sich nach der einstigen Figur zurückzusehnen, aber es ist definitiv nicht normal, exakt dieselbe wie vorher haben zu wollen.

Muttertag

Ein Hoch auf unsere zärtlichen, liebevollen Mütter, die Retterinnen der Welt. Am Muttertag habe ich die Mütter in meiner Familie nach den kulinarischen Muttertagserlebnissen gefragt, die ihnen am deutlichsten im Gedächtnis geblieben sind. Die Antworten variierten zwischen »zu müde, um mich erinnern zu können« und »an angebrannten Toast und dünnen Tee«. Einigkeit herrschte hingegen in der Aussage, das Wichtigste seien nicht die Geschenke oder das selbst zubereitete Essen, sondern die liebevollen Aktivitäten, die bewiesen, dass die Familie ihre Schinderei zu schätzen wusste. Die meisten Mütter verliehen auch ihrem Abscheu über die schamlose Kommerzialisierung ihres besonderen Tages unverhohlen Ausdruck. Und auch die Frau, die für die Einführung des offiziellen Muttertags im Jahr 1910 verantwortlich ist, beschwerte sich bitter darüber und meinte, sie habe einen Tag des Respekts und der Liebe für die Mutter und nicht des Profits im Sinn gehabt.

Wäre ich Mutter, würde ich auf ein absolut fantastisches englisches Frühstück mit Fisch-Eier-Reis, Forelle blau, Krabben, Bückling, Blutwurst, Fruchtkompott, Porridge mit Honig, Sahne und Whiskey mit einem Extragläschen Whiskey dazu bestehen. Zum Mittagessen müsste es einen leckeren Strudel mit einem dicken Klecks Schlagsahne geben. Das wären meine einzigen Essenswünsche: nur eine Riesenportion von diesem Trostfutter für die arme Mami. Und die anderen müssten alles für mich tun: mich anziehen, mir die Haare kämmen, mich ans Meer fahren und mich in den Schlaf singen.

Gay Gay Gay

Homosexuelle Partnerschaften werden mit jeder Menge Stereotypen belegt. Was bringen Lesben zum zweiten Date mit? Die Wohnzimmermöbel? Was bringen Schwule zum zweiten Date mit? Welches zweite Date? Einige dieser Scherze basieren jedoch tatsächlich auf der Realität, was ganz einfach daran liegt, dass sie typisch männlichen und weiblichen Verhaltensweisen entsprechen. Im Allgemeinen sind schwule Männer mehr auf ihr äußeres Erscheinungsbild fixiert und promiskuitiver als lesbische Frauen. Lesbischen Frauen ist sexuelle Treue häufig wichtiger, und ihre Beziehungen sind von längerer Dauer. Eine lesbische Partnerin online kennenzulernen wird immer populärer und ist vor allem in London der echte Renner. Gemeinschaftsgefühl wird in den Lesben-Communities im Internet großgeschrieben, und die Sites vermitteln eher Behaglichkeit und entspanntes Miteinander als Angst. Heterosexuelle Beziehungen haben ihre jeweilige Dauer vor allem den Frauen zu verdanken; sie verzeihen schlechtes Benehmen, sind kompromissbereit und sehen die langfristigen Vorteile, wenn sie eine Beziehung aufrechterhalten. Schwule Männer geben an, sie kämen mit der »Offenheit« besser zurecht als Hetero-Männer, wohingegen lesbische Frauen im Allgemeinen überhaupt nicht bereit sind, ihre Partnerin zu teilen, nach dem Motto: Fass meine Frau nur ein einziges Mal an, und ich zertrümmere dir die Kniescheiben. Untersuchungen zeigen, dass die Hauptgründe für das Scheitern lesbischer Beziehungen finanzielle Probleme und Untreue sind. Frauen mögen so etwas nicht: Deshalb gehen auch heterosexuelle Beziehungen in die Brüche.

LILY

Lily, eine attraktive, 45-jährige Rechtsanwältin, war zehn Jahre verheiratet und hat drei Kinder im Teenageralter. Seit ihrer Scheidung hat sie drei Beziehungen geführt, allesamt lesbisch, und ist im Augenblick sehr verliebt in ihre Freundin. Ich habe Lily gefragt, ob sich homosexuelle Beziehungen ihrer Ansicht nach von heterosexuellen unterscheiden und, falls ja, inwiefern. Sie sah mich mit weit aufgerissenen Augen an.

»Sie sind völlig anders; tiefschürfender, inniger und intensiver. Eine Frau besitzt die Fähigkeit, einen viel besser kennenzulernen als ein Mann, kommt schneller auf den Punkt und legt Wert darauf, eine tiefere Bindung aufzubauen. Die Gesellschaft erzieht Männer und Frauen dazu, sehr klar ihre Rollen zu erfüllen, und zu akzeptieren, dass sie verschieden sind, weshalb sie sich zwangsläufig oft nur sehr oberflächlich kennen. Das führt dazu, dass sie häufig praktisch nebeneinanderher leben und sich entfremden, weswegen sie eher bereit sind, die Beziehung zu beenden. Oder sie bleiben zu Lasten ihres Glücks und ihrer Erfüllung aus allen möglichen Gründen zusammen, wie beispielsweise wegen des Geldes, der Kinder, der Karriere, des gesellschaftlichen Status usw. Ich schätze, deshalb pflegen heterosexuelle Frauen so intime Freundschaften zu anderen Frauen, in ihren Augen sind Männer nun mal keine guten Gefährten.

Lesbische Beziehungen haben das Potenzial, tiefer und bedeutsamer als heterosexuelle zu sein, denn nur sehr wenige lesbische Frauen akzeptieren eine unverbindliche, oberflächliche Form der Bindung. Meiner Erfahrung nach erfordert eine lesbische Beziehung, dass beide Partner auf emotionaler und auch auf psychologischer Ebene sehr präsent sind. Sie erfordert eine tiefere und offenere Art der Kommunikation, und obwohl so etwas gelegentlich leicht beängstigend sein kann, entsteht eine sehr liebe- und vertrauensvolle Beziehung daraus. Was eine positive Wirkung auf das Liebesleben hat!«

»Hat Ihre Mutter in Ihrem Alter Beziehungen genauso gelebt wie Sie heute?«

»Definitiv nicht. In erster Linie, weil sie nie einen eigenen Job hatte. Meiner Ansicht nach kann sie erst dann ihre eigene (heterosexuelle) Beziehung verbessern, wenn sie bereit ist, sich mit sich selbst und dem auseinanderzusetzen, was in ihrem Leben vor sich geht. Wenn ich meine Mutter und ihren Partner ansehe, macht mich das jedes Mal traurig, weil mir ihre Beziehung so leer und unbefriedigend erscheint, und ihr Verhalten bestätigt das nur noch. Ich hingegen habe stets versucht, an mir zu arbeiten, mich weiterzuentwickeln, und habe keinerlei Problem damit, in unregelmäßigen Abständen zum Therapeuten zu gehen, um darüber zu reden, was mich beschäftigt, und Feedback zu bekommen. Ich bin der festen Überzeugung, dass sich das positiv auf meine Beziehungen ausgewirkt hat. Sehen wir den Tatsachen ins Auge: Es gibt Themen, über die man lieber nicht mit seinen Freundinnen reden will, und mein Therapeut hat die Kompetenz, mir zu bestätigen, dass mit meinem Kopf alles in Ordnung ist. Indem ich dorthin gehe, lerne ich eine ganze Menge über mich selbst.«

»Wann ist Ihnen klar geworden, dass Sie lesbisch sind?«

»Schon lange, als kleines Mädchen schon. Na ja… Man fühlt sich irgendwie anders, aber wenn man in einem eher konservativen Mittelklasseumfeld aufwächst, lernt man sehr schnell, dieses Anderssein zu kaschieren und mit dem Strom zu schwimmen. Ich bin nicht über Nacht lesbisch geworden. Stattdessen war ich gesellschaftlich darauf getrimmt, ein heterosexuelles Leben zu führen, zu heiraten und Kinder zu bekommen. »Wenn du erst mal verheiratet bist…«, war einer der Lieblingssätze meines Vaters. Nach ein paar kurzen heimlichen Liaisons mit Frauen erschien es mir einfacher, in die Rolle der Heterosexuellen zu schlüpfen, ganz zu schweigen davon, wie ungewöhnlich es damals war, nicht hetero zu sein. Für meine Kinder hingegen ist eine homosexuelle Beziehung ebenso normal wie eine heterosexuelle, deshalb bin ich ziemlich sicher, dass meine Kinder keine schlaflosen Nächte hätten, wenn eines von ihnen feststellen würde, dass es homosexuell ist.«

»Wie lernen sich lesbische Frauen kennen?«

»Na ja, so wie heterosexuelle Frauen Männer kennenlernen. Mit dem Unterschied, dass es wahrscheinlich etwas schwieriger ist, weil es zahlenmäßig weniger von uns gibt. Unser Gay-Radar schärft sich mit der Zeit, so dass wir uns in aller Regel recht schnell erkennen… anhand der Körpersprache oder eines bestimmten Stylings oder Aussehens… Das Ganze läuft auf einer sehr subtilen Ebene ab. Manchmal kann eine hochgezogene Braue schon reichen, um eine Frau erkennen zu lassen, dass ihr Gegenüber ebenfalls lesbisch ist. Ansonsten lernen wir uns im normalen sozialen Umfeld kennen.«

»Was ist das Geheimnis einer glücklichen Beziehung?«

»Vertrauen, Offenheit und die Fähigkeit, sich zu ergeben. Wenn man Glück hat und das schafft, kann das Liebesleben um so vieles intimer sein, als man es sich je vorgestellt hat.«

Was lernen wir daraus

- ♥ Sprachlosigkeit und mangelnde Kommunikation in der Beziehung ist gefährlich und macht einsam, ebenso wie Angst.
- ♥ Es ist nie zu früh, sich einen Drink einzuschenken, wenn einem das eigene Kind gerade auf die Bluse gekotzt hat.
- ♥ Wenn Sie als Single glücklich sind, werden Sie als Paar doppelt glücklich sein, und glückliche Menschen haben die Neigung, stabile Partnerschaften zu führen.

KAPITEL 4

Arbeit: Eine Persönlichkeitsstörung?

Mit einem Job, den man liebt, braucht man sein ganzes Leben lang keinen Tag mehr zu arbeiten, heißt es immer so schön. Meiner Ansicht nach ist es wesentlich wahrscheinlicher, dass die Menschen wegen des Geldes arbeiten und die Befriedigung der Extrabonus bei der Sache ist. Manche Menschen arbeiten ihr ganzes Leben lang in Jobs, die ihnen keinen Spaß machen, nur weil ihnen leider nichts anderes übrig bleibt. Einige wenige Glückliche können von Anfang an das tun, was ihnen Spaß macht. In der Generation meines Vaters hatte man einen Job, dem man sein Leben lang nachging und für den man am Ende mit einer hübschen Armbanduhr belohnt wurde. Heutzutage schlagen die Menschen während ihres langen Arbeitslebens drei bis fünf verschiedene Laufbahnen ein und wechseln den Job, für den sie lange und gut ausgebildet wurden, gegen eine Tätigkeit ein, von der sie sich ein höheres Maß an Erfüllung und Selbstverwirklichung erhoffen. Sie folgen dem Ruf ihres Herzens. Ich schätze, ich bin repräsentativ für viele in meiner Generation: Ich habe viermal eine neue berufliche Tätigkeit begonnen, weil ich an meinem alten Job keine Freude mehr hatte. Da ich keine Familie ernähren muss, ist die Wahrscheinlichkeit, einer Arbeit nachgehen zu müssen, die mir nicht gefällt, geringer als bei anderen. Dennoch hat es lange gedauert, bis ich den perfekten Job gefunden hatte, bei dem ich das Gefühl hatte, ich hätte ihn gleich von Anfang an machen sollen. Meine Theorie lautet folgendermaßen: Der Job, den man als Erwachsener ausübt, sollte damit zu tun haben, worin Sie besonders gut in der Schule waren. Um Erfolg zu haben, müssen Sie wissen, was Sie bei der Stange hält.

Wenn Sie gut in bildender Kunst, Englisch, Französisch und Musik waren, steuern Sie keine Karriere als Krankenschwester an. Versuchen Sie es gleich von Anfang an als Autorin und Fernsehmoderatorin und nicht erst mit 45; dies ist ein hervorragendes Beispiel für Zeitverschwendung und Spätzündertum. Das Problem dabei ist, dass manchmal zuerst eine Tätigkeit als Krankenschwester, Beraterin oder Meisterköchin notwendig ist, um herauszufinden, dass ein Autor und Entertainer in einem steckt. Die gute Nachricht dabei ist: Wenn Sie erst mit 45 anfangen, brauchen Sie keine Ausbildung mehr, sondern können sich ohne Umschweife in Ihr neues Leben stürzen. Sie haben Ihr ganzes bisheriges Leben damit zugebracht, Erfahrungen zu sammeln, Selbstvertrauen zu gewinnen, sich die übelsten modischen Fehltritte zu leisten, den falschen Mann auszuwählen und eigensinnig zu werden, sprich: Sie sind mehr als bereit für den Sprung in ein neues Leben.

Mit Anfang vierzig belegte ich einen Rhetorikkurs, der mich bei meiner Tätigkeit als Beraterin unterstützen sollte. Das Erste, was der Seminarleiter nach dem »Hallo« zur Begrüßung sagte, war: »Sie sind in der falschen Branche.

Sie sind die geborene Entertainerin.« Was für ein Unsinn, dachte ich. Ein paar Jahre später rief mich die Producerin der damaligen Lifestyle-Redaktion des neuseeländischen Fernsehens an und bewies mir, dass mein Missionarskomplex einem sinnvolleren Zweck zugeführt werden konnte.

Ich rate Ihnen, »breit zu streuen«, das ist sehr angesagt. Wir werden allzu oft von Arbeitgebern hintergangen, eiskalt abserviert oder benutzt. Wenn mir das passiert und ich jedes Mal zutiefst erschüttert am Boden liege, lautet der Rat meiner männlichen Freunde meistens, den Job einfach sausen zu lassen, das Ganze zu vergessen und mich auf etwas Neues zu stürzen. Meine Freundinnen hingegen beschwören mich, diese elenden Dreckskerle nicht davonkommen zu lassen, aber kein allzu großes Aufhebens um den Vorfall zu machen. Ich hingegen ahnde Verrat am Arbeitsplatz mit meiner bewährten »Versuch bloß nicht, mich zu verarschen«-Haltung, die bislang tadellos funktioniert hat. Die meisten Chefs rechnen nicht damit, dass man sich wehrt, und die meisten Angestellten wehren sich auch nicht. Miesen Tricks am Arbeitsplatz begegnet man meiner Meinung nach am besten vor dem Arbeitsgericht, mit einer klaren Ansage und der Bereitschaft, den inneren James Bond rauszulassen. Außerdem habe ich einen erstklassigen Anwalt, der noch nie einen Penny von mir gesehen hat. Das »Verarsch mich bloß nicht«-System im Umgang mit Arbeitgebern habe ich von meiner kampflustigen irischen Mutter geerbt, die sich von keinem einen Bären aufbinden ließ, weder von Lehrern noch von Protestanten, Lebensmittelhändlern oder Priestern. Sie war eine zierliche, gut aussehende Frau in einem meist sehr schicken Kampfoutfit, das den arglosen Lehrer und alle anderen, die sich mit ihr anlegten, davon ablenkte, was ihm oder ihr bevorstand. Die Strafen, die sie zu Hause verhängte, waren nichts im Vergleich zu den Abreibungen, auf die sich jeder gefasst machen konnte, der sie oder ihre Kinder unfair behandelte.

Früh übt sich ...

Während meiner Kindheit war die Auseinandersetzung zwischen meiner Mutter und den Nonnen im Prinzip eine reine Formsache und lief stets nach demselben Muster ab: Die Staatsanwaltschaft (in Gestalt der Nonnen) legte ausführlich dar, dass ich mich auf dünnem Eis bewegte – »unverschämte Göre« gehörte in diesem Zusammenhang noch zu den milden Bezeichnungen. Die Verteidigung (meine Mutter) leugnete die Vorwürfe rundheraus, unabhängig davon, wie sie lauteten, und setzte zu einem flammenden Plädoyer für unseren tadellosen familiären Leumund an. Daraufhin drohte die Staatsanwaltschaft mit dem bösen »S«-Wort. Der Skandal, vom Unterricht suspendiert zu werden, war ein ähnliches Tabu wie Sex mit einer Küchenschabe. Das »S«-Wort wurde stets nur mit angstgeweiteten Augen und im Flüsterton ausgesprochen, und wir konnten von Glück sagen, dass meine Mutter eisern Partei für uns ergriff; allesamt Fingerübungen, die sich noch als nützlich erweisen sollten. Als einer meiner Brüder sich auf dem Gymnasium weigerte, seine lange Mähne abzuschneiden oder sich an diesem, wie er es bezeichnete, brutalen, gewalttätigen Gebolze zu beteiligen, wurde er prompt suspendiert. Wie der Blitz erschien meine Mutter im Sonntagsstaat in der Schule und sorgte dafür, dass mein Bruder der erste brillante Schüler am St. Peter's College war, der vom Rugby befreit wurde und seinen Pferdeschwanz behalten durfte. Entgegen der Meinung der Klosterbrüder wuchs er zu einem wunderbaren Menschen heran und trägt sein Haar immer noch lang, obwohl er mittlerweile 57 Jahre alt ist. Ein hoffnungsloser Fall…

In jungen Jahren arbeiten die meisten von uns wie von Sinnen, um zu Ruhm und Reichtum zu gelangen und ihre Familie zu ernähren. Ich hingegen fing an, mit Hippies herumzuhängen, die sich für die freie Liebe, den Weltfrieden und Gleichheit für alle einsetzten, statt zu bourgeoisen Kapitalistenlosern zu werden. Dies war völlig neues Ideengut für mich und klang zwar reichlich radikal, aber durchaus einleuchtend. Meine Freunde und ich diskutierten stundenlang über Alan Ginsberg, der riet, LSD einzuwerfen, wenn wir das Universum wirklich verstehen wollten; über Jerry Ruben, der uns nahelegte, keinem über dreißig zu glauben; und über Henry Miller und sein Plädoyer für die Großzügigkeit. Als junge Frau kam mir die Arbeit im Krankenhausschichtdienst sehr entgegen. Mir gefielen die Freiheit und die Flexibilität. Der Verzicht auf Wochenenden störte mich keineswegs, allerdings begann mir die Vorstellung, fünf Tage pro Woche und fünfzig Wochen pro Jahr in derselben gestärkten weißen Kleidung herumlaufen zu müssen, die aussah, als stamme sie von einem anderen Stern, auf meine alternativen Nerven zu schlagen. Wessen Leben führte ich hier eigentlich? Ich rauchte noch einen Joint, aß noch ein paar Mungobohnen und schob die Frage für drei ganze Jahre von mir, bis ich meinen Abschluss machte.

Wie angelt man sich einen Job?

In aller Regel bekommt derjenige, der mit dem größten Selbstvertrauen in ein Vorstellungsgespräch geht, den Job am Ende, auch wenn er möglicherweise die geringste Qualifikation dafür mitbringt. Mag ja sein, dass Sie Vollblutfeministin sind, aber es gibt keinen Grund, weshalb Sie nicht lächeln und ein paar weibliche Eigenschaften an den Tag legen sollten. Möge der liebe Gott mir ersparen, jemals wieder ein Vorstellungsgespräch zu führen, aber als ich in jenen dunklen Tagen meiner Vergangenheit dazu gezwungen war, hat diese Vorgehensweise stets Wirkung gezeigt. Das Vorstellungsgespräch ist eine offiziell legalisierte Foltermethode, die 1. ans Licht bringt, was Sie wirklich draufhaben, 2. die Hochstaplerin entlarvt, die Sie in Wahrheit sind, und 3. es anderen gestattet, aufgrund Ihrer Kleidung, Ihrer Stimmlage und Ihrer Figur ein Urteil über Sie zu fällen. Aber keine dieser Foltermethoden greift, wenn Sie selbstbewusst auftreten und dafür sorgen, dass Sie die Oberhand gewinnen. Vergessen Sie niemals: Arbeitgeber brauchen Sie ebenso wie umgekehrt. Und wenn nichts hilft, stellen Sie sich die Typen einfach in Unterhosen vor.

Wie Sie den Job kriegen

1. Kein Zug durch die Gemeinde, wenn Sie am nächsten Tag ein Vorstellungsgespräch haben.
2. Überprüfen Sie, ob Sie für das Gespräch auch alles dabeihaben – Lebenslauf, Anschreiben, Laptop, Präsentationsmappen, Fotos, Listen etc. Ihr Lebens-

lauf sollte auf dem neuesten Stand und nicht zu lang sein und nicht vor Lügen strotzen. Achten Sie auf die Rechtschreibung, und vermeiden Sie Lippenstiftspuren.

3. Ordentliche Kleidung. Dies ist nicht der richtige Augenblick, die Göttin in Ihnen zum Vorschein kommen zu lassen. Tragen Sie etwas, das der Stelle angemessen ist, um die Sie sich bewerben. Keine superkurzen Minis, dafür sollten Sie sich neue Schuhe zulegen. Und gehen Sie zum Friseur. Wenn Sie sich um einen Job im Controlling bewerben, ziehen Sie ein Kostüm an, bei einem Job in der Modebranche sollten Sie etwas aussuchen, was zum Stil des Hauses passt.
4. Sorgen Sie für ein ausreichendes Zeitpolster für die Hinfahrt, und seien Sie pünktlich.
5. Stehen Sie aufrecht, und drücken Sie die Schultern durch. Sehen Sie Ihren Peinigern in die Augen, wenn Sie mit Ihnen reden; Vermeiden des Blickkontakts bedeutet, dass Sie nervös, unaufrichtig oder schüchtern sind.
6. Machen Sie höflich Konversation, und bemühen Sie sich, interessiert und aufgeschlossen zu wirken. Lächeln Sie nach Möglichkeit. Versuchen Sie, sich zu erinnern, was Sie in Ihrem Lebenslauf geschrieben haben, damit Sie die Anmerkung des potenziellen Arbeitgebers: »Aber hier ist eine Lücke von sechs Monaten« mit einem entspannten: »Ja, in dieser Phase habe ich für mein neues Buch/meinen Look/meine neue Karte recherchiert«, quittieren können.
7. Bereiten Sie ein paar halbwegs intelligente Fragen vor.

8. Am Ende des Gesprächs sollten Sie Gott danken, dass Sie sich dazu herabgelassen haben, sich mit Ihrem Gegenüber zu unterhalten, so überqualifiziert wie Sie schließlich für den Job sind.

Wenn Sie den Job dann haben

1. Lesen Sie den Vertrag sorgfältig durch, bevor Sie unterschreiben, und verbrennen Sie ihn anschließend, weil er normalerweise sowieso völlig überflüssig ist. Aus den meisten Verträgen kommt man wieder heraus.
2. Schlafen Sie nicht mit Ihrem Boss. Wenn er/sie Sie feuert, verführen Sie ihn/sie und servieren sie/ihn dann zügig ab.
3. Menschen, die Zusatzarbeiten übernehmen oder Überstunden machen, sind nicht produktiver als jene, die das normale Pensum absolvieren. Bleiben Sie länger oder legen Sie sich besonders ins Zeug, wenn ein besonderes Projekt ansteht, aber lassen Sie es nicht zur Gewohnheit werden. Kommen Sie aber auch nicht chronisch zu spät, es ist eine langweilige und durchschaubare Methode, Leute zu kontrollieren, wenn man machtlos ist.
4. Erledigen Sie Ihre Arbeit so selbstständig wie möglich. Heben Sie sich Krankheitstage, Alkohol beim Mittagessen und Boshaftigkeit für später auf.
5. Wenn Sie in einem Krankenhaus arbeiten, fragen Sie nicht jeden Arzt, ob er Single ist.

Ratschläge für die geistige Gesundheit, die ich nie beherzigt habe

1. Nehmen Sie keine Arbeit mit nach Hause, und arbeiten Sie nicht das ganze Wochenende.
2. Sagen Sie gelegentlich auch mal Nein; die überleben auch ohne Sie. Und Sie ohne das zusätzliche Geld.
3. Essen Sie anständig; nicht im Stehen und kein Junkfood.
4. Faseln Sie nicht ständig über den Job; es ist langweilig und gilt nicht als Unterhaltung.
5. Tragen Sie hohe Schuhe und Lippenstift, wann immer Sie können. Das mag im OP oder auf dem Kartoffelacker zwar unangemessen wirken, aber trotzdem.
6. Schalten Sie abends, im Restaurant und beim Sex das Handy aus.
7. Stellen Sie Ihre Arbeit nicht über Ihre Freunde. Freundschaften wollen gepflegt werden; Ihre Leute werden Ihnen die Freundschaft kündigen, wenn Sie sie allzu oft wegen der Arbeit vernachlässigen.
8. Wenn Ihnen Ihr Job keinen Spaß macht, suchen Sie sich etwas anderes, bei dem Ihre wahren Neigungen besser zum Einsatz kommen.

Selbständigkeit

Dem alten Job den Rücken zu kehren, ist eine tolle Entscheidung, denn es ist nie zu spät für einen neuen Karriereweg. Wenn Sie Anwältin waren, aber all die Jahre davon geträumt haben, als Skilehrerin zu arbeiten, dann tun Sie's einfach. Es kommt die Zeit, in der Sie dem Sicherheitsdenken einfach Adieu sagen, Ihre Ängste und Ihre alten Strukturen überwinden und den Sprung ins kalte Wasser wagen müssen. Und wenn Sie erst mal drin sind, werden Sie schon sehen, dass Sie schwimmen können. Zwar kann es von Zeit zu Zeit beängstigend sein, aber wenigstens sind Sie frei. Sie können aufstehen, wann Sie wollen, können Siesta machen, wenn Ihnen der Sinn danach steht, können schreiben, wenn Sie sich inspiriert fühlen oder ein paar Monate lang arbeiten wie von Sinnen und es dann etwas lockerer angehen. Für Selbständige sind Ferien irrelevant, weil sie keine Pause oder einen Tapetenwechsel brauchen. In Ihrem Leben herrscht ständig Bewegung, und Sie tun, was Ihnen Spaß macht. Die Rente ist ebenfalls nicht erstrebenswert, weil niemand Sie zu einem Angestelltendasein in Gehorsam, Unterwerfung und Langeweile zwingt. Ich kann die Selbständigkeit gar nicht warm genug empfehlen, allerdings ist sie nicht für Leute mit schwachen Nerven geeignet; man braucht ein dickes Fell und das Talent, Banker, Familienmitglieder, wichtige andere Menschen und Hunde mit Blicken einzuschüchtern. Wenn Sie den Neinsagern keine Beachtung schenken, verschwinden sie von ganz alleine. Es ist völlig unerheblich, ob es bereits 39 Cateringfirmen in Ihrer Stadt gibt – Sie können es besser. Machen Sie Kassensturz, unterschreiben Sie einen Kreditvertrag, legen Sie Lippenstift auf, und lächeln Sie. Wenn die Leute Sie hängenlassen, pfeifen Sie auf sie, und gehen weiter Ihren Weg. Bei der Selbständigkeit geht es weniger darum, Unsummen zu verdienen, als vielmehr darum, frei und glücklich zu sein.

In regelmäßigen Abständen setze ich mich mit meiner Bank in Verbindung und lasse mir eine Prognose erstellen. Dann bin ich jedes Mal einen Tag lang deprimiert, bevor ich meine aufkommende Panik mit einem Lächeln niederkämpfe. In diesen Momenten kann es schwer sein, nicht zu sagen: »Das war's. Ich halte dieses Künstlerdasein nicht aus, diese ewige Unsicherheit. Ohne diesen ständigen Kampf ums Geld wäre mein Leben der Himmel auf Erden, aber jetzt suche ich mir wieder einen anständigen Job, in dem es keine Überraschungen gibt.« Ein Tag und ein paar Grinser später sage ich: »Um meiner Freiheit willen ist es all das wert. Ich bin nicht tot oder im Knast, Mutter Natur hat mir die Angst vor einer Schwangerschaft von den Schultern genommen, Sicherheit ist etwas, was von innen heraus kommen muss, und ich muss um der Menschen willen weitermachen, die niemals die Gelegenheit bekommen, ihren Lebensunterhalt mit Essen und Trinken zu verdienen.«

BILLIE

Billie ist Headhunterin und auf Werbung, Medien, Design und PR-Agenturen spezialisiert. Sie arbeitet mit Unterbrechungen seit 25 Jahren in diesem Job und vermittelt sowohl Männer als auch Frauen. Billie ist geradlinig, intelligent, schön, liebt Boxen und Kochen und hat ihr Leben nach buddhistischen Prinzipien ausgerichtet. Sie hat eine Menge über die Frauen der Generation Y (die heute Anfang Zwanzig- bis Anfang Dreißigjährigen) und deren Einstellung zum Thema Arbeit zu sagen. Ich konnte sie kaum bremsen. Von ihr wollte ich wissen, in welcher Art Welt sie lebt.

»In einer sich ständig bewegenden, dynamischen und intensiven Welt – sei schnell oder tot, so lautet die Devise. Meine Kunden sind Top-Kräfte, intelligent, hochqualifiziert, motiviert und konkurrenzbewusst. Folglich muss auch ich immer für alles offen und auf Draht sein. Ihr Leben ist manchmal ziemlich stressig und überfrachtet, was automatisch bedeutet, dass meines genauso ist. Ich muss außerhalb der normalen Arbeitszeiten verfügbar sein, weil viele meiner Kunden lange arbeiten und teilweise in Übersee leben. In der Werbung und PR geht es weniger darum, wie lange man diesen Job schon macht, sondern wie effizient man ist. Ich bemühe mich um eine »gute kulturelle Harmonie« zwischen meinen Kunden und den Kandidaten, damit ich den richtigen Bewerber und das richtige Unternehmen zusammenbringe. Frauen sind die geborenen Multitasking-Talente und bringen die Branche mit ihrer Fähigkeit, viele Projekte gleichzeitig zu betreuen, mächtig voran.«

»Stimmt es wirklich, dass Frauen besser im Multitasking sind als Männer? Untersuchungen sagen, es sei gar nicht so.«

»Meiner Erfahrung nach ist es tatsächlich so, und in dieser Branche, wo die Frauen mit vielen verschiedenen Menschen/Abteilungen zusammenarbeiten und viele verschiedene Projekte managen müssen, ist das durchaus bekannt. Das hat automatisch zur Folge, dass sie mit einer Fülle an Informationen jonglieren müssen. Außerdem verfügen sie über die Gabe, ausgezeichnet mit anderen Menschen umzugehen. Frauen sind ganz besonders gut darin, was nicht heißen soll, dass Männer es nicht können, aber Frauen scheinen dabei auch noch einen hervorragenden Blick fürs Detail zu haben.«

»Herrscht in diesen Branchen eine hohe Fluktuation?«

»Es gibt einen natürlichen Fluss von Leuten, die von einem Job in den nächsten wechseln – vorwiegend, um ihre Kompetenz zu erweitern –, und in einem schnell wachsenden Industriezweig entwickeln sich auch die Leute schneller.«

»Haben junge Frauen eine andere Einstellung zur Arbeit als wir?«

»Allerdings. Erinnern Sie mich bloß nicht daran. Ich höre mich schon wie meine Mutter an. Es ist nicht mehr so wie früher! Hier ein Beispiel: Neulich habe ich ein Mädchen für einen tollen Einsteigerjob vermittelt. Sie war jung, attraktiv, hatte einen Hochschulabschluss und stammte aus einer guten Familie. Aber nach nur einem Tag in der neuen Firma rief sie mich an und sagte, sie hätte mitbekommen, wie hart die anderen Managementmitglieder arbeiteten und könne sich nicht vorstellen, genauso hart arbeiten zu wollen. Ich sagte zu ihr, sie solle gleich nach Hause gehen, weil sie mit dieser Einstellung in dieser Branche garantiert nicht überleben würde. Es gibt praktisch keine Arbeitslosigkeit, sondern vielmehr einen Mangel an gut ausgebildetem Personal, und diese Mädchen haben eine enorme Auswahl an Jobs. Schwere Zeiten kennen sie (noch) nicht. Sie erwarten ein tolles Leben, tragen schicke Klamotten und verdienen eine Menge Geld, kaum dass sie die Uni abgeschlossen haben. Es scheint, als hätten viele nicht dieselbe Arbeitseinstellung und die Neugier wie wir damals. Aber diejenigen, die die richtige Einstellung mitbringen, sind absolut brillant – leider sind diese Kandidaten ziemlich dünn gesät. Sehr viele wollen einen Posten im Management haben, ohne vorher den harten Weg dorthin zu beschreiten. Sie glauben, allein ihre Qualifikation sei ausreichend. Also ehrlich!«

»Unterscheiden sich die heutigen Arbeitsbedingungen von denen, wie sie vor zwanzig oder dreißig Jahren vorherrschten?«

»Und wie. Und wissen Sie, woran das liegt? An der Technik.

Technischer Fortschritt bedeutet, dass man niemals frei hat. Man kann ständig Informationen per Mail verschicken, sprich, man braucht noch nicht einmal auf ein Fax zu warten. Ein Kurier wäre viel zu langsam. Das bedeutet, dass man ständig auf Abruf ist. Das Berufsleben erstreckt sich auch ins Privatleben. Wir müssen unsere Telefone abschalten und aufhören, alle fünf Minuten unsere Mails zu checken.«

»Schaffen Frauen auch den Sprung in die Spitzenpositionen?«

»Ja, aber wir brauchen trotzdem noch mehr von ihnen.«

»Was ist mit der Balance zwischen Arbeits- und Familienleben?«

»Das ist immer noch ein schwieriger Punkt. Die meisten Frauen müssen sich selbst um die Kinderbetreuung kümmern, aber immer mehr Branchen zeigen sich in puncto Arbeitszeit flexibel. Das ist der einzig richtige Weg, denn Flexibilität schafft Loyalität und Zufriedenheit im Job. Und glückliche Frauen bleiben länger.«

»Wie sieht die Zukunft aus?«

»Im Augenblick sehr gut, weil die Mehrzahl der Frauen widerstandsfähig und flexibel ist. Wenn sie ihren Job verlieren oder ihn leid werden, sind sie normalerweise flexibel genug, die Veränderung zu akzeptieren und sich weiterzubilden, wenn das nötig ist. Sehen Sie sich an – Krankenschwester, Beraterin, Spitzenköchin, Autorin und Fernsehmoderatorin. Ich selbst habe auch in mehreren Branchen gearbeitet. Ich war Kindergärtnerin und habe in der Hotellerie und in der Modebranche gearbeitet und immer wieder hin und her gewechselt. Das ist sehr typisch für die berufstätigen Frauen von heute.«

Nietzsche oder Hypothek?

Mit zunehmendem Alter fragen Sie sich, weshalb Sie so hart arbeiten, was Sie davon haben, und, in ganz schweren Fällen, worin der Sinn des Lebens überhaupt besteht. Diese Frage und die Suche nach den Antworten darauf treiben einen nur in den Wahnsinn. Und, was noch viel schlimmer ist, am Ende werde ich so oder so sterben. Weshalb setze ich mich also nicht den lieben langen Tag in eine Bar, trinke Gin, hülle mich von Kopf bis Fuß in dramatisches Schwarz, lese Nietzsche und lebe von der Stütze? Leider habe ich eine Hypothek abzuzahlen, muss bei Issey Miyake und Marni einkaufen und Business Class fliegen. Damit scheidet Nietzsche aus (der Gin kann bleiben). Es ist eine Schande, dass wir (und Frauen sind die schlimmsten von allen) glauben, das Leben müsse einen Sinn haben, dass wir tatsächlich die Wahl haben und immer weiter vorwärtskommen müssen. Ich halte das für ein Zeichen von »Über-Zivilisierung.« In den mittleren Jahren lässt die Bereitschaft der Männer, sich ihre Träume zu erfüllen, rapide nach. Sie steuern auf die Rente zu und nehmen das Tempo aus ihrem Leben, wohingegen Frauen scheinbar genau das Gegenteil tun – sie nehmen noch einmal tüchtig Anlauf, heben ab und lassen ihre Männer auf dem Boden zurück.

KATRINA

Katrina Winn ist der blonde blauäugige Wirbelwind, der hinter dem Online-Magazin *Womenz* steht. Sie hat vier Kinder und gerade zum zweiten Mal geheiratet. Bei unserem Gespräch überschlug sie sich förmlich, um alles loszuwerden, was ihr auf der Seele brennt. Ihr Gehirn scheint schneller zu arbeiten, als ihr Mund folgen kann. Kaum hat sie einen Gedankengang zur Hälfte dargelegt, sieht man, wie hinter ihrer Stirn bereits der nächste Gestalt annimmt. Sie ist die Art Frau, die vor Sie hintritt und Ihnen sagt, Sie sollen aufhören, herumzusitzen und zu jammern, sondern sich zusammenreißen und endlich loslegen. Katrina, die schon immer von zu Hause aus arbeitete, betreibt seit einiger Zeit Frauen-Netzwerke und hat erst kürzlich die Idee für ihr eigenes Online-Magazin entwickelt. Unnötig zu erwähnen, dass sie vorhat, das Universum zu erobern. Mission: Frauen inspirieren, informieren, ermutigen, anregen, vernetzen und vereinen. Motto: Gib immer dein Bestes!

Sie ist Initiatorin der so genannten Women's Night Out, bei denen sich mehrere hundert Frauen treffen, neue Kontakte knüpfen, sich austauschen und gegenseitig inspirieren. Dabei scheint Katrina keine spezielle Zielgruppe zu haben: Frauen aus sämtlichen Berufssparten und Lebensbereichen sind herzlich willkommen. Je mehr, umso lustiger. Sie hat ein Faible für sensationelle »Phönix aus der Asche«-Geschichten wie die des Gesangsduos Pearl, das ich bei einem ihrer Woman's Night Out-Abende auf der Bühne gesehen habe. Pearl ist ein neuseeländisches Gesangsduo, Shelley und Lisa, die aus ihrer Leidenschaft fürs Singen eine florierende Karriere gemacht haben, als weder sie selbst noch irgendjemand sonst damit rechnete. Sie lernten sich bei einem Coach kennen, ließen ihre Managementjobs sausen und stürzten sich kopfüber in ein neues Leben aus Auftritten, Singen und Songs schreiben. Branchenkenner warnten, sie seien viel zu alt, um es ganz nach oben zu schaffen. Allen Unkenrufen zum Trotz gelang es ihnen, auch ohne die Hilfe erwähnter Experten, und heute verkaufen die beiden ihre Musik mit großem Erfolg online. Seit Beginn ihrer Karriere 2003 sind sie im Vorprogramm von Eric Clapton, Elton John, The Feelers, Jimmy Barnes and Th'Dudes aufgetreten. *No Ordinary Day*, ihr von Kritikern bejubeltes Debütalbum, kam 2006 auf den Markt.

Ich brauchte Katrina noch nicht einmal Fragen zu stellen, sondern legte nur den Schalter um, und sie fing an.

»Ich glaube, Frauen können alles schaffen, wenn sie nur zusammenhalten und sich gegenseitig unterstützen. Jüngere und ältere Frauen sollten viel mehr Zeit zusammen verbringen, als sie es im Augenblick tun, um voneinander zu lernen und ihre Ideen auszutauschen. Das Leben ist ziemlich stressig für Frauen, die einen Job und eine Familie haben. Man hat ständig ein schlechtes Gewissen, dass man keines von beidem anständig hinbekommt. Mindestens 30 Prozent aller Frauen nehmen Beruhigungsmittel. Die Gesundheit einer Nation hängt von der Gesundheit der Familie ab, deshalb sollten die Regierung und die Arbeitgeber Frauen mehr unterstützen und ihnen mehr realisierbare Möglichkeiten anbieten. Arbeitgeber behaupten, sie bevorzugten ältere Mitarbeiter, aber versuchen Sie mal, einen Job zu kriegen, wenn Sie nicht mehr ganz jung sind. Am Arbeitsplatz gibt es manchmal Reibereien wegen der Arbeitseinstellung zwischen Älteren und Jüngeren, dabei stehen wir nicht in Konkurrenz zueinander, sondern müssen reden, Verständnis füreinander zeigen und zusammenarbeiten.

Junge Frauen sind dazu erzogen, mit hohen Erwartungen durchs Leben zu gehen, sowohl im Hinblick auf das Geld, das sie verdienen werden, als auch darauf, wie ihr Leben in Zukunft aussehen wird. Sie würden sich nie so verbiegen lassen wie wir. Sie wollen eine gewisse Ausgewogenheit in ihrem Leben und bestehen darauf, sich Zeit für das Schulkonzert ihrer Kinder zu nehmen, sich eine Massage zu gönnen, sich um ihre Gesundheit zu kümmern und die Beziehung zu ihrer Familie und zu ihrem Partner zu pflegen. Wir hingegen waren derart gestresst und hatten solche Gewissensbisse, dass wir es häufig vermasselt und unseren Partner verloren haben. Frauen brauchen Zeit, um sich mit anderen Frauen auszutauschen, und dürfen nicht ständig gezwungen werden, durch die Gegend zu hetzen.

Arbeitgeber müssen flexible Arbeitszeiten und betriebseigene Kinderbetreuung anbieten, damit Frauen zufrieden und folglich auch produktiv sind – das gehört zu den wichtigsten Voraussetzungen. So etwas ist möglich, allerdings ist dafür das Vertrauen zwischen Arbeitgeber und Arbeitnehmerin eine Grundvoraussetzung. Schuldgefühle und Stress haben im Frauenarbeitsleben nichts verloren. So sieht die Zukunft aus: mehr Wahlmöglichkeiten. Viele fest angestellte Frauen werden in Zukunft von zu Hause aus arbeiten, was ich schon die ganze Zeit praktiziere. Es ist nicht einfach, sich nicht ständig von den Kindern ablenken zu lassen, aber Frauen wollen unbedingt in der Nähe ihrer Kinder sein und sich um sie kümmern, solange sie noch klein sind, denn sie sind unsere Zukunft. Was die Karriereleiter betrifft, sind Frauen eindeutig auf dem Vormarsch. Sie müssen nur noch ihre Gefühle aus dem Job ausklammern. Man kann durchaus liebenswürdig und feminin sein und all die natürlichen Vorteile nutzen, die einem als Frau gegeben sind, und gleichzeitig die positiven männlichen Managementverhaltensweisen an den Tag legen. Männer nehmen vieles häufig nicht ganz so persönlich, und genau das sollten wir Frauen auch lernen. Wir arbeiten für unsere Kinder, aber ich finde, wir sollten das ganze Geld ausgeben, bevor wir sterben. Unsere

Kinder werden mehr Möglichkeiten haben, Geld zu verdienen, als wir es hatten. Sie kommen schon klar.«

Kehrtwende

In der Generation meiner Mutter war es ungewöhnlich für eine verheiratete Frau, nach der Geburt ihrer Kinder weiter ihrem Job nachzugehen. Heutzutage sind die meisten Mütter berufstätig, doch im Augenblick wächst eine neue Generation von berufstätigen Frauen heran, die sich bewusst dafür entscheidet, zu Hause bei den Kindern zu bleiben, während der Ehemann für sie sorgt. Was laut Leslie Bennetts, der Autorin von *The Feminine Mistake,* nicht ungefährlich ist. »Ehemänner sind ein Risikofaktor. Sie verlassen einen wegen einer anderen Frau und sterben vor einem. Sie werden Opfer von schweren Krankheiten, deren Behandlung sehr teuer ist, verfallen dem Alkohol, verlieren ihre Jobs und verschleudern Ersparnisse.«

Bennetts, selbst Mutter von zwei Kindern, hat ihr Buch ihrem Babysitter gewidmet. Als hochqualifizierte, erfolgreiche, berufstätige Frau müssen Sie doch verrückt sein, Ihre Unabhängigkeit aufzugeben und sich stattdessen von einem Mann abhängig zu machen, um Ihre Kinder zu erziehen. Rechnen Sie doch mal nach, dann werden Sie merken, dass diese Idee ziemlich riskant ist. Okay, es könnte klappen, aber die Wahrscheinlichkeit, dass es nicht funktioniert, ist ziemlich hoch. Da können Sie ja gleich die Kinder ins Auto sperren und ins Casino gehen. Ihre Chancen, so richtig abzuräumen, sind marginal größer.

Als junge Feministinnen hat man uns erzählt, wir könnten alles haben: Karriere, Kinder, einen tollen, sexy Ehemann und das große Glück. Dann kamen manche unserer Töchter daher, pfiffen auf die teure Ausbildung und das damit verbundene Versprechen auf ein erfolgreiches Berufsleben und sagten, *ach nein, ich bleibe lieber zu Hause bei den lieben Kleinen, vielen Dank*. Die Marotte, zuerst wie verrückt darum zu kämpfen »gleichberechtigt« und finanziell unabhängig zu sein, nur um diese Errungenschaft gleich wieder über Bord zu werfen, scheint im Moment sehr angesagt zu sein. Geschichten, die von weiblicher Resignation handeln (gewissermaßen die »Nein danke, ich verzichte lieber«-Revolution), werden mittlerweile von einflussreichen New Yorker Schriftstellerinnen bejubelt. Bevor ich diesen Satz auch nur zu Ende geschrieben habe, höre ich schon meine Schwester ins Telefon blaffen: »Wie kommst du auf die Idee zu behaupten, das Dasein als Vollzeitmutter sei KEINE ARBEIT?« Ich glaube durchaus, dass es Arbeit ist, aber ich muss Bennetts zustimmen, dass auch mir dieses Verhalten ziemlich riskant erscheint: einfach so zu tun, als könne gar nichts schiefgehen. Was ist, wenn der Ehemann ausfällt? Es ist ausgesprochen schwierig, nach einer längeren Pause in den alten Beruf wiedereinzusteigen. Womit wir wieder beim Punkt »breit streuen« wären: Decken Sie so viele Optionen ab wie möglich, damit Sie, wenn die Katastrophe wider Erwarten über Sie hereinbricht, nicht allzu dumm dastehen.

Ich weiß das nur aus einem Grund: Ich bin 58 Jahre alt und habe gesehen, was aus den Familien meiner Kindheit geworden ist, als auf einmal derjenige fehlte, der bis dahin die Brötchen verdient hatte. Meine Freundinnen und ich haben *Der Weiblichkeitswahn* und *Der weibliche Eu-*

nuch gelesen und uns geschworen: »Das passiert uns nie. Wir werden uns niemals in eine Lage bringen, in der wir nicht mehr für uns selbst sorgen können.« Junge berufstätige Frauen in den Dreißigern, die starke, unabhängige Eltern – vor allem Mütter – hatten, wähnen sich in Sicherheit und glauben deshalb, zu alten, tradierten Lebensstilen zurückkehren zu können. In gewisser Weise musste es beinahe so kommen, denn man lebt exakt das Gegenteil von dem, was die Mutter vorgelebt hat. Als Mädchen habe ich meiner Mutter verboten, in der Gegenwart von Autoritätspersonen den Mund aufzumachen, weil ich ihre Art, ihren Standpunkt klarzumachen, als derart peinlich empfand. Dann wurde ich älter, und es stellte sich heraus, dass ich genauso bin. Allerdings ließ ich es nicht dabei bewenden. Als junge Frau weigerte ich mich, zu heiraten und Kinder zu bekommen, und verbiss mich in diese Idee. Im Grunde warte ich noch heute darauf, endlich erwachsen zu werden und mich reif für Kinder zu fühlen. Was mich zu einem ähnlich hoffnungslosen Fall macht wie meinen Bruder mit den langen Haaren. Wenn auch nicht so hoffnungslos wie meine Cousine, die mit fünf verschiedenen Männern verlobt war, aber jedes Mal in letzter Sekunde einen Rückzieher gemacht hat. Einmal musste mein Onkel sogar zum Postamt fahren und die Einladungen zurückholen.

Rente

Laut David Bogan und Keith Davies, den Autoren des Buches *Avoid Retirement and Stay Alive*, ist der Ruhestand eine schwachsinnige Idee für Loser, für die in einer modernen Gesellschaft kein Platz ist und die einen wahrscheinlich sowieso nur frühzeitig ins Grab bringt. Hören Sie auf, von der Zeit zu träumen, wenn Sie nur noch auf dem Sofa herumliegen und Cappuccino trinken dürfen. Die meisten Menschen hören auf zu arbeiten, weil sie mit dem Stress nicht mehr fertig werden. Sie träumen davon, jungen Männern hinterherzugaffen, Forellen zu angeln oder einfach nur herumzuliegen und zu atmen. Sie ziehen sich also aus dem Arbeitsleben zurück; am Anfang fühlt sich alles ganz toll an, und sie erholen sich von dem Stress, doch dann werden sie auf einmal unruhig und sehnen sich danach, wieder eine Beschäftigung zu haben. Manche Menschen hören auf zu arbeiten, weil sie viel Geld haben und es sich leisten können, das Ende ihrer Berufstätigkeit ist somit der greifbare Beweis für ihren Erfolg. Die Rente wurde erfunden, um einen Überfluss an Arbeitskräften zu verhindern, doch die Zeiten haben sich geändert, und wir brauchen ältere Arbeitskräfte. Außerdem ist es gesundheitsschädlich, so früh in Rente zu gehen; wir sind darauf programmiert, geistig und körperlich in Bewegung zu bleiben.

Die Lösung ist, auch weiterhin zu arbeiten, nur eben etwas weniger, was bedeutet, dass Arbeitgeber flexibel und bereit sein müssen, über den Tellerrand hinauszusehen. Natürlich wollen Menschen, deren Körper von einem langen, harten Arbeitsleben gezeichnet ist, gern in den Ruhestand gehen, dabei wäre es besser für sie, sich lediglich eine andere Tätigkeit auf Teilzeitbasis zuzulegen, wie Qualitätskontrolle, Mentoring oder Taxifahren.

International nimmt Neuseeland weltweit den sechsten Platz in puncto Sicherheit und Komfort ein. Es gilt als eines der »coolsten« Reiseziele der Welt und steht an drittletzter Stelle jener Länder, in denen Korruption vorherrscht. Jüngste Erhebungen haben ergeben, dass Verkaufsassistent/in mit 93 940 an erster Stelle der Berufe steht, wohingegen es 9270 Friseure und 9084 Anwälte gibt. Unter diesem Gesichtspunkt stellt sich die Frage, weshalb es bei 9270 Friseuren und 9084 Anwälten so viel Rechtsexperten mit schlechter Frisur gibt.

Laut Daniel Pink, dem Autor von *A Whole New Mind,* werden schon bald künstlerische und emotionale Fertigkeiten denen der linken Gehirnhälfte zugeschriebenen analytischen, nummerischen und logischen Fähigkeiten den Rang ablaufen. Um sich weiterzuentwickeln, müssen die Menschen die in ihrer rechten Gehirnhälfte verankerten Fähigkeiten erweitern. Gute Neuigkeiten für Frauen auf dem Arbeitsmarkt, denn wir erzählen von Natur aus gern Geschichten, spielen und arbeiten lieber auf kooperativer als auf kompetitiver Ebene. In Zukunft werden Sie eine Stelle nicht nur wegen Ihrer fachlichen Qualifikation und Berufserfahrung bekommen, sondern auch wegen Ihrer Einstellung, Ihren Werten, Ihrer Fähigkeit, sich gut zu fühlen, gut auszusehen und dieses Gefühl auch an Ihre Kollegen und Mitarbeiter weiterzugeben. Das Morgen gehört den Träumern und Poeten, den Künstlern und Geschichtenerzählern, jenen, die auszugleichen und zu besänftigen vermögen. Drei Faktoren machen die Ausbildung der Fähigkeiten der rechten Gehirnhälfte erforderlich: allgemeiner Wohlstand, Asien und die Automatisierung. Der neue Wohlstand ist unermesslich und sehr weit verbreitet. Wo es früher genügte, ein Produkt einfach zu verkaufen, muss es jetzt auch noch stylish sein, ästhetischen Appeal haben und mit einer Geschichte verknüpft sein. Fähigkeiten, die in Zukunft eine entscheidende Bedeutung haben, sind ein Auge für Design und Geschichte, die Gabe, das große Ganze zu erkennen, Empathie und Spielfreude. Wenn Sie diese Fähigkeiten entwickeln, stehen Sie auf der Gewinnerseite.

Allan und Barbara Pease, Körpersprache- und Kommunikationsexperten und Autoren von Erfolgstiteln wie »Warum Männer nicht zuhören und Frauen schlecht einparken«, behaupten, der starke, ruhige Mann sei eine gefährdete Spezies. Kommunikation am Arbeitsplatz ist heutzutage der Schlüssel zum Erfolg, und wenn Sie (Mann oder Frau) Ihre Message nicht vermitteln können, bleiben Sie auf der Strecke. Die Grundlagen des männlichen und weiblichen Gehirns stammen aus einer prähistorischen Zeit, als Männer räumliches Vorstellungsvermögen und körperliche Kraft brauchten, während Frauen darauf programmiert waren, die Familie zu ernähren und mit anderen Artgenossen in Kontakt zu treten.

Im Arbeitsleben müssen Frauen ihre Fähigkeiten nach wie vor mehr unter Beweis stellen als Männer, sie haben jedoch mehr Alternativen. Auch heute noch klafft eine Gehaltslücke zwischen den Geschlechtern, und laut jüngster Studien wird es noch 80 Jahre dauern, bis die Frauen endgültig aufgeholt haben. Allerdings wird die Zahl der weiblichen Millionäre die der Männer in derselben Zeitspanne überflügeln. In Neuseeland gab es in jüngerer Vergangenheit zwei weibliche Premierminister, und die stellvertretende Premierministerin Australiens ist ebenfalls eine Frau. Heutzutage gelten Frauen in Spitzenpositionen nicht länger als Ausnahmeerscheinung, und die Menschen hier können das Aufheben um Hillary Clinton nur schwer nachvollziehen. Immerhin ist Neuseeland das erste Land, das eine Frau an die Spitze seiner Regierung gewählt hat.

Die meisten Menschen, mit denen ich im Zuge der Entstehung dieses Buches geredet habe, sagten, es sei wichtig, im Leben vorwärtszustreben und sich nicht mit dem erstbesten Gipfel zufrieden zu geben, den man erreicht hat. Es gibt so viele Gipfel zu erklimmen, beruflich, persönlich, spirituell und mental. Ihrer Meinung nach ist es wichtig, Träume zu haben, sich zu verändern und sich immer wieder neuen Herausforderungen zu stellen. Keiner von ihnen sagte, je mehr Geld er verdiene, umso glücklicher sei er. Und keiner behauptete, als erfolgreicher Anwalt glücklicher zu sein als in armen Studentenzeiten.

Was lernen wir daraus

- ♥ Weshalb arbeite ich so hart, welchen Zweck erfüllt das, und worin liegt der Sinn des Lebens überhaupt? Diese Frage und die Suche nach den Antworten darauf treiben einen nur in den Wahnsinn. Lassen Sie es bleiben.
- ♥ Die zwanghafte Jagd nach Geld und Besitz ist eine Persönlichkeitsstörung.

♥ Der Tag, an dem ich die Brücke des Angestelltenlebens abgerissen und mich ins Risiko der Selbständigkeit gestürzt habe, war einer der befreiendsten Tage meines ganzen Lebens. Wenn Sie nicht bereit sind, diesen Schritt ins Leere zu tun, ist es Ihnen nicht ernst.

KAPITEL 5

Reisen – Der Nomade in uns

Wenn vor einer Million Jahren die Höhlenmenschen einen Ausflug unternahmen, erzählten sie bei ihrer Rückkehr jenen, die zurückgeblieben waren, von ihren Erlebnissen. Später begannen sie, alles auf den Wänden ihrer Höhlen festzuhalten. Wenig später ließen die Menschen andere an ihren Abenteuern teilhaben, die lieber in ihrem Lehnsessel sitzen blieben. John Gardener vertritt die These, dass in der gesamten Literatur nur zwei Geschichten erzählt werden: Entweder jemand begibt sich selbst auf eine Reise, oder ein Fremder kommt in die Stadt. Im Vergleich zu heute, wo es kaum jemanden zu Hause hält, unternahmen die Menschen im 18. Jahrhundert nur sehr wenige Reisen. Damals war allein die Fahrt zur Kirche eine Reise, und man musste lange Wege zurücklegen, um seine Waren zu verkaufen, sich mit Vorräten einzudecken und die Nachbarn oder die Familie zu besuchen. Die Menschen in ländlichen Gebieten fuhren höchstens ein- oder zweimal im Jahr in die Stadt, und Regierungsvertreter, Handwerker oder Händler waren die Einzigen, die aus geschäftlichen Gründen auf Reisen gingen. Aus reinem Vergnügen zu reisen war ein Privileg der Oberschicht. Als ich in Bolivien filmte, konnten die Einwohner den Sinn von Ferien und Urlaubsreisen nicht nachvollziehen. Ihnen leuchtete schlicht und einfach nicht ein, was es bringen sollte; für sie war es mühsam und reine Zeitverschwendung.

Reisen ist wie Verliebtsein: Man verhält sich anders als sonst und verändert seine Lebensgewohnheiten: Plötzlich ist man offener, toleranter und mutiger. Man hat weder Vergangenheit noch Zukunft, weil einen niemand kennt. Im Grunde kann man sich völlig neu erfinden. Reisen öffnet den Geist; durch Routine und Argwohn entstandene Mauern werden niedergerissen und Horizonte erweitert. Neues lässt sich am einfachsten entdecken, wenn man sich verirrt, davon habe ich schon häufig profitiert. Ein Mensch geht niemals weitere Wege als in Momenten, wenn er nicht weiß, wo er sich befindet, sagte Oliver Cromwell einst. Wanderlust ist ein wunderbares Wort, ich vermute, dass es Reiseautoren in die Wiege gelegt wurde. (Wie ich schon zuvor erwähnt habe, sollten die gottgegebenen Talente bei den Jobs zum Tragen kommen, mit denen Sie als Erwachsener Ihre Brötchen verdienen. Wenn Sie Ihre wahre Berufung nicht genau kennen, sehen Sie sich Ihre alten Schulzeugnisse an, und achten Sie darauf, in welchen Fächern Sie besonders gut waren. Ich war immer besonders gut in Englisch, Französisch und Musik, und was bin ich geworden? Krankenschwester.) Der *Lust*-Part an der Wanderlust hat eher etwas mit Resignation als mit Eroberung zu tun, wohingegen der *Wander*-Part sich weniger auf ferne Reiseziele bezieht, sondern auf die Bereitschaft, die eigenen Grenzen und das Verständnis dessen, was man als »normal« bezeichnet, zu erweitern.

Wie Sie ein neues Land kennenlernen, wird auch maßgeblich von Ihrem Transportmittel sowie Faktoren wie Reiseführer, Unterkunft, Wetter, Essen und dem psychologischen Gepäck beeinflusst, das Sie mit sich herumschleppen. Das sind Ihre Hoffnungen und Ängste, Ihre Vorurteile und Pläne. Proust sagte einmal, die wahre Natur der Entdeckungsreise sei nicht, einen neuen Ort zu erkunden, sondern die Welt mit anderen, sprich neuen Augen zu betrachten. Der Besucher und Gast eines fremden Landes betrachtet es stets im wohlwollenden Licht der Wärme und der Schönheit. Reisen beeinflusst uns auf zweierlei Art gleichzeitig: zum einen zeigt es Sehenswertes, Wertvolles und Wichtiges, das uns sonst möglicherweise entgangen wäre, zum anderen lässt es uns Teile in unserem Innern erkennen, die in Vergessenheit geraten könnten, wenn sie nicht von Zeit zu Zeit ans Tageslicht kämen. Mit einer Reise an einen unbekannten Ort begeben wir uns automatisch in Stimmungen und Gemütsverfassungen und zu tief verborgenen Teilen unseres Innern, mit denen wir uns sonst nur sehr selten konfrontieren, weil kein Anlass dafür besteht. Und natürlich wird ein Reiseautor wohl niemals die Dienste eines Seelenklempners in Anspruch nehmen müssen. Man verbringt so viel Zeit mit sich selbst, dass man all seine Probleme und Lebensthemen ganz allein löst.

Erste Reisen

Meine ersten Reiseerlebnisse reichen in die Zeit zurück, als wir im Familienkombi in unser Haus am Strand fuhren. Die 45-minütige Fahrt zog sich in Wahrheit meistens geschlagene zwei Stunden hin, weil meine Mutter pausenlos drohte, uns Kinder auf der Straße auszusetzen oder auf die nächste Polizeiwache zu fahren und uns dort abzugeben. Wir fuhren an sanft geschwungenen, grünen Hügeln und dichten Sträuchern vorbei, und entweder goss es in Strömen oder ein wilder Sturm ließ die Landschaft erzittern. Szene: Sechs Kinder, die bis auf dreitausend Sommersprossen keinerlei Gemeinsamkeiten haben, schreien, schubsen, toben und werfen sich gegenseitig wüste Beschimpfungen an den Kopf. Ich hatte mir angewöhnt, meine Geschwister eisern zu ignorieren, aber was blieb einem schon übrig, wenn man in einem engen Wagen mit ihnen festsaß?

»Harvey! Halt sofort an!«

»Nein, nicht anhalten, Dad!«

»Anhalten!«

»Ich kann hier aber nicht halten, Ann, das ist zu gefährlich.«

»Halt an. SOFORT!«

Quietschende Reifen. Die Mutter stürzt aus dem Wagen und reißt sämtliche Türen auf.

»Los, alle aussteigen. Mir reicht's, ihr geht zu Fuß nach Hause.«

Die Kinder lassen sich vom Rücksitz auf die Straße fallen.

»Wir tun's auch nicht wieder, Mum. Ehrlich. Wir sind ganz brav.«

Jammernd und heulend klammern sich die Kleineren an die Hemdzipfel der Größeren.

»Nein, ich habe gesagt, ihr geht zu Fuß, also geht ihr zu Fuß.«

»Schatz, meinst du nicht …«

»Dad, hilf uns, bitte, Dad. Wir versprechen auch, dass wir uns nie wieder zanken, großes Indianerehrenwort!«

Ein kurzer Blickwechsel zwischen den Eltern, die mittlerweile Mühe haben, ernst zu bleiben.

»Was denkst du, Schatz?«

»Lass sie wieder einsteigen. Letzte Chance.«

Kollektives Lächeln und kleinlaute Dankbarkeit. Fünf Minuten lang herrscht Stille im Wagen, gefolgt von gedämpftem Geplauder, dann fängt das Ganze von vorn an. Möglicherweise rede ich deshalb in öffentlichen Verkehrsmitteln niemals mit anderen Menschen. Ich habe ständig Angst, sie könnten etwas wie: »Wenn du noch einmal meinen Lollie anfasst, sage ich es Mum und kratz dir die Augen aus«, zu mir sagen. Allerdings habe ich etwas in dieser Art zu einem armen Mann auf dem Heimflug von Bolivien gesagt. Ich war völlig traumatisiert von der zehntägigen Reise, krank und total übermüdet, als dieser texanische Fettsack auf dem Platz neben mir mit diesem typisch gedehnten Akzent »Ich hoffe, du nimmst es mir nicht krumm, Schätzchen, aber kann sein, dass ich'n bisschen schnarche«, sagte. Ich fuhr herum und funkelte ihn zornig an. »Nicht in tausend Jahren. Wenn Sie es wagen, mich zu stören, kotze ich Ihnen auf den Schoß.« So etwas nennt man unangemessenes Benehmen in einem Flugzeug.

Flughäfen

Ein Aufenthalt am Flughafen ist ein unvermeidlicher Bestandteil einer Reise, ein Ort, an dem jede Form des Benehmens zwangsläufig unangemessen ist. Vielen Menschen geht es im Flugzeug wie im Krankenhaus: Der Stress und die Sorge lösen eine spontane Persönlichkeitsveränderung aus. Entweder geht der Aufenthalt in diesen Mausoleen vollkommen reibungslos über die Bühne oder er ist ein Reinfall auf der ganzen Linie. Ich kann mich nicht erinnern, mich jemals an einem Flughafen wohlgefühlt zu haben. Entweder war mir schlecht, ich kämpfte gegen Bewusstlosigkeit oder schleichende Demenz an, heulte, war wütend, gelangweilt oder drohte nicht ins Flugzeug gelassen zu werden, weil meine Beine nach endlosen Stunden in der Warteschlange am Check-in bis zur Unkenntlichkeit angeschwollen waren. Als Kind hatte man mich häufig in ein Flugzeug verfrachtet, um die Familie meiner Mutter in Australien zu besuchen. Ich kotzte den gesamten Flug über, sowohl hin als auch zurück, meine Fußknöchel schwollen auf die doppelte Größe an, und ich musste mehr als einmal im Rollstuhl aus der Maschine geschoben werden. Wie konnte ich nur Reiseautorin werden? Das nützlichste Utensil auf einem Flughafen ist meiner Meinung nach ein Blasenkatheter, denn die Toilettentüren sind so schmal, dass man nie im Leben sein Gepäck mit in die Kabine nehmen kann. Die Bosse der internationalen Flughäfen haben das mit Absicht getan, damit sie, wenn Sie fluchen und Ihr Gepäck dreißig Sekunden lang unbeaufsichtigt im Vorraum stehen lassen, es zwangsdetonieren lassen können.

Ein gutes Timing ist das A und O bei Anschlussflügen, deshalb lässt sich das Kabinenpersonal extra etwas einfallen, um Sie in den Wahnsinn zu treiben; beispielsweise lassen sie Sie in London zwanzig Minuten in der Maschine warten, bis Sie endlich aussteigen dürfen, weil Sie die mobile Gangway nicht finden. Dann warten Sie eine halbe Stunde auf die »in kurzen Zeittakten verkehrenden« Shuttles zwischen den Terminals. Die Leute neben einem unterhalten sich angeregt in einer exotischen, gutturalen Sprache, die nach Schwedisch oder so etwas klingt, der Sie angestrengt lauschen und sie zuzuordnen versuchen. Am Ende dämmert Ihnen, dass es Englisch ist, nur eben aus irgendeinem finsteren, urzeitlichen Kaff irgendwo im Norden von Lancashire.

Wann immer ich Pärchen beim intensiven Abschieds-Speicheltausch am Flughafen sehe, muss ich mir das Lachen verkneifen. Besonders Heathrow erinnert mich an einen denkwürdigen Abschied von meinem damaligen Freund. Wir saßen auf dem Boden, direkt neben der Stelle, an der es kein Zurück mehr gab; dort, wo Leute notfalls mit Gewalt voneinander getrennt wurden. Der aller aller allerletzte Aufruf hallte durch die Gänge, als er sich mir vor die Füße warf und heulte und bettelte, ich solle nicht gehen; eine reife Leistung, an die seither kein Mann mehr herankam. Wenn Jungs nicht drohen, sich umzubringen, wenn Sie jetzt gehen, hätten Sie ursprünglich vielleicht gar nicht Teil ihres Lebens sein sollen.

Aber zurück zum Thema: Dank der »in kurzen Zeittakten verkehrenden« Shuttles sind Sie spät für den Flug nach Los Angeles dran. So spät, dass Sie angewiesen werden, Ihr Gepäck doch selbst zur Maschine zu tragen –

durch die Passkontrolle und die Security, versteht sich, wo diese Werwölfe selbstverständlich beschließen, Sie von Kopf bis Fuß zu durchleuchten. »Bitte, beeilen Sie sich, ich bin spät dran, aber es ist nicht meine Schuld. Wieso tun Sie mir das an?« Panischer Blick, atemlos-abgehackte Sprechweise. Dämmernde Erkenntnis in dunklen Augen, die keinerlei Eile verraten: Wir dürfen uns von dieser Frau hier keinesfalls sagen lassen, was wir zu tun haben. Und wir dürfen unter keinen Umständen einen Zahn zulegen, keine Sonderbehandlung. »Entschuldigung, aber ich bin wirklich spät dran, könnten Sie bitte meine Sachen vor denen von all den Leuten drannehmen, die alle Zeit der Welt haben?« Ausdruckslose Mienen und Augen, die keinerlei Eile verraten. »Oh, nein, außerplanmäßiges Vorgehen ist ausgeschlossen.« »Und kaufen Sie mir ein neues Ticket, wenn ich gleich meinen Flug verpasse?« Stille. Durchsuchung. Sie schnappen Ihre Taschen und rennen durch den Dschungel aus Wartebereichen. »Spät dran, Herzchen?« »Nein, nein, das ist mein normales Laufprogramm, und anstelle von Hanteln nehme ich lieber mein Gepäck.«

Es ist mir ein Rätsel, wieso es nicht viel mehr Alkoholiker auf der Welt gibt. Verschreibungspflichtige Medikamente reichen in Situationen wie diesen definitiv nicht aus. Endlich sitzen Sie also im Flugzeug, dieser Folterkammer mit miesem Luftdruck, miesem Essen und mieser Gesellschaft. Ich kann immer wieder nur staunen, wie wenige Psychopathen und Kettensägenmassaker es in Flugzeugen gibt. Sitzt man also endlich auf seinem Platz, nachdem man mit voller Absicht an den Rand des Irrsinns getrieben wurde, bekommt man die Anweisung, während der nächsten zehn Stunden still zu sitzen, während die Venen sich in aller Ruhe verstopfen. Ruhe kehrt ein. Ich persönlich finde ja, der Mann, der für Schlagzeilen gesorgt hat, weil er seinen Darm auf seiner Flugzeugmahlzeit entleert hat, war durchaus auf dem richtigen Weg. Er hat seinem Unmut wenigstens Luft gemacht, während wir anderen, die all das klaglos über sich ergehen lassen, allesamt unter dem »Misshandelte Reisende«-Syndrom leiden. Wir brauchen Hilfe. Jemand muss uns sagen, dass wir sehr wohl die Wahl haben, dass wir liebenswert sind und Nein sagen können. Selbstwertgefühl und der Triumph über die Passivität, das sind die Schlagworte.

Um 5 Uhr früh Ortszeit setzt die Maschine schließlich zur Landung an. Ein schöner, klarer Tag in einem wunderschönen Land, das man seine Heimat nennt, bricht an. In diesem Land, das Sie von ganzem Herzen lieben. Nach Paris und Los Angeles riecht die Luft süßlich, beinahe alpin. Nicht einmal in Südfrankreich ist die Luft so klar. Sie betreten Ihr hübsches, ordentliches, lichtdurchflutetes Haus und machen die Vorder- und Hintertür auf, damit die frische Morgenluft hereinströmen kann. In Ihrem Zimmer stehen überall frische Blumen und Champagner. Frisch gebügelte Leinenbettwäsche. Auf dem Tisch liegt ein Fax von einem Freund aus Frankreich: »Du fehlst uns jetzt schon. Und das Einzige, woran wir uns festhalten, ist die Aussicht, dass du mit den Schwalben im Frühling zurückkehrst.« Noch Fragen?

Schuhe

Es heißt, dass Frauen, die Schuhe sammeln, entweder auf der Suche nach Erleuchtung oder frustrierte Reisende sind. Manchmal geht es mehr darum, sie zu besitzen, als darum, sie auch zu tragen. Viele Frauen kaufen massenhaft Schuhe, obwohl sie nur wenige von denen tragen, die ihre Schränke verstopfen. Man kauft nicht, weil man braucht, sondern weil man heimliche Fantasien darüber hegt, wie der Besitz genau dieses hinreißenden Paars das eigene Leben verändert. Mit diesem Schuh würde so manches ganz anders werden. Schuhe, Reisen und ich sind ein psychopathologisches Phänomen, das sich über jede Erklärung hinwegsetzt. Schuhe haben Sex in der Finsternis meines Koffers und vermehren sich ganz ohne mein Zutun. Denn ein guter Schuh ist so etwas Besonderes, dass wir ihn niemals wegwerfen, selbst wenn er schon auseinanderfällt. Ich lasse meine Lieblingsschuhe wieder und wieder und wieder reparieren, bis der Schuster mir rät, ich solle vielleicht professionelle Hilfe in Anspruch nehmen. Bildlich gesprochen: Wenn ich diesen Schuh wegwerfe, werfe ich damit automatisch die Reise weg, die mit ihm verbunden ist.

Alles, bloß nicht Zug und Flugzeug

Zugreisen stellen eine einzigartige Gelegenheit dar, grauenhafte Mahlzeiten zu sich zu nehmen und harmlosen Durchgeknallten zu begegnen, während man dasitzt und rein gar nichts tut. Das ist, wie jeder weiß, der Grund, weshalb Menschen den Beruf des Reiseautors ergreifen. Ich habe gelernt, Menschen nicht zu erlauben, sich im Flugzeug mit mir zu unterhalten, nicht weil ich verklemmt oder so was bin, sondern weil ich noch nie im Leben eine interessante Unterhaltung in einem Flugzeug geführt habe. Noch nie. Stattdessen läuft es immer nach demselben Muster ab: Ein Mann (zwanghafte Plaudertaschen), frisch getrennt, beschwert sich in epischer Breite darüber, zwanzig Jahre lang mit einem üblen Miststück verheiratet gewesen zu sein. Und diese Typen merken auch nie, dass man bereits im Koma neben ihnen liegt oder aus den Ohren blutet.

Ich würde am liebsten in einer von Kerzenschein erhellten Pferdekutsche mit vier jungen Sklaven reisen, die sich meiner weiblichen Bedürfnisse annehmen, und vier weiteren, die meine Sachen zusammenlegen und mithilfe ihres Körpergewichts plätten. Am liebsten wäre ich ein langgliedriges Geschöpf mit Alabasterhaut, wie Sterne funkelnden Augen und einem so reizenden und sanftmütigen Wesen, dass die Sonne sich zeigt, wenn allein mein Name ausgesprochen wird. Am liebsten würde ich mich in Gewänder aus goldenem Satin hüllen, deren weicher Stoff sich um meine festen, perfekten Kurven schmiegt und die Schönheit meines Körpers zur Geltung bringt. Okay, und so sieht die Realität aus: Ich bin gut einen Meter sechzig groß, schleppe grundsätzlich mein eigenes, viel zu üppiges Gepäck herum, habe Abermillionen Sommersprossen und so leuchtend rotes Haar, dass ein irischer Pilot mir einmal riet, eine Karriere als Leuchtsignal auf der Landebahn ins Auge zu fassen. Für eine gesellige Einzelgängerin schlage ich mich gar nicht so schlecht: nur ein paar vereinzelte Tränen, jede Menge schallendes Gelächter, viele Tage im Winterschlaf, eine kleine Handvoll Wutanfälle und jede Menge nicht zu zügelnder Neugier; allesamt Eigenschaften, die man haben muss, wenn man gern reist. Ich habe mich schon immer über Reiseautoren gewundert, denen es an jeglicher Höflichkeit und verbindlichem Charme fehlt. Wie kriegen sie die Leute dazu, mit ihnen zu reden? Wie schaffen sie es, in ihre Häuser eingeladen zu werden? Wer sollte einen schon zum Essen einladen, wenn man Gefahr läuft, dass einem derjenige danach die Hand abbeißt? Und wie ist es möglich, dass diese Menschen Millionen Bücher verkaufen?

Wieso reisen wir?

Bruce Chatwin nennt es *horreur de domicile* – dieser Hang zum Nomadentum, der sowohl dem Bedürfnis, den eigenen vier Wänden den Rücken zu kehren, als auch dem Bedürfnis erwächst, nach Hause zurückzukehren. Wir alle haben diese Wanderlust von unseren Vegetarier-Vorfahren geerbt, ebenso wie das Verlangen nach einem Hafen, einem Zuhause, das uns von den Fleischfressern genetisch mit auf den Weg gegeben wurde. Dabei zieht ein Nomade keineswegs ziellos von Ort zu Ort, *au contraire*: Er folgt vorgezeichneten Pfaden, einer Berufung, sei sie beruflicher, spiritueller oder pastoraler Natur. Ein Wanderer ist normalerweise ein armer Geselle, weil Luxus die Mobilität einschränkt. Man kann kein üppiges Haus, goldene Wasserhähne, gesellschaftliche Verpflichtungen und Überfluss auf der ganzen Linie UND Freiheit, Bewegungsfreude und Verständnis für andere Kulturen und Klimabedingungen zugleich haben. Ein unstillbares Verlangen nach Geld und Gold hat schon so manchen Nomadenstamm in den Ruin getrieben.

Pascals These zufolge hat das Unglück des Menschen nur eine einzige Ursache: seine Unfähigkeit, ruhig in einem Zimmer sitzen zu bleiben. Wir scheinen die Veränderung ebenso zu brauchen wie die Luft zum Atmen, weil sonst sowohl unser Geist als auch unser Körper zu verkümmern drohen. Hirnströme von Reiselustigen zeigen, dass eine Ortsveränderung die Hirnzellen stimuliert und dafür sorgt, dass man sich wohlfühlt und einen Sinn in seinem Leben erkennt. Wenn ich zu lange an einem Ort bleibe, werde ich müde, gereizt und apathisch. Doch sobald ich unterwegs bin, fühle ich mich inspiriert, bin aktiv, offen und viel toleranter als sonst. Chatwin sagt, dass Reisen nicht nur den Horizont erweitert, sondern ihn überhaupt erst erschafft. Ohne die Gefahren, die das Reisen mit sich bringt, erfinden wir Fantasiefeinde, psychosomatische Erkrankungen, Steuereintreiber und, was am allerschlimmsten ist, uns selbst. Adrenalin ist unsere Fahrtkostenpauschale. Drogen brauchen nur Menschen, die vergessen haben, wie man in Bewegung bleibt.

Es heißt, Menschen werden Reiseautoren, weil sie sich insgeheim wünschen, Sex mit Wildfremden zu haben. Es gibt aber noch andere Gründe. Wir reisen, um uns selbst zu verlieren und uns anschließend wiederzufinden. Manchmal werde ich gefragt, ob ich schon immer so viel gereist bin und wovor ich weglaufe. Als Reiseautor ist das Zuhause etwas, das man in seinem Innern mit sich durch die Gegend trägt. Man braucht einen stabilen, robusten

Charakter; hingegen ist die Behauptung, ein ausgeprägter Orientierungssinn sei unerlässlich, verkehrt. So seltsam es klingt, aber nicht viele Menschen haben tatsächlich die Konstitution für ein Leben voller Abenteuer, Ruhelosigkeit und Romantik. Das ist etwas für die jungen Jahre und lässt normalerweise im mittleren Alter von allein nach. Es sei denn, es ist pathologisch, so wie in meinem Fall. Wenn Sie das nicht kurieren können, ist es das Klügste, sich zu fügen und seinen Lebensunterhalt damit zu verdienen. Wenn Sie beispielsweise Ihre Sammelwut nicht in den Griff bekommen, machen Sie doch einen Trödelladen auf. Wenn Sie nicht aufhören können, allen Menschen um Sie herum ständig Ratschläge zu erteilen, studieren Sie und eröffnen Sie eine Praxis als Psychologin; und wenn Sie kultursüchtig sind und es sich nicht leisten können, durch die Welt zu reisen, holen Sie alles zu sich und nennen Sie das Ganze Kunstfestival.

Gastronomiereisen

Die Kultur eines fremden Landes erschließt sich am besten durch seine Küche. Essen und Trinken sind gut fürs Wohlbefinden und die perfekte Methode für den Gastgeber, seiner Willkommensfreude und seinem Respekt für den Gast Ausdruck zu verleihen. Die meisten wichtigen Entscheidungen werden beim Essen getroffen, und praktisch alle einschneidenden Ereignisse in unserem Leben von Speisen und Getränken begleitet: Hochzeiten, Geburtstage und Begräbnisse. Wenn man Besuch bekommt, bietet man dem Gast eine Mahlzeit an oder führt ihn zum

Essen aus. Appetit, Kochen und Romantik sind die wesentlichsten Motivationsfaktoren der Geschichte: Sie dienen dem Erhalt und der Weiterentwicklung der Spezies, beschwören Kriege herauf, inspirieren zu Songs und halten die Gesellschaft zusammen. Von der Geburt bis zum Tod gehen Essen, Liebe und Wohlbefinden Hand in Hand, und in manchen Phasen verschwimmen die Grenzen zwischen ihnen gänzlich. Ein Koch vermittelt eine sehr intensive, persönliche Energie, während er die Speisen zubereitet, und Nahrungsmittel bringen uns zurück zu unseren Wurzeln. Wenn jemand mit Energie und Leidenschaft kocht, übertragen sich genau diese Eigenschaften auf die Menschen, die die Speisen anschließend genießen.

Über Gastro-Reisen zu schreiben ist etwas sehr Romantisches, weil man damit eine längst verschwundene Welt wieder zum Leben erweckt. Hinter jedem Rezept steckt eine Geschichte von lokalen Traditionen und des täglichen Lebens in Dörfern und Städten. Rezepte sind so etwas wie uralte Erinnerungen; in ihnen drückt sich das Bedürfnis aus, alte, längst vergangene Kulturen zu respektieren und zu erhalten; sie sind gewissermaßen die Bewahrung der eigenen Identität. Im Auszug aus Ägypten schildert die Bibel die Sehnsucht der Juden nach den Speisen, die sie in ihrer Heimat zurückgelassen haben. Traditionelle Gerichte sind wichtig, weil sie eine Verbindung zur Vergangenheit darstellen, eine Huldigung der eigenen Wurzeln und ein Symbol der Kontinuität. Sie sind jener Teil einer Kultur, die am längsten überlebt, und werden selbst dann bewahrt, wenn Kleidungsstil, Musik und die Sprache längst vergessen sind. In einem Land wie Marokko wird das Kochen über die Gene und die Fingerspitzen weitergegeben. Wie die Liebe verändert sich auch das Kochen und gibt mit jeder Generation neue Erfahrungen weiter.

In seinem Essay *Die Philosophie des Reisens* schrieb George Santayana: »Manchmal müssen wir uns in die Einsamkeit flüchten, in die Ziellosigkeit, in die moralischen Ferien des reinen Zufalls, um uns für die Härten des Lebens zu öffnen, eine Kostprobe der Mühsal zu bekommen, und um gezwungen zu sein, um jeden Preis auf einen bestimmten Augenblick hinzuarbeiten.« Eins kann ich Ihnen versichern: Auf hohen Absätzen durch die Gassen einer marokkanischen Medina zu gehen ist Mühsal – nur damit Sie nicht glauben, ich würde für meine Kunst keine Mühen auf mich nehmen. Selbst mein Verdauungstrakt hat um der Kunst willen gelitten. Es war mitten in der Medina von Rabat bei einem Tagesausflug mit Freunden, als mich dieses »Gefühl der Leere« überkam – nicht im Sinne von mentalem Kummer, sondern rein körperlich. Niemand kann einem helfen, niemand kann einen aufhalten, und nichts kann es rückgängig machen. Und es ist im marokkanischen Gesetz verankert, dass man kilometerweit von der nächsten Toilette entfernt ist, wenn es einen überfällt. Bombay Bottom, Deli Belly, Rabat Rumble, Marokko Mambo – der Tanz, der mich, wie alle mich gewarnt hatten, unweigerlich heimsuchen würde. Panisch rannte ich umher, fragte nach einer Apotheke oder einer Toilette, je nachdem, was näher war. Schließlich fand ich eine Apotheke, kaufte die Tabletten, die mich von diesem Gefühl der Leere befreien sollten, und rannte aufs Dach des Hauses, wo sich die Toiletten befanden. Am liebsten würde man die Nase völlig ausschalten (okay, am liebsten würde man alle Sinneswahrnehmungen ausschalten). Man muss den Einkaufskorb irgendwo hinhängen, die Feuchttücher herausfummeln, sein Geschäft erledigen und dann alles mithilfe des Eimers und Wasser aus dem Hahn saubermachen. Zur Erholung brauchte ich dringend etwas Wohlriechendes: getrocknete Rosenblüten, Henna, Safranfäden oder frische rosa und weiße Blüten von einem Oleanderbaum.

Ein weiterer guter Grund für eine Karriere als Reiseschriftsteller, abgesehen von der Fantasie, Sex mit wildfremden Menschen zu haben, ist Shoppen. Märkte sind ungemein wertvoll, weil sie die Unterschiede zwischen den Kulturen zeigen, wohingegen Läden für Kunsthandwerk ihren Besuchern lediglich die unwürdigen Facetten des eigenen Charakters vor Augen führen. Im Gegensatz zu meiner Fotografin auf der Marokko-Reise bin ich nicht die geborene Feilscherin. Sie war ein regelrechter Rottweiler, die ihr Benehmen durch das Argument rechtfertigte, Handeln sei hier üblich. Manchmal tat sie es noch nicht einmal, weil sie das Objekt des Feilschens wirklich brauchte, sondern weil sie süchtig nach dem Adrenalinkick war, einen Händler in seinem eigenen Metier zu übertrumpfen. Ich habe eine ziemlich kapriziöse Einstellung zum Einkaufen. Ich kann unglaublich diszipliniert sein und eisern Nein zu marokkanischen Teppichen, provenzalischen Töpferwaren und irischen Pullovern sagen, an dicken Wälzern über Esskultur oder Schuhen komme ich hingegen nicht vorbei.

Die große Freude an der Reiseschriftstellerei ist der Luxus, alle Überzeugungen und Prinzipien zu Hause zu lassen und alles aus einem neuen Blickwinkel zu betrachten. Ein guter Reisender gibt immer etwas zurück. Es ist sehr praktisch, wenn man irgendein gottgegebenes Talent wie Tanzen, Zeichnen oder Seilbalancieren hat, weil die Leute sich dann nicht vorkommen, als sei man gerade in ihr Leben eingebrochen, hätte ihnen die Seele geraubt und sei wieder von dannen gesegelt, nur um mit ihrer Geschichte Geld zu verdienen. Bei meinen Reisen schenken mir die Menschen Lieder und Rezepte und Liebe, während ich ihnen Lieder und Rezepte und Liebe als Gegengeschenk mache. Aber man trägt auch stets Überzeugungen und Neuigkeiten an Orte, die man besucht, und in manchen Teilen der Welt ist man die reinste Zeitung auf Beinen und holt die Menschen aus den Beschränkungen ihres eigenen Lebens. In einem winzigen Dorf in Portugal werden Sie zu den Augen und Ohren der Menschen, denen Sie begegnen. Ein Reiseschriftsteller bringt Träume und nimmt wieder welche mit; dabei sollte er viel Liebe und Großzügigkeit zeigen. Ich erzähle den Leuten beispielsweise von meinem Rezept für langsam gekochte Tomatensauce oder Ziegenkäsesoufflé. Sie wiederum setzen sich auf den Boden und zeigen mir, wie man aus Gries und Wasser ein Couscous zubereitet. Vietnamesische Frauen haben mir beigebracht, wie man eine Reisfeldmaus brät, und mir damit eine traditionelle Spezialität nahegebracht. Ich singe ihnen dafür ein Liebeslied vor. So läuft das …

Reise-Checkliste

1. Nehmen Sie immer ausreichend viele Tampons und Kondome mit – wenn Sie sie nicht brauchen, dann vielleicht sonst jemand. Tragen Sie keine Monats-

binden, denn Löwen, Leoparden und Hyänen zerren Sie aus dem Bett und fressen Sie auf. Dabei spielt es keine Rolle, ob Ihre Blutung jeden Monat einsetzt. Es ist nicht schlimm, wenn dem nicht so ist. Bitten Sie Ihren Arzt, Ihre Periode vorübergehend mit einem Hormonpräparat zu stoppen. Wenn Sie über fünfzig sind, sollten Sie ihn bitten, es gleich endgültig zu tun.

2. Nehmen Sie grundsätzlich Mittel gegen Durchfall und Feuchttücher mit – es ist nervtötend, immer zuerst eine Apotheke zu suchen, und meistens ist es sowieso zu spät – Sie wissen schon, was ich meine.
3. Lassen Sie Ihre Vorurteile lieber gleich zu Hause.
4. Nehmen Sie ein Notizbuch mit, und halten Sie Ihre Eindrücke fest. Das zieht Menschen an, so werden Sie nicht lange allein bleiben.
5. Packen Sie Ohrstöpsel, eine Schlafmaske und Schlaftabletten für Notfälle ein. Obwohl es sowieso nicht als Mord gilt, jemanden umzubringen, der schnarcht.
6. Packen Sie EINEN Koffer. Nehmen Sie die Hälfte wieder heraus. Und dann schließen Sie ihn ab.

Reisetipps

1. Wenn der Mensch neben Ihnen im Flugzeug ständig mit dem Fuß wippt, schwitzt und allem Anschein nach hocherfreut über Ihre Gegenwart ist – Sie haben es erkannt, das da in seiner Hose *ist* eine Pistole. Rufen Sie Ihre Mutter an, und verabschieden Sie sich von ihr.

2. Verbieten Sie jedem, der unter verbaler Diarrhoe leidet oder seine innersten Gefühle vor Ihnen ausbreitet, sich auch nur in Ihre Nähe zu begeben. Ansonsten reden Sie mit allen, deshalb reisen Sie ja.
3. Glätten Sie Ihre Kleidung, indem Sie sie in der Dusche aufhängen und das heiße Wasser aufdrehen.
4. Auf dem Reisebügeleisen lassen sich auch Pizzen erwärmen und Toast rösten.
5. Bidets sind nicht dafür gedacht, die Füße oder sonst etwas zu waschen, sondern um den Champagner zu kühlen.
6. Probieren Sie gleich nach der Ankunft die lokalen Spezialitäten Ihres Reiselands. Wenn Taxifahrer Sie zu sich nach Hause einladen, um sich von ihren Müttern bekochen zu lassen, sagen Sie zu.
7. Wenn Sie Single sind, legen Sie sich einen einheimischen Liebhaber zu; das ist die schnellste Methode, um die Landessprache zu erlernen.
8. Vorsicht beim Überqueren von Fußgängerüberwegen in fremden Ländern, es gibt sie nur, damit Autofahrer Sie leichter erwischen.

DIANA

Diana Creighton hat in verschiedenen Jobs in der Musik-, Import- und Immobilienbranche gearbeitet. Im Augenblick nutzt sie jede Gelegenheit, auf Reisen zu gehen. Sie ist eine atemberaubende Schönheit, kultiviert, witzig und eine inspirierende Gesprächspartnerin mit einer Wissbegier und Intelligenz, die von unbezähmbarer Wanderlust und unbeschreiblicher Offenheit geschürt werden. Ich habe sie gefragt, weshalb sie so viel reist und welches Gefühl Reisen in ihr auslöst.

»Acht Schulen – in England, Khartoum am Nilufer, Singapur und Deutschland, und all das noch vor meinem zehnten Lebensjahr. Welche Chance bestand da, dass ich es lange an einem Ort aushalte? Reisen liegt mir im Blut, und Wassermänner lieben nun mal die Veränderung. Es gibt nichts Schöneres, als mit zwei Kreditkarten bewaffnet in ein Flugzeug zu steigen, und los geht's – das unterschwellig spacige Gefühl des Losgelöstseins inklusive. Wenn ich länger als einen Monat unterwegs bin, muss ich allerdings Kontakt zu Freunden und meiner Familie aufnehmen, sonst fange ich an, mich entwurzelt zu fühlen.«

»Nach welchen Kriterien wählen Sie Ihre Reiseziele aus?«

»Ich liebe Ethnokleidung, am liebsten nordvietnamesische. Diese handgewobenen, kobaltblauen Stoffe mit den üppigen Kreuzstich-Stickereien und den schwarzen, schmal geschnittenen Hosen aus Seidensamt. Es gibt nur noch sehr wenige Orte, an denen die Menschen die traditionelle Kleidung nicht gegen ein weites Kunstfaser-Shirt mit einer großen Ziffer auf der Brust und Bermudas aus Glanzstoff eingetauscht haben. Dazu tragen sie Flipflops, die sogar in Vietnam mittlerweile an jeder Straßenecke zu kriegen sind. Was Essen und Lebensstil angeht, bin ich eher traditionell, mit Ausnahme von den griechischen Inseln, wo das Leben nur aus Retsina, Sonne, gutem Essen und Schwimmen und autofreier Landschaft besteht. Mir reicht es vollkommen, in irgendeinem Ort mit einer Uferpromenade zu sein, wo die Leute abends ein bisschen herumschlendern, auf den Stufen vor ihren Häusern sitzen oder sich auf dem Dorfplatz zum Essen treffen. Ein bisschen Kultur rundet das Ganze ab, vorausgesetzt, man hat nicht alles unter rein touristischen Gesichtspunkten wiederaufgebaut, so wie auf der Seidenstraße in Nordchina. Bei schlechtem Wetter macht Einkaufen besonders Spaß, allerdings läuft man dann Gefahr, dass die Ferien zu einem bangen »O je, hoffentlich ist meine Kreditkarte nicht überzogen«-Erlebnis und einer Menge Schulden beim Nachhausekommen werden.«

»Ist Reisen wichtig und weshalb?«

»Oh Gott, ja, es ist ein bisschen wie mit den Menschen, die gern lesen, und denen, die es nicht tun. Wie soll man mit jemandem zusammen sein, der keine Vergleiche zwischen den Sprachen, Kleidungsstilen und Landschaften ziehen kann? Ich hatte mal einen Freund, der nur in den USA und Australien herumgereist ist und der natürlich völlig verrückt nach Neuseeland ist. Aber wo liegt da die Vergleichsmöglichkeit?«

»Unterscheidet sich Ihre Einstellung zum Reisen und Abenteuer von der Ihrer Mutter?«

»Meine Mutter war mit einem Offizier der britischen Armee verheiratet, deshalb musste sie sehr oft in alten, lauten Flugzeugen herumfliegen oder mit ähnlich heruntergewirtschafteten Schiffen fahren. Folglich haben Reisen für sie nichts sonderlich Romantisches oder Spannendes an sich. Sie war verheiratet, was eindeutig eine Einschränkung darstellt. Dasselbe gilt für jede Form der Rücksichtnahme auf die Wünsche der Angehörigen. Ich glaube nicht, dass meine Mutter auch nur einmal überlegt hat ›Wohin würde *ich* gern reisen?‹ Das ist eine typische Single-Einstellung.«

»Was war Ihr schlimmster Ausrutscher auf Reisen?«

»Vielleicht das, was man am ehesten vermuten würde. Als ich noch jünger war, habe ich mal hier, mal dort herumgeschnuppert. Man fand mich eher irgendwo beim Probieren irgendwelcher lokaler Spezialitäten und Weine, während ich nach den Jungs Ausschau hielt, statt meine Zeit mit irgendwelchen öden kriminellen Aktivitäten zu vergeuden.«

»Reisen Sie allein oder mit anderen?«

»Ich reise allein, was kein Problem ist. Einfach gleich ein Buch herausziehen, wenn man ins Flugzeug steigt, oder sich schlafend stellen, dann hat niemand den Mut, einen anzusprechen. Es kommt vor, dass ich ein paar Belanglosigkeiten von mir gebe, während das Flugzeug zur oder von der Landebahn rollt, das war's aber auch schon. In die Ferien fahre ich sehr gern mit einer Freundin, auch wenn ich sie zuerst dem einen oder anderen Tauglichkeitstest unterziehe, bevor ich mich darauf einlasse. Manchmal disqualifiziert sie sich von allein, beispielsweise, weil sie wegen jeder Kleinigkeit beleidigt ist oder irgendwelche nervtötenden Angewohnheiten hat, z. B. Vorräte vom Frühstücksbuffet für später mitzunehmen und so was.«

»Wo steht das Reisen Ihrer Meinung nach heute, und wie sieht seine Zukunft aus?«

»Luftverschmutzung durch Flugzeuge macht mir Angst. Mittlerweile muss ich ja ein schlechtes Gewissen haben, nur weil ich gern reise. Ich hoffe nur, dass es irgendwann einen anderen Treibstoff für die Flugzeuge gibt als Kerosin, sonst bleiben mir im Alter nur noch Kreuzfahrten. Werden durch Kreuzfahrten eigentlich weniger Ressourcen verbraucht? Allerdings habe ich meinen Freunden schon gesagt, dass ich sowieso nicht auf Kreuzfahrt gehe, solange ich nicht mindestens achtzig bin oder sie mich im Rollstuhl von Bord karren müssen. Kreuzfahrten, das bedeutet für mich Altweiberhaarschnitt und Gesundheitsschuhe.«

Reisepionierinnen

Aus vielerlei Gründen war es Frauen im Viktorianischen Zeitalter nicht möglich, allein zu reisen. Es galt als unschicklich, und nur wenige Pionierinnen wagten sich in unbekannte Gefilde vor. Reisen war damals eine höchst beschwerliche Angelegenheit, nicht nur wegen der komplizierten und einengenden Kleidung, sondern auch weil es viele Gefahren für Leib und Leben barg. Mit gebundenen Füßen kann man nicht gehen, und ein Korsett schnürt einem die Luft ab, so dass man kaum atmen kann. Und wie könnte sich jemand ohne Ehemann oder Anstandsdame auf die Straße wagen? Prominente Reisepionierinnen des Viktorianischen Zeitalters waren furchtlose Frauen wie Harriet Martineau, Isabella Bird, Gertrude Bell und Mary Henrietta Kingsley. Die Behauptung, Menschen würden lediglich reisen, um Sex mit Wildfremden zu erleben, ist in Wahrheit gar nicht so weit hergeholt. Der Kick des Reisens ist mit dem vergleichbar, den man beim Sex erlebt, und er wird sogar mit ähnlichen Worten beschrieben: Abenteuer, Heldentat, Eroberung, Entdeckung. In Frankreich birgt die Bezeichnung »aventurière« eine eindeutig sexuelle Anspielung auf das moralisch grenzwertige Verhalten der Frau. Selbst heute muss ich in Vietnam noch erklären, mein toter Ehemann sei in der Nähe, weil sie nicht verstehen können, dass ich allein reise. Anfangs benutzten viktorianische Frauen Forschungsprojekte oder künstlerisches Interesse als Vorwand für ihre Reisen, wo sie in Wahrheit nichts anderes als blanke Abenteuerlust trieb.

Obwohl wir uns heutzutage wesentlich freier bewegen

können, reisen wir immer noch anders als Männer. Reiseautorinnen halten ihre Eindrücke auf intimere, persönlichere Weise fest, während ihre männlichen Kollegen den Leser nicht allzu sehr an ihren Gefühlen teilhaben lassen. Frauen sind sich ständig ihres eigenen Körpers und der überall lauernden Gefahr ungewollter Aufmerksamkeit oder gar Vergewaltigung bewusst. Natürlich werden auch Männer überfallen und ausgeraubt, doch bei Frauen kommt auch noch die Bedrohung sexueller Verletzlichkeit hinzu. Frauen im Viktorianischen Zeitalter kleideten sich häufig wie Männer, besonders bei Reisen durch die Wüsten. Sie gehörten der Oberschicht an und verfügten über entsprechende Voraussetzungen: Sie waren weiß, gebildet und oft ohne häusliche Bindungen. Selbst heute sind nicht-weiße Frauen aus der Arbeiterschicht unter den Reiseautoren eher die Ausnahme. Hier sind einige der wichtigen Reisepionierinnen der Geschichte:

LADY MARY WORTLEY MONTAGU (1689–1762)
Sie war Satirikerin und Dichterin. Als ihr Ehemann zum Botschafter von Konstantinopel ernannt wurde, sorgte sie für einen Skandal, indem sie ihm ohne Begleitung einer Anstandsperson folgte. Sie liebte die Türkei und kleidete sich nach dem dortigen Stil. Möglicherweise lag es am Reisefieber, dass Lady Montagu schließlich ihren Ehemann verließ und viele Jahre lang an der Seite verschiedener Liebhaber durch Europa reiste.

MARY WOLLSTONECRAFT (1759–1797)
Sie schrieb über soziale und politische Ungerechtigkeiten und übte Kritik an der Kirche, der Regierung und der

Justiz. Sie reiste viel in Europa herum und schilderte auf sehr moderne, persönliche Art ihre Eindrücke. Sie starb bei der Geburt ihrer zweiten Tochter Mary, die später den Dichter Shelley heiratete und den Roman »Frankenstein« verfasste.

ISABELLE EBERHARDT (1877–1904)
Isabelles hochinteressante Lebensgeschichte endete tragisch. Sie war Schweizerin und reiste in Männerkleidung durch Nordafrika, nachdem sie zum Islam konvertiert war. Sie nannte sich Si Mahmoud und schilderte ihre innere Reise und die Liebesdramen mit vom Wüstenstaub bedeckten Gentlemen. Nachdem sie von der europäischen Gesellschaft wegen ihres Übertritts zum Islam und beim Islam und den Arabern für ihre Verkleidung als Mann in Ungnade gefallen war, wurde sie drogenabhängig und zog als obdachlose Bettlerin durch die Straßen. Sie kam mit gerade einmal 28 Jahren bei einer Überschwemmung in Algerien ums Leben.

EDITH WHARTON (1862–1937)
Trotz ihres aristokratischen Standes war Edith eine hervorragende Schriftstellerin, die insbesondere durch ihre Romane beeindruckte. Doch auch ihre Reiseschilderungen bestachen durch große Sensibilität und Sachkenntnis. Sie unternahm viele Reisen an der Seite von Henry James, mit dem sie eine innige Freundschaft verband.

ISAK DINESEN (1885–1962)
Isak war das Pseudonym der Schriftstellerin Karen Blixen, der Verfasserin von »Jenseits von Afrika«, das als eines der

besten Reiseliteraturwerke der Welt gilt. Sie besaß eine Kaffeefarm in Afrika und schilderte in einer sehr eindringlichen Sprache ihre Reisen durch den schwarzen Kontinent.

FREYA STARK (1893–1993)

Sie galt als Südarabien-Expertin, besonders für die dortigen Dialekte, und unternahm ausgiebige Reisen durch die Türkei, China, Afghanistan und Nepal. Sie war eine hervorragende Autorin, wurde zur Dame of the British Empire ernannt und erreichte ein stolzes Alter von einhundert Jahren.

MARGARET MEAD (1901–1978)

Margaret war eine herausragende Anthropologin und Philosophin. Sie beherrschte die Kunst, geduldig zu beobachten und im Stillen alles zu lernen, was es über die Völker zu erfahren galt, die sie beobachtete. Unter anderem studierte und beschrieb sie das Verhalten und die Sexualität der südpazifischen Bevölkerung.

M.F.K. FISHER (1908–1992)

Mary Frances ist meine Lieblingsschriftstellerin für die Themen Reisen und Koch- bzw. Tafelkunst. Sie verfasste sehr viele Essays über ihr geliebtes Frankreich, ganz besonders über Dijon, aber auch über ihre amerikanische Heimat. Sie war witzig, weltgewandt, bildschön und wahrscheinlich die bedeutendste englischsprachige Gastro-Autorin.

»Wenn du gekommen bist, um mir zu helfen, verschwendest du nur deine Zeit, tust du es aber, weil deine Befreiung mit meiner verbunden ist, lass uns mit der Arbeit beginnen.« Immer mehr Reisefreudige und Reiseveranstalter sehen die Notwendigkeit eines ökologisch vernünftigen, sanften Tourismus und sind bereit, finanzielle Mittel, Zeit und Knowhow zur Verfügung zu stellen, um die Kulturen und die Umwelt jener Destinationen zu schützen und zu unterstützen, die sie besuchen. Diese freiwillige Bewegung wird als Reisephilantropie oder altruistisches Reisen bezeichnet. Sie unterstützt die Entwicklung und Erhaltung von Gemeinden und die Artenvielfalt sowie andere umwelttechnologische, soziale und ökonomische Verbesserungen, einschließlich der Schaffung neuer Arbeitsplätze, der Erweiterung von Aus- und Fortbildungsmöglichkeiten, dem Gesundheitssystem sowie dem Umweltschutz. Veranstalter wie *Exquisite Safaris* haben eine philantrope Mission, die sich darin zeigt, dass mit der Buchung jeder privaten, geführten Luxus-Safaritour und -Expedition der Besuch eines humanitären Hilfsprojekts verbunden ist. Durch die persönliche Begegnung entstehen Freundschaften über die kulturellen Grenzen hinweg, aus denen wiederum gegenseitiges Vertrauen, Respekt und großzügige Spenden erwachsen, die die Basis fundamentaler humanitärer Projekte weltweit bilden.

Cape York Turtle Rescue veranstaltet von Juli bis Oktober Ausflüge für zwei, drei und fünf Nächte zum Camp Chivaree, das dreißig Autominuten von der Mapoon Aboriginal-Gemeinschaft entfernte Schildkrötenlager an der

Nordwestküste von Cape York. Ethik-Reisende können dort mit Forschern sprechen, sich Dokumentationen ansehen, alles über das Leben der Schildkröten erfahren und dazu beitragen, dass diese wunderbare Tierart nicht ausgerottet wird.

Meaningfultravel bietet Reisen zu von buddhistischen Nonnen geführten Waisenhäusern in Chiang Mai im Norden Thailands an. Die Kinder, die nach dem Tod der Eltern, durch Vernachlässigung, akute Armut oder Inhaftierung der Erziehungsberechtigten in die Obhut der Nonnen kamen, brauchen nicht nur Nahrung und eine anständige Unterkunft, sondern vor allen Dingen einen Spielkameraden und das Gefühl, geliebt und ernst genommen zu werden. Die Dauer des Aufenthalts legt jeder Reisende selbst fest, und all jene, die diese Erfahrung einmal gemacht haben, sagen später, sie habe ihr Leben von Grund auf verändert.

Detours Abroad betreibt Freiwilligenprojekte in Indien und vielen anderen asiatischen, afrikanischen und südamerikanischen Ländern. Die Reisen dauern zwischen zwei und zwölf Wochen und bieten freiwilligen Helfern die Möglichkeit, beispielsweise in abgelegenen Bergdörfern Schulkindern Englischunterricht zu erteilen. Die Kinder zeigen ihre Wertschätzung und Dankbarkeit für dieses Engagement mit Lachen, Singen und einer anständigen Portion Verschmitztheit.

Global Volunteer Network bringt Menschen mit lokalen Organisationen rund um den Globus zusammen und agiert somit als Vermittler für kleinere Hilfsorganisationen mit einem nicht ganz so ausgebauten Kommunikationsnetz. Gegen eine Gebühr erledigt *Global Volunteer*

Network den Papierkram und kümmert sich um die Beschäftigungsvereinbarung (und die Sicherheit) der freiwilligen Helfer, womit gewährleistet ist, dass niemand einfach in eine wildfremde Gegend geschickt wird, ohne dass sich jemand um ihn oder sie kümmert.

Tear Fund (eine evangelische Hilfsorganisation) hat es sich zum Ziel gemacht, den Armen, Unterdrückten und Benachteiligten auf der Welt zu helfen. Man kann spenden, indem man der *Tear Fund* Trustbank Geld überweist – ein hervorragendes Konzept, von dem Kleinunternehmer profitieren, indem sie Minikredite, Aus- und Fortbildung sowie Unterstützung in Anspruch nehmen können. Schon kleine Geldbeträge können das Leben dieser Menschen von Grund auf verändern, weil sie auf diese Weise ihr eigenes Geschäft eröffnen können, wofür sie unter normalen Umständen niemals einen Kredit gewährt bekämen. *Tear Fund* organisiert auch Reisen, die Ihnen Gelegenheit geben, sich selbst einen Eindruck von der Hoffnung, dem Engagement und der Würde dieser Menschen zu verschaffen, die den Hunger und die Armut dank dieser Minikredite besiegen. Man bleibt eine Weile bei ihnen, arbeitet mit den Leuten vor Ort und lernt hoffentlich dabei auch etwas über sich selbst.

Mary Taylor betreibt die *Food Matter Tours* und hat 2005 den renommierten Geoffrey Roberts Award für ihr Project Oru 100 gewonnen. Dieser Preis wird jenen verliehen, die unter Beweis stellen, dass dank ihrer Reisen eine Veränderung in der Ess- und Trink- und/oder der Reisekultur stattfindet. Das Oru 100-Programm wurde ins Leben gerufen, um beim Wiederaufbau von drei Fischerdörfern zu helfen, die durch den großen Tsunami an der

Küste Sri Lankas zerstört wurden. Ziel von Oru 100 war es, durch Spenden den Gegenwert von 100 Oru-Auslegerbooten zusammenzubekommen, jenen Fischerbooten, die als Haupteinnahmequelle dienten und die Proteinversorgung der Dörfer gewährleisteten, bevor der Tsunami 80 Prozent von ihnen zerstörte. Angesichts der jüngsten Zweifel an einigen internationalen Hilfsorganisationen am korrekten Umgang mit den zur Verfügung gestellten Geldern ist es wichtig zu wissen, dass die im Zuge dieses Projekts eingenommenen Mittel direkt an die Bootsbauer und die Fischergemeinden fließen.

Abgesehen von dieser Auswahl ethischer Reiseorganisationen gibt es eine Vielzahl an Möglichkeiten, die Welt zu entdecken und trotzdem seinen Teil zum Wohlergehen unseres Planeten beizutragen. Viele Airlines haben mittlerweile Programme zur Reduzierung der Treibhausgase entwickelt, um die Umwelt zu schützen. *Intrepid Journeys* hat sich beispielsweise zum Ziel gesetzt, ab 2009 nur noch CO_2-neutrale Reisen anzubieten. Und auch Sie können Ihren Teil beitragen: Essen Sie in Restaurants um die Ecke, kaufen Sie auf lokalen Märkten ein, steigen Sie in von Familien betriebenen Hotels ab, und achten Sie darauf, nicht zu viel Gepäck mitzunehmen. Wenn jeder Flugreisende nur mit leichtem Handgepäck reisen würde, wäre das Fluggewicht und somit die erforderliche Kerosinmenge erheblich geringer.

Frauen auf Reisen, ob nun allein oder in der Gruppe, sind allerlei Gefahren ausgesetzt. Das Risiko, vergewaltigt, überfallen oder ermordet zu werden, ist stets präsent, und wenn Sie glauben, ich übertreibe, schlagen Sie doch mal die Zeitung auf. Als junge Frau dachte ich stets, ich sei unbesiegbar, und ging enorme Risiken für mein Leben und meine Gesundheit ein, wenn ich unterwegs war. Ich trampte allein nach Partys nach Hause und quer durchs Land, um Urlaub zu machen. Ich bin zwar viele Male belästigt, zum Glück jedoch nie vergewaltigt worden. Es grenzt an ein Wunder, dass ich erst eines schönen Sommertags in ernste Schwierigkeiten geriet, als ich von Washington State nach Vancouver trampte. Meine Freunde, die etwas älter waren als ich und sich Sorgen machten, flehten mich an, den Bus zu nehmen, und meinten später, ich hätte wie ein Lamm auf dem Weg zur Schlachtbank ausgesehen. Ich trug nichts als ein leichtes Sommerkleid, Sandalen und eine kleine Reisetasche. Keinerlei Schutz. Dass ich diese Reise lebend überstand, war reines Glück, und danach fuhr ich nie wieder per Anhalter. Ich stieg bei einem jungen Mann ein. Das gesamte Heck seines Transporters war von oben bis unten mit Teppich ausgelegt und bestand aus nichts als einem Bett. In seinem Handschuhfach lag eine Waffe – der Kerl war bei der Armee –, und er zwang mich, mir während der Fahrt ein Buch mit deformierten, verstümmelten Menschen anzusehen. Die Türen hatten sich automatisch beim Einsteigen verriegelt. Mir gefror das Blut in den Adern, und ich machte mir keine Illusionen, dass mein Schicksal besiegelt war – es gab kein Entrinnen. Wir fuhren eine halbe Ewigkeit, Meile um Meile, und er machte keinen Hehl aus seiner Vorfreude darauf, was später passieren würde. Ich bettelte ihn an, mich laufen zu lassen. Vergeblich. Schließlich wurde das Benzin knapp, so dass er an einer Tankstelle anhalten musste. Er zwang mich, im abgeschlossenen Wagen zu warten, während er bezahlte, vergaß jedoch die Automatikverriegelung, als er wieder einstieg. Gerade als er auf den Highway einbog, riss ich die Tür auf, ließ mich aus dem fahrenden Wagen fallen, rappelte mich auf und rannte los. Als er schließlich wenden konnte, befand ich mich längst in der Obhut des Tankstellenbesitzers.

Sicherheitsvorkehrungen

Lassen Sie sich von dieser Liste nicht abschrecken. Normalerweise empfinden Frauen das Reisen eher als befreiend und nicht als gefährlich.

1. Reisen Sie nach Möglichkeit in Begleitung eines Mannes oder einer Einheimischen, dann sind Sie wesentlich sicherer. Allein eine Straße in Marrakesch entlangzuspazieren lädt geradezu zu Belästigungen ein, sowohl sexueller Natur als auch durch auf ein gutes Geschäft hoffende Händler. In Begleitung eines Mannes oder einer Marokkanerin hört das sofort auf.
2. Manche Hotels, Autovermietungen, Airlines und Reiseveranstalter haben spezielle Frauenangebote im Programm. Heutzutage gibt es in vielen Hotels

ausgewiesene Frauen-Zimmer mit besonderen Sicherheitsvorkehrungen, oder es besteht die Möglichkeit, einen Leibwächter für morgendliche Joggingrunden oder Ausflüge in die Stadt zu buchen. Nutzen Sie diese Dienstleistungen.

3. Gehen Sie nie ohne Handy los, und lassen Sie sich die Nummer der Polizei in Ihrem jeweiligen Reiseland geben.
4. Achten Sie auf angemessene Kleidung. Tragen Sie in muslimischen Ländern keine zu enge und freizügige Kleidung. Sie mögen hübsch darin aussehen, doch sexuell provokante Kleider laden geradezu zu Belästigungen ein.
5. Achten Sie auf Ihre Umgebung. Gehen Sie bei Dunkelheit nicht allein nach Hause. Achten Sie darauf, dass Ihnen niemand folgt, wenn Sie Ihre Hotelanlage oder Ihren Apartmentkomplex betreten.
6. Sollte jemand Sie angreifen, bewahren Sie Ruhe. Ich bin schon auf Wanderwegen, auf der Straße, in Lobbys, Parks und meinem eigenen Haus angegriffen worden, konnte die Situation aber immer durch Reden und Verhandeln entschärfen. Fürchten Sie sich nicht, im Notfall andere aus dem Nachtschlaf zu reißen, indem Sie lauthals um Hilfe schreien.
7. Lassen Sie sich nicht von Ihrer eigenen Angst regieren, sondern bewahren Sie sich lediglich ein angemessenes Maß an Vorsicht.

2002 hatte ich den Auftrag, einen Beitrag über Abenteuerreisen in Bolivien zu drehen. Eigentlich bin ich kein Typ für Abenteuerreisen, aber wie schlimm konnte es schon sein? Nicht einmal in meinen wildesten Träumen käme so etwas wie eine Trekkingtour für mich in Frage, aber ist Ihnen klar, wie schwer es sein kann, in einem Rover zu sitzen und die Augen offen zu halten? Man hatte uns gewarnt, dass uns die Höhenkrankheit heimsuchen würde, kaum dass wir in La Paz, dem höchstgelegensten Flughafen der Welt, aus der Maschine gestiegen waren. »Oh«, meinten Besucher, die schon einmal dort gewesen waren, »die Palette reicht von Kopfschmerzen bis hin zum Tod. Falls ihr tatsächlich sterbt, dann fängt es damit an, dass ihr an einem Lungenödem erkrankt, euch übergebt und Blut spuckt.« Als wir aus dem Flugzeug stiegen und die Landebahn überquerten, beäugten wir uns argwöhnisch, wer als Erstes umkippte und zu schreien anfing, doch nichts geschah. Wir gingen hinaus, um ein Steak und Pommes frites zu essen, und da passierte es. Schlagartig fühlte ich mich schwindlig, atemlos und taumelig in der dünnen Luft. Meine Haut prickelte am ganzen Körper, meine Fingerspitzen schienen regelrecht zu britzeln, als hätte ich in eine Steckdose gefasst, und ich bekam rasende Kopfschmerzen.

In Bolivien war es viel, viel kälter, als ich es jemals für möglich gehalten hätte, also schleppte ich mich (die Höhenkrankheit und eine schwere Bronchitis zwangen mich, wie in Zeitlupe zu gehen) zu einem Kleidermarkt, wo ich eine bunte Alpaca-Strickmütze und Handschuhe kaufte, nachdem ich mindestens achtunddreißig verschiedene Modelle anprobiert hatte. Passt mein Haar unter die hier? Harmoniert diese Farbe mit meinem Teint? Könnte man mich damit für eine Bolivianerin halten? Haben Sie auch etwas in Pink? Der schönste Teil des Markts befand sich im Obergeschoss, wo es offene Restaurants gab, in denen Familien mit sichtlicher Freude dicke Suppen, gegrilltes Alpaca und Hühnchen und in Brühe schwimmende Innereien verspeisten, was Bolivianer lieben. Noch jemand eine Portion gekochte Speiseröhre?

Wir trafen die anderen Reiseteilnehmer, einige schienen recht unerschrocken zu sein, wohingegen andere aussahen, als würden sie gleich im Stehen einschlafen. Unser Viersterne-Hotel in Sucre war ein absoluter Traum und erfüllte sämtliche Kriterien eines Zuhauses fernab der Heimat: ein Ballsaal, maurische Gärten und Balkone mit kunstvoll gearbeiteten Geländern im spanischen Stil. Ich ließ mich von einem trügerischen Gefühl der Sicherheit einlullen; wenn man das unter Abenteuerreisen verstand, weshalb tun die Leute dann so, als wäre das hier so eine gewaltige Herausforderung? Unsere Reiseführerin Lidia war ein Schatz und schien Sucre in bester Tradition zu repräsentieren. Sie war hübsch, redegewandt, auf reizende Weise schüchtern, sexy und sehr sprachbegabt. Und der Stolz auf ihre Heimatstadt drang ihr aus sämtlichen Poren. Allerdings verbarg sich hinter ihrer heiter-fröhlichen Fassade eine weitaus weniger glamouröse Realität: lange Arbeitszeiten mit sehr wenig Freizeit und die Notwendigkeit, sich mit Vater und Bruder eine winzige Wohnung teilen zu müssen. Alle drei gingen arbeiten, nur erledigte sie auch noch den gesamten Haushalt und das Kochen.

Wie in den meisten unterprivilegierten Gesellschaften sind auch in Bolivien die Frauen gezwungen, schwerer zu arbeiten als die Männer.

Eine alte Frau in einem kleinen Dorf fand Gefallen an uns und lud uns ein, sie auf dem Berg zu besuchen und Tee bei ihr zu trinken. Sie war ein wunderbares, drahtiges Geschöpf mit viel Sinn für Humor. Auf dem Hof hinter ihrem Haus lag ein Ziegenkalb mit aufgeschlitzter Kehle, seine Mutter hatte keine Milch gehabt. Nana und ihr Mann stellten im Frühling Käse aus Ziegenmilch her. Ihre düstere, mittelalterlich ausgestattete Küche war von Rauch geschwärzt. Sie kauerte sich auf einen niedrigen Hocker und schob Äste und getrocknete Maiskolben in den Ofen. Dann bereitete sie einen Kokablätter-Tee und eine Suppe aus Kartoffeln und Mais zu, die köstlicher schmeckte als alles, was ich je in einem Restaurant serviert bekommen habe. Zum Mittagessen gab es riesige blasse Maiskerne, Quinoa, köstliche Kartoffeln, Reis (mit kohlehydratreicher Kost versucht man in Bolivien, bei Kräften zu bleiben) und ein Hamburger-Steak! Die Bolivianer aßen mit den Fingern, und die Kinder schnippten sich gegenseitig spielerisch die Kartoffelschalen auf die Teller. Bolivianer, die in den Bergen leben, sind stämmig und kräftig, weil sie schon immer so gelebt haben. Sie sind sehr würdevoll, geduldig und sehen genauso aus wie die alten Inkas, von denen sie abstammen. Sie sind sehr liebenswerte Menschen, die den Sinn von Abenteuerreisen nicht nachvollziehen können. Begriffe wie Freizeit und Reisen haben in ihrem Weltbild keinen Platz. Für sie sind das Überleben, die Familie und die Religion die Säulen ihres Daseins. Die Bäuerinnen tragen keine Unterhosen und hocken sich einfach auf den Boden, wenn sie pinkeln müssen, was dank ihrer weiten, bunten Röcke keinerlei Problem darstellt. Was die Kleinkinder tun, konnte ich nicht herausfinden, weil ich nicht dicht genug an sie herankam. Sie starrten mein leuchtend rotes Haar wie gebannt an – weniger bewundernd, sondern eher mit verblüfftem Staunen.

Potosi empfand ich als sehr harte, freudlose und unattraktive Stadt, trotz der Überreste prächtiger Kirchen und seiner kolonialen Architektur. Seine unehrenhafte Geschichte – riesige Silberminen, mit Blut besudelt und von unvorstellbarer Grausamkeit kündend – scheint die Seele dieser Stadt verdorben zu haben. Während der ganzen zehn Reisetage habe ich bestenfalls drei Stunden Schlaf bekommen, insofern ist jedes Bild von mir, wie ich schlafe, eine Verzerrung der Realität. Schlimm genug, dass man mich überredete, ohne Make-up zu drehen, aber keiner erwähnte die chronische Höhenkrankheit und die Tatsache, dass ich kein Stäubchen des Nationalprodukts, Kokain, bekommen würde, um wach zu bleiben, und nichts als zweihundertfünfzig verschiedene Sorten Kartoffeln auf den Tisch kämen. Nein, das ist nicht fair – ich habe auch eine ziemlich leckere Mahlzeit aus Quinoa-Suppe, Lamasteak und Chips zu mir genommen. À propos Kartoffeln: irgendwann stießen wir auf einen sehr schönen Markt, wo ich jede Menge der Knollen gekauft habe, darunter auch getrocknete, die wie Kichererbsen aussehen. Auf diesem Markt gab es massenhaft Obst und Gemüse und Tierkadaver, teilweise noch mit Fell, die an Haken baumelten. Frauen trugen die in bunte Decken gehüllten, noch blutigen Kadaver auf dem Rücken durch die Menge. Häufig waren sie sehr schüchtern und bedeckten ihre Gesichter, wenn wir versuchten, sie zu filmen.

Unser Hotel war eine einfache Bleibe ohne Heizung, was höchst unangenehm war, weil es immer kälter wurde und wir praktisch unsere rechte Hand hergeben mussten, damit uns das Personal Flaschen mit heißem Wasser zur Verfügung stellte. Und da wir keine Schlafsäcke mitgenommen hatten, mussten wir sie dafür bezahlen, uns zusätzliches Bettzeug zu besorgen, um wenigstens halbwegs warm zu werden. Ich schlief kaum, sondern lag stocksteif und vollständig bekleidet im Bett und fragte mich, weshalb ich mir das antat. Wie konnte man nur glauben, Entbehrungen und harte Lebensbedingungen seien eine Bereicherung? Wo war meine Mami? Wieso gab es keinen Gott?

Die Menschen in Potosi stehen den ganzen Tag unter dem Einfluss ihres selbstgebrannten Fusels und Kokablättern, was die einzige Möglichkeit darstellt, halbwegs bei Sinnen zu bleiben und die Härte des Lebens in dieser Gegend zu überstehen. Viele Männer leiden unter dem sogenannten Fassthorax, einem unnatürlich gewölbten Brustkasten, und quälendem Husten. Die von Natur aus sanftmütigen Bolivianer verhalten sich Fremden gegenüber zurückhaltend, aber gleichmütig, sie zeigen sich weder sonderlich interessiert noch desinteressiert. Beispielsweise würde man nie jemandem auf die Pelle rücken und ihn zu überreden versuchen, etwas zu kaufen. Die Menschen sind sehr religiös, wobei sich der Katholizismus mit einer eigenen Form des Inka-Paganismus mischt. Ihr Daseinszweck besteht darin, zu arbeiten und Waren herzustellen, in einer einstigen Minenstadt gibt es wenig Hoffnung auf Alternativen. Die Minen mit ihren blutbesudelten Eingängen sind niedrig und klaustrophobisch, dunkel und geheimnisvoll. Die Behandlung der Minenarbeiter machte mich traurig und entsetzte mich. Ich überwand mich, Speichel mit einer Gruppe berauschter Männer auszutauschen, die eine »mit Kräutern gefüllte« Zigarette herumgehen ließen, auch wenn sich dadurch ihr Leid nicht schmälerte, sondern ich mich lediglich ein bisschen besser fühlte. Und ich probierte einen Schluck von ihrem Fusel.

Seltsamerweise empfand ich es als gar nicht so unangenehm, Kokablätter und die Pottasche zu kauen, die dazugehört, um die Alkaloide aus den Blättern herauszulösen, während der Rest der Gruppe es fürchterlich fand. Ich hätte alles getan, nur um die Symptome der Höhenkrankheit loszuwerden, die noch schlimmer geworden war, als wir mit Potosi die höchste Stadt der ganzen verdammten Welt betreten hatten. Ich war so außer Atem, dass ich es kaum ins Restaurant schaffte, wo wir eine Runde Conga tanzten, der mich beinahe umbrachte. Zu unseren Produktionsmeetings tranken wir Wein und den lokalen Fusel, kauten Kokablätter und aßen Schokolade.

Die Nacht verbrachten wir in einem Hotel namens Laguna Verde – ein fieses Drecksloch in einem üblen Slum. Keinerlei Komfort, verdreckte Toiletten und kein einziger Boiler oder Kamin im ganzen Haus, obwohl draußen Minusgrade herrschten. Ein Glück, dass wir uns mittlerweile daran gewöhnt hatten, in unseren Kleidern zu schlafen, denn ich war sicher, dass die Laken nicht sauber waren. Die Köchinnen waren reizende junge Frauen mit tiefschwarzem Haar, das ihnen bis zu den Hüften reichte, und fröhlichen bunten Strohhüten. Das Essen in dem eiskalten Speisesaal war einfach, aber schlicht und ergreifend ungenießbar. Der Vorteil an abenteuerlichen Reisen und miesen Bedingungen ist, dass alle im selben Boot sitzen. Also betranken wir uns jeden Abend gegen die Kälte und vertrieben uns mit Geschichten die Zeit, über die wir uns halb totlachten. Inzwischen weiß ich, dass ich notfalls auch der Fremdenlegion beitreten könnte. Es wäre ein Kinderspiel. Ich könnte problemlos drei Tage ohne Nahrung und Wasser unter einer geschlossenen Schneedecke verharren und auf den Feind warten.

Morgens sah ich unseren Fahrer mit Eiskristallen im Haar auf dem Hof herumgehen und nahm an, dass er auch so geschlafen hatte. Ich fühlte mich mies, als ich nach einer Nacht mit sechs anderen im Raum aufwachte. Die Schweizer verloren allen Ernstes ihren Sinn für Humor. Ich vermute, sie waren die Einzigen, die sich in dieser Situation normal verhielten, während wir, die ständig lachten, uns abends im Bett irgendwelche Witze erzählten und die Tapferen mimten, in Wahrheit diejenigen waren, die sich danebenbenahmen. Fünf Tage waren vergangen, seit ich mich das letzte Mal etwas gewaschen hatte. Von meiner Kleidung ganz zu schweigen. Zu meiner Verwunderung fühlte es sich gar nicht so übel an. Zum Glück war es ja ziemlich kalt. Schließlich besuchten wir heiße Quellen und hatten Mühe, nicht laut zu schreien, als wir unsere eiskalten Füße in das Becken mit dem warmen Wasser tauchten. Die Landschaft um uns herum war atemberaubend: eisige Blau- und Rosatöne und die wildeste Vegetation, die man sich vorstellen kann.

Zurück in Uyuni, duschte ich das erste Mal seit fast

einer Woche. Ich kam mir vor wie Lady Macbeth, ich konnte nicht aufhören, mich zu waschen und zu schrubben. Danach fühlte ich mich blitzblank und geradezu euphorisch. Doch die Qual war noch nicht vorbei. Wir brachten eine grauenhafte zwölfstündige Rückfahrt im Bus über Nacht hinter uns, die die reinste Hölle war und jede Aussicht auf Schlaf zunichtemachte. Keine Heizung. Eiseskälte. Überfüllte Sitze. Die Bolivianer saßen in stoischer Ruhe auf dem Boden – fun fun fun. Wir hatten tagelang mit den Menschen gelebt, bei Abenteuerreisen gibt es keine Möglichkeit, elegant über die Oberfläche hinwegzusegeln, kein durch die Prada-Sonnenbrille geschönter Anblick der harten Wirklichkeit einer Kultur. Was das angeht, war die Reise ein unvergessliches Erlebnis, weil sie so intensiv war und uns keine andere Wahl ließ, als die Strapazen durchzustehen. Wenn ich maulte, lächelten die Leute nur und meinten, so würden alle hier leben, und alle seien glücklich damit. Schon ihre Vorfahren hätten in den Bergen gelebt, deshalb sei dies hier ihr Zuhause.

Bei unserer Rückkehr nach La Paz halluzinierten wir förmlich vor Schlafmangel. Hätte ich nicht gewusst, dass dies der letzte Tag unserer Reise war, hätte ich wahrscheinlich die Nerven verloren und wäre irgendjemandem an die Gurgel gegangen. Der Hexenmarkt war genau mein Ding – wer will schon keinen Lamafötus haben, wenn er einen kriegen konnte? Ich glaube fest an diese kleinen Talismane, weil man nie weiß, wann sich ein bisschen Magie als nützlich erweist. Wir brauchen alle ein Quäntchen Magie. Auf diese Weise bewältigen die Bolivianer jeden Tag ihr hartes Leben: etwas Gift, gute Ratschläge und die Bereitschaft, sich um andere zu kümmern. Als ich die bolivianische Landestracht anzog, spürte ich die weichen und behutsamen Hände der Frau, die mir half, und lauschte ihrer glockenhellen Stimme. Wir genossen unser Abschiedsessen in einem angesagten Lokal, wo es zur Abwechslung tatsächlich etwas Leckeres gab. Alles war vergeben und vergessen. Unter Tränen und dem Versprechen, in Verbindung zu bleiben, nahmen wir Abschied voneinander. Wir waren aufrichtig traurig, diese reizenden Bolivianer zurücklassen zu müssen. Ich hatte das Gefühl, lediglich die Oberfläche dieses Landes gestreift zu haben und die Reise ein zweites Mal machen zu müssen – diesmal in einem Luxuswohnwagen mit zweihundert Paar Spitzenhöschen für die Damen und einer gut ausgestatteten Bordküche.

Was lernen wir daraus

- ♥ Unabhängig vom Reiseziel und der Reisedauer – Sie brauchen nur einen einzigen Koffer.
- ♥ Versuchen Sie, ethisch korrekt zu reisen, verzichten Sie auf Luxushotels, und erleben Sie die Menschen, wie sie wirklich sind.
- ♥ Reisen Sie ohne Angst, aber nicht leichtsinnig.
- ♥ Lippenstift ist bei jeder Gelegenheit ein Muss, auch in der Wüste oder im Dschungel.

KAPITEL 6

Gesundheit, Hormone und die Schönheit: Der Feind hat einen Namen – Natur

Laut Epidemiologen hat eine Frau, die ohne eine Krebs- oder Herzerkrankung das fünfzigste Lebensjahr erreicht, gute Chancen, 92 Jahre alt zu werden. Experten legen uns nahe, uns regelmäßig zu bewegen. Bin ich die Einzige, die keine Lust darauf hat? Shoppen reicht nicht aus? Sex auch nicht? Im Chor singen? Bügeln? Wir wissen, dass zu viel Sport ebenfalls gesundheitsschädlich ist. Er raubt zu viel Zeit von wichtigen Aktivitäten wie Essen, Kochen, Trinken und Flirten und führt zu Magersucht und Tod oder, was noch viel schlimmer ist, er ermutigt zu Konkurrenzverhalten mit hirnlosen Maschinen und fördert unschöne Eigenschaften wie Selbstgerechtigkeit zu Tage. Und wer will schon zwei Stunden seiner kostbaren Zeit darauf verschwenden, ins Fitnessstudio zu fahren, sich umzuziehen, Gewichte zu stemmen, dabei bewiesen zu bekommen, dass so ziemlich jeder besser in Form ist, zu duschen, sich wieder anzuziehen und zurückzufahren? Und wer braucht schon diese Schwitzerei – sind Hitzewallungen etwa nicht genug? Und am Ende soll man auch noch dafür bezahlen? Sport nach Plan ist wie Religion nach Plan: absolut freudlos und mit der ständigen Gefahr verbunden, Gewissensbisse heraufzubeschwören, es sei denn, man ist von Natur aus eine Sportskanone und hat seinen Spaß daran. Der Begriff »Ohne Fleiß kein Preis« muss aus dem Handbuch eines katholischen Priesters stammen. Nur Leiden schenkt dem armen Sünder Erlösung, sprich, man wird gezielt aufgefordert, gegen die Mechanismen des eigenen Körpers zu arbeiten.

Der Trick beim Sport ist, ihn zufällig, also ohne gezielte Absicht zu betreiben, also nicht den Aufzug nehmen, sondern Treppen steigen; mit dem Fahrrad zur Arbeit fahren oder zu Fuß gehen; das Auto stehen lassen, wenn sich das Restaurant in der Nähe befindet; wenn Sie am Strand leben, setzen Sie sich nicht einfach in den Sand, sondern ziehen Sie die Schuhe aus und gehen ein Stück am Ufer entlang. Wenn Sie im Wasser sind, lassen Sie sich nicht wie ein Wal treiben, sondern bewegen Sie aktiv die Beine; unternehmen Sie Morgen- oder Abendspaziergänge. Was mich abschreckt, ist diese grauenhafte Sportkleidung: Nur Triathleten sehen in diesem Lycra-Zeug gut aus. Ziehen Sie also etwas an, worin Sie sich wohlfühlen, bequeme, aber schicke Schuhe, und eine dunkle Sonnenbrille, damit keiner erkennt, was für eine durchgeknallte Wahnsinnige sich dahinter verbirgt, und drehen Sie entschlossenen Schrittes in Marni-Hosen Ihre Runden.

Das wahre Geheimnis ewiger Schönheit, Jugend und Gesundheit ist denkbar einfach: Ernährung. Obst und Gemüse, Obst und Gemüse, Obst und Gemüse. Das Risiko einer Herz- und Krebserkrankung, allen voran Darm- und Brustkrebs, kann durch eine gesunde Ernährung mit viel Obst und Gemüse um sage und schreibe 40 Prozent gesenkt werden. Diese minimale Veränderung Ihres Lebensstils bringt enorm viel. Auch ein oder zwei Gläser Rotwein am Tag (Weißwein eignet sich besser für das Entfernen von Flecken und zur Desinfektion) empfiehlt sich; essen Sie mindestens zwei kleine Ecken dunkle Schokolade pro Tag, trinken Sie so viel Kaffee, wie Sie wollen, haben Sie Sex, wenn Ihnen der Sinn danach steht, und essen Sie viel Fisch, das ist gut fürs Gehirn.

Frauenzeitschriften propagieren auf jeder zweiten Seite, dass ewige Jugend in greifbarer Nähe ist, nur dass das Ganze nicht als ewige Jugend bezeichnet wird, sondern als Hautpflege und mit pseudowissenschaftlichen Namen wie zellularaktiver Jugendkomplex daherkommt, was nichts anderes als ewige Jugend bedeutet. Wenn eine Frau für 170 $ einen winzigen La Prairie-Tiegel ersteht, kauft sie sich keine Creme, sondern eine gewaltige Portion Hoffnung, heißt es immer so schön. Kollagen, Elastin, Botafirm und Liposomen sind die »big player«, aber rein zufällig weiß ich, dass die Kapseln von Elizabeth Arden keine Falten verhindern, denn – wer hätte es gedacht – ich habe einen Spiegel zu Hause. Die Werbung manipuliert uns alle auf ganz raffinierte Weise. Man ertappt sich beim Kauf teurer Gesichtscremes, nur weil man wie ferngesteuert über die Schwelle eines Kaufhauses tritt und das Erdgeschoss durchquert. Ich persönlich schaffe es nicht mal vom Eingang bis zum Lift, ohne dass mir durch den Kopf geht, was ist, wenn Ralph Nader mit all seinen Verbraucherschutzkampagnen danebenliegt und Estée Lauder doch recht hat? Monate danach, nachdem ich den Gegenwert des Bruttoinlandprodukts eines afrikanischen Zwergstaats für einen Tiegel ewiger Jugend und ein Fläschchen Parfüm hingeblättert habe, laufe ich herum und frage mich, wieso meine Freunde beim Anblick meines geradezu dramatisch verjüngten Teints nicht rückwärts vom Stuhl fallen.

Früher waren es lediglich Cremes, heutzutage sind es invasive chirurgische Eingriffe, bei denen mit Nadeln gepiekst (»Die Nadel ist ganz, ganz dünn, Peta.« Wieso fühlt sie sich dann wie ein Brotmesser an?), mit Elektroschocks behandelt, verbrannt, geschnippelt, aufgefüllt und gestopft wird. Ganze Brocken weiblichen Fleisches werden auf diese Weise weggeworfen. Heutzutage lässt man nicht nur »etwas machen«, wenn die Fassade zu zerfallen droht und sich die Knie in Richtung Fußboden verabschieden, nein, man erwägt den Einsatz »präventiver« kosmetischer Eingriffe. Hollywood-Schauspielerinnen bekommen keine Angebote mehr, weil ihre Gesichter so mit Botox vollgepumpt sind, dass sie keine Emotionen mehr zeigen können. Meiner Erfahrung nach läuft bis zum 45. Lebensjahr alles prima, doch dann kommt der Schock. Man steht vor dem Spiegel und fragt sich, wie das passieren konnte. Ich bin doch erst 27 …

Wir leben in einer beängstigend jugendorientierten Gesellschaft. Dabei war ich eine völlige Idiotin, als ich noch jung und halbwegs hübsch war. Wer hat uns eingeredet, dass wir uns alle in diesen Zustand zurücksehnen müssen? Teilweise liegt es daran, dass sich unsere Lebenserwartung erhöht hat und ein Teenager von heute davon ausgehen kann, mindestens 83 zu werden. Mit 20 wünscht sich ein Mädchen zum allerletzten Mal, älter und erwachsener zu sein. Danach beginnt die Sehnsucht nach der Jugend: 30 ist wie 20, 50 wie 40. Und das beschränkt sich nicht nur auf den Körper: Wir sollen uns auch benehmen und so wirken, als wären wir jünger. Die Leute sollen sagen: Ist das nicht toll: Sie ist immer noch so aktiv, erlebt Abenteuer, hat Affären mit jüngeren Männern. Im Kapitel über Sex werde ich noch näher auf dieses Jüngerer Mann/ältere Frau-Phänomen eingehen, aber nur so viel dazu: Meiner Erfahrung nach sind es die jüngeren Männer, die den ersten Schritt auf eine ältere Frau zugehen, nicht umgekehrt.

Hormone

Ich leide unter hormonell bedingten Gemütsschwankungen und bin bewaffnet. Wie Germaine Greer bemerkte, ist man nur einmal jung, kann aber für immer unreif bleiben. Hören Sie mir genau zu, denn was ich Ihnen gleich über Hormone erzähle, ist sehr wichtig. Ihre Mädchenhormone, Östrogen und Gestagen und sogar Testosteron, fahren ihre Produktion mit zunehmendem Alter geradezu dramatisch herunter. Sie bekommen keine Monatsblutung mehr. Das Durchschnittsalter für diesen Einschnitt liegt zwischen 45 und 55; eine Lebensphase, in der Sie ohnehin allmählich anfangen sollten, etwas kürzerzutreten. Aber was ist, wenn Sie eine moderne Frau sind und nicht nur mit beiden Beinen im Arbeitsleben stehen, sondern gerade eine neue Karriere starten (in meinem Fall sogar zwei), neue Abenteuer erleben und Ihrem Körper mehr abverlangen statt weniger? Reisen, ständig wechselnde Betten (bei weitem nicht so aufregend, wie es klingt), sich Text für die Kamera merken, Neues lernen, wie Schreiben und stundenlang ganz allein in einem Zimmer sitzen bleiben, versuchen, auch weiterhin gut auszusehen, versuchen zu verstehen, weshalb man auf einmal weniger isst und trinkt als mit dreißig, aber trotzdem mehr wiegt. Hinzu kommen Schlafstörungen, nächtliche Schweißausbrüche, Stimmungsschwankungen, trockene Haut, Scheidentrockenheit, Reizbarkeit, Weinerlichkeit, Depressionen, mangelnde Konzentration und der Verlust des Aussehens, das uns Mutter Natur freundlicherweise geschenkt hat.

Im Jahr 2000 hatten Millionen von Frauen den Segen der Hormonersatztherapie entdeckt. Man stellte fest, dass man sich, wenn man wollte, wieder wie ein Mensch fühlen konnte – man brauchte nur die schwindenden Hormone künstlich zu ersetzen. Also taten wir es und waren maßlos erleichtert, endlich nicht mehr zwischen durchgeschwitzten Laken liegen zu müssen, eine prallere Haut zu haben, unserer Umwelt wieder nett und freundlich zu begegnen und, das war das Allerbeste daran, auch noch vor dem gefürchteten Dreigestirn geschützt zu sein: Herzinfarkt, Brustkrebs und Osteoporose. Dann kam die Katastrophe. Im Jahr 2002 zeigte eine Studie der American Women's Health Initiative, dass mit Hormonersatztherapie behandelte Frauen nicht nur nicht gegen Herzinfarkt und Brustkrebs geschützt, sondern sogar einem noch höheren Risiko ausgesetzt waren. Diese Studie war jedoch mangelhaft, und die Informationen entsprachen nicht der Wahrheit. Zum Glück konnte ich mir Rat bei einer befreundeten Ärztin holen, die mich beruhigte, dass die Recherchen fehlerhaft durchgeführt worden waren und es keine Notwendigkeit gab zu leiden, wenn ich es nicht wollte. Rein zufällig arbeite ich in einer Branche, dem Fernsehen, in der das Aussehen bis zu einem gewissen Grad wichtig ist, doch selbst wenn es nicht so wäre, hätte mich die Eitelkeit und die Wut, wie unfair diese Lebensphase ist, dazu getrieben, den Kampf gegen das Altern aufzunehmen.

Natürlich zu sein, auf die Natur zu vertrauen und sie ihren Lauf nehmen zu lassen, bringt in diesem Fall nichts. DIE NATUR IST DEIN FEIND! Sie will dich so schnell es geht wieder loswerden, sobald deine erste jugendliche Blüte vorüber ist. Sie setzt alles daran, deine weiblichen Knochen spröde und brüchig werden zu lassen, treibt dich in den Wahnsinn, indem sie dir lebenswichtige Hormone entzieht, macht, dass deine Hut aussieht wie ein Dörrapfel und hindert dich daran, nachts eine anständige Mütze voll Schlaf zu bekommen. Kaum braucht man uns nicht mehr, um für den Erhalt der Spezies zu sorgen und für unseren Partner attraktiv zu sein, nimmt sie dir dein gutes Aussehen, die Kraft und die Bedeutung im täglichen Leben weg. Die Natur schert sich einen feuchten Dreck um uns, also müssen wir es selbst tun. Der einzige Grund, weshalb wir 90 werden können, ist der medizinische Fortschritt. Der einzige Grund, weshalb wir gut sehen können, ist die Brille, und der einzige Grund, weshalb wir nicht hungern müssen, ist, weil der Staat sich um uns kümmert. Das Alter ist ein Zustand, der ziemlich lange andauert, deshalb sollten wir zusehen, dass wir so lange wie möglich fit und gesund sind. Wir wissen, dass die Natur am Ende sowieso gewinnt, aber wenn schon, sollte unser Abschied mit Würde vonstattengehen.

Meine Freundin und angesehene Psychologin Dr. Gail Ratcliff hat mir erzählt, sie habe viele Patientinnen mittleren Alters, die über Depressionen klagten. Diese Frauen hatten vorher noch nie unter depressiven Verstimmungen gelitten; nichts in ihrem Leben hatte sich verändert oder schien negativ genug zu sein, um diese Niedergeschlagenheit heraufzubeschwören. Ihr dämmerte, dass sie keine Medikamente brauchten, sondern Hormonersatz. Kaum hatte sie sie an den Frauenarzt zur Hormonersatztherapie überwiesen, hob sich ihre Stimmung, so dass keinerlei Notwendigkeit mehr bestand, ihnen Prozac oder ähnliche Stimmungsaufheller zu verschreiben. Wenn man nichts spürt und die Menopause keine Probleme macht – toll! Freuen Sie sich, und tun Sie gar nichts. Leben Sie einfach glücklich weiter. Aber wenn Sie das Gefühl haben, dass die Natur Ihnen einen Streich spielt, dass Sie auf dem absteigenden Ast, nicht mehr sexy sind, nicht schlafen können und sich dabei ertappen, dass Sie dem Taxifahrer am liebsten die Gurgel umdrehen würden, könnte es durchaus sein, dass Ihre Mädelshormone Sie im Stich lassen. Das ist ein Problem, das sich ganz leicht beheben lässt. Schlucken Sie die Tablette, massieren Sie die Creme ein, essen Sie Tofu, vertrauen Sie auf ganzheitliche Medizin, auf Homöopathie oder auf Kräuterheilkunde oder heulen Sie den Mond an, völlig egal – tun Sie, was Ihnen guttut. Sie brauchen sich nicht mies zu fühlen oder so auszusehen. Die Natur wird sich nicht um Sie kümmern. Wenn Sie keinen Sex mehr mit jemandem haben können, haben Sie ihn einfach mit sich selbst. Es hält Sie jung und macht glücklich. Tun Sie's ruhig. Niemand zwingt uns zu dem Leben, das unsere Mütter geführt haben. Selbst mit 50, 60, 70 oder gar 80 wollen wir noch aktiv am Leben teilnehmen und keineswegs auf dem Abstellgleis sein.

Beinahe die Hälfte aller Frauen in der Menopause berichtet, dass ihr Liebesleben darunter leidet: die sexuelle Begierde, die Häufigkeit und das Lustempfinden. Durchaus möglich, dass sie ganz einfach ihren ollen Ehemann leid sind, viel wahrscheinlicher ist es jedoch, dass Scheidentrockenheit und durch Östrogenmangel ausgelöste Atrophie (Verschmälerung oder Schrumpfung) der Grund dafür sind. Was den Sex zu einer schmerzhaften Angelegenheit macht. Das Tolle daran ist, dass nichts davon sein muss – 75 Prozent der untersuchten Frauen wussten nicht, dass es Behandlungsmöglichkeiten gegen Scheidentrockenheit gibt. Meine Ärztin sagt, Ovestin-Salbe sei das Beste. Die Salbe ist zwar verschreibungspflichtig, aber es gibt auch solche, für die man kein Rezept braucht. Die Scheidenwände werden dünner und empfindlicher, können jedoch damit aufgebaut werden, so dass der Sex wieder schmerzfrei und damit angenehm wird.

Ich habe mich der Wissenschaft zur Verfügung gestellt und mir Testosteron spritzen lassen. In Wahrheit habe ich es getan, um mich besser konzentrieren zu können und mehr Kraft zu haben. Die Wirkung war enorm, auch wenn ich keine Sekunde lang konzentrierter war oder das Gefühl hatte, mehr Kraft zu haben. Doch selbst die geringe injizierte Menge genügte, dass ich mich wie ein Mann fühlte. Ich dachte pausenlos an Sex – morgens, mittags und abends –, starrte sehnsuchtsvoll Busfahrer, Strommasten und kleine Schuljungs an. Mir wäre alles recht gewesen. Selbst ein Esel. Es war unglaublich irritierend und lenkte mich ununterbrochen ab. Ich hatte Mühe, mich zu konzentrieren und konnte es kaum erwarten, zu meinem Zustand als unter normalem Östrogeneinfluss stehendes Mädchen zurückzukehren.

PMS-und-Menopause-Checkliste

1. Wenn Sie das dringende Bedürfnis überkommt, Schuhe kaufen zu gehen, werfen Sie einen Blick auf Ihre Checkliste, bevor Sie losziehen:
   – Ist es eine Woche vor Einsetzen meiner Regel?
   – Wie alt bin ich?
   – Leide ich unter Hitzewallungen?
   – Sehen Sie in den Schrank, und zählen Sie die Schuhpaare.
2. Wenn Sie superentspannt sind, obwohl jemand Sie beleidigt, indem er fragt, ob Sie Ihren Führerschein im Lotto gewonnen haben, sehen Sie lieber nach, ob die drei Tabletten, die Sie heute eingenommen haben, nicht Ihr Schilddrüsenmedikament, sondern das Prozac war.
3. Wenn Sie der Ansicht sind, dass einer der nachstehenden Looks super aussieht, sollten Sie Ihren Hormonstatus überprüfen lassen: Leoparden- oder sonstiger Tierprint; Brillengestelle in Schockfarben; ein kahl rasierter Schädel (Sinhead O'Connor ist die einzige Ausnahme im Universum); weiße Stiefel; entblößte Brüste (vor allem alte entblößte Brüste) in einem türkisfarbenen Top; ein Sonnenhut mit Pompons.
4. Eine Schere ist zum Nähen da. Falls Sie sie in einer akuten Hormonkrise am liebsten schnappen und sich die Haare abschneiden würden, ziehen Sie Ihre Sicherheitsliste zu Rate, auf der auch die Nummer Ihres Friseurs stehen sollte.
5. Verstecken Sie sämtliche Schokoladenvorräte, denn Sie dürfen auf keinen Fall welche im Haus haben.

Sie würden die gesamte Schachtel auf einmal verputzen.

6. Wenn Sie den Verdacht haben, sich irgendwie zickig oder paranoid zu benehmen, oder wenn Sie Gebissabdrücke auf Schalterbeamten auf dem Postamt hinterlassen, sollten Sie dringend eine Freundin um ein offenes Gespräch bitten. Ihr Lebenspartner ist für so etwas nicht geeignet, weil er garantiert sowieso nur sagt: Ja, du bist eine unzurechnungsfähige Wahnsinnige.
   Anmerkung: Gerade wenn Sie paranoid sind, heißt das noch lange nicht, dass die Leute Sie nicht schamlos auf der Straße anstarren oder Ihnen nachlaufen. Wenn Sie auch nur ansatzweise anders sind als alle anderen, starren sie Sie mit offenem Mund an.
7. Vergessen Sie nicht, dass Ausbeinmesser nur für Steaks gedacht sind. Wenn Sie sich dabei ertappen, dass Sie sehnsüchtig zuerst das Messer betrachten und dann hektisch die Hauptschlagader Ihres Gegenübers anstarren, treten Sie einen Schritt zurück (von beiden) und atmen Sie aus. Einatmen kann jeder, der wahre Trick ist das Ausatmen.

Kurvenwunder

Schmale Taille, breite Hüften = viel Hirn: Dafür gibt es tatsächlich Beweise. Bislang ging man davon aus, dass Männer sich am meisten zu kurvigen Frauen wie Nigella Lawson und Scarlett Johansson hingezogen fühlen, doch neuerdings werden sie zum Glauben erzogen, Bügelbretter wie Paris Hilton und Keira Knightley seien weiblich. Allerdings leben kurvige Frauen länger, und man nimmt heutzutage an, dass sie klüger sind und mehr intelligente Kinder zur Welt bringen können. Das liegt daran, dass sie einen höheren Anteil an Omega-3-Fettsäuren an Hüften und Oberschenkeln eingelagert haben, die wichtig für die Entwicklung des embryonalen Gehirns während der Schwangerschaft sind. Das Wichtigste ist eine schmale Taille. Taillenfett hat keinen Einfluss auf die Gehirnentwicklung, sondern ist verantwortlich für Diabetes und erhöht Ihr Herzinfarktrisiko. Diese Annahme gilt auch nicht für Mütter im Teenageralter, deren Kinder bei kognitiven Tests meist schlechter abschneiden, weil die jungen Mädchen noch nicht zu ihrer vollen Weiblichkeit herangereift sind. Es ist hochinteressant, wissenschaftlich bestätigt zu sehen, dass Frauen mit Sanduhrfigur nicht nur sexy, sondern auch schlau und gegenüber ihren knabenhaften Geschlechtsgenossinnen biologisch im Vorteil sind. Niemand kann so recht nachvollziehen, weshalb Männer darauf programmiert sind, eine schmale Taille und breite Hüften attraktiv zu finden, doch eine Theorie besagt, dass eine ausgeprägte Taille bedeutet, dass eine Frau immer noch fruchtbar ist und ein langes Leben vor sich hat. Ich kann mir allerdings nicht vorstellen, dass Männer so weit denken, wenn sie an der Bar sitzen und eine Frau vor sich sehen.

Wenn Sie glauben, die Tatsache, dass Sie reich, arm, weiß, schwarz, jüdischen oder katholischen Glaubens sind oder nur ein Bein haben, hindere Sie daran, glücklich zu sein, probieren Sie es mal mit Schönheit. Es gibt wohl nichts Deprimierenderes, als schön zu sein. Man kann so ziemlich alles an sich verändern – die innere Einstellung, den Job, die Klamotten, die Freunde, ein hässliches Gesicht… Die Schönheit kann man dem Schöpfer jedoch nicht zurückgeben. Schönheit mag auf den ersten Blick ein wahres Geschenk sein, kann sich aber auch zur Verpflichtung entwickeln und lädt andere ein, über einen zu urteilen. Das moderne weibliche Schönheitsideal beeinflusst den Job, die Kultur, die Religion, die Sexualität, das gestörte Essverhalten und die kosmetische Chirurgie. Sehen Sie sich doch nur die Tragik des Daseins eines Models an. Das einsame Leben, ständig nur auf dem Laufsteg auf- und abzugehen, gibt diesen Frauen das Gefühl, Kleiderständer zu sein, die jeder Autonomie und jeden Glücks beraubt wurden. Laut Studien leiden Models trotz ihres Status als Ikonen der Schönheit und des Glamours häufiger unter psychischen Problemen und sind unzufriedener mit ihrem Leben als Frauen in anderen Berufssparten. Weshalb ist es so deprimierend, hübsch zu sein? Weil man von den Medien und der Öffentlichkeit zum Objekt gemacht, knallhart beurteilt und somit beinahe zum Eigentum der Allgemeinheit wird. Viele Models haben das Gefühl, die Kontrolle über ihr eigenes Leben verloren zu haben, so dass ihr Körper der einzige Aspekt ihres Lebens ist, über den sie noch Macht haben, was dazu führt, dass sie ein geradezu obsessives Verhältnis zu ihm entwickeln und überängstlich mit ihm umgehen. Ihr Leben besteht aus strengster Diät, exzessivem Sport und manchmal sogar zwanghaftem Übergeben.

Bewerben sich zwei gleichermaßen geeignete Kandidaten um einen Job und überzeugen beide im Vorstellungsgespräch, stehen die Chancen gut, dass der Kandidat mit dem besseren Aussehen am Ende die Stelle bekommt. Dies ergab eine reichlich ernüchternde Studie. Nein? Stimmt nicht? Aber wenn Äußerlichkeiten unwichtig sind, wieso brezeln wir uns dann auf, wenn wir zu einem Vorstellungsgespräch gehen? Schöne Menschen haben im Allgemeinen mehr Erfolg im Beruf als unattraktive – selbst in Branchen, in denen Schönheit eigentlich keine Rolle spielt. Aber machen wir einen Fehler, wenn wir gut aussehende Menschen bevorzugen?

Laut dem Gottvater der wissenschaftlichen Studien zum Thema Schönheit, Dr. Randy Thornhill von der Universität von New Mexico, ist es für einen Embryo ausgesprochen schwierig, perfekte Symmetrie zu entwickeln. Der Embryo, dem das gelingt, besitzt offenbar hervorragende Gene (und eine anständige Portion Glück), was der Grund ist, weshalb Gesundheit und Schönheit so eng miteinander verknüpft sind. Andere Anzeichen von Schönheit wie Haare und Haut zeigen den Gesundheitszustand einer Frau und lassen offenbar auch Rückschlüsse auf ihre Intelligenz zu. Auch im Hinblick auf die allgemeine Intelligenz stehen Menschen mit symmetrischen Zügen gut da. Gesichter erzählen Geschichten. Im Zuge von Experimenten legte man schönen Menschen Intelligenztests vor und zeigte danach ihre Fotos anderen Leuten, die die Resultate mehr oder weniger korrekt errieten. Vielleicht machen wir also doch keinen Fehler, wenn wir die attraktiven Menschen favorisieren.

Die Intelligenz von Kindern oder Menschen mittleren Alters anhand ihrer Gesichtszüge einzuschätzen, ist einfacher als bei Teenagern oder Senioren. Man sollte annehmen, es sei wichtig für die Partnerwahl, dass Teenager die Züge eines anderen Menschen lesen können, aber auch das ist ziemlich heikel, denn die Evolution und die Hormone machen Überstunden, um eventuelle Fehler zu kaschieren. Menschen wie Brad Pitt und Angelina Jolie sind reich und erfolgreich, was in hohem Maß auf ihre Schönheit zurückzuführen ist. Es mag also tatsächlich eine gute Idee sein, den Kandidaten bei der Jobentscheidung zu bevorzugen, der besser aussieht, weil er dem Unternehmen vielleicht mehr Umsatz verschafft. Gut aussehende Kandidatinnen für ein politisches Amt sind häufig erfolgreicher als ihre weniger attraktiven Kolleginnen. Es existiert tatsächlich eine Rückkopplungsschleife zwischen Biologie und gesellschaftlichem Umfeld, das es jenen gibt, die schön sind, und von jenen nimmt, die es nicht sind.

Schönheit ist eine Äußerlichkeit, die man nicht vorspielen kann. Sie steht für Gesundheit, für Köpfchen und für gute Gene. Es ist damit durchaus sinnvoll, sich schöne Freunde zu suchen, weil sie etwas im Kopf haben und hilfsbereit sind, und sich für einen gut aussehenden Partner zu entscheiden, weil dies die Chancen auf gesunde, widerstandsfähige Kinder erhöht. Selbst ansatzweise Attraktivität ist ein echter Pluspunkt. All das kann sogar so weit gehen, dass besonders schöne Menschen ihr Leben quasi auf dem Silbertablett serviert bekommen, und trotzdem sind sie manchmal nicht glücklich.

Schlaflose Mütter. In England haben sie sogar eine eigene Bezeichnung: TATT – *tired all the time*. Damit sind Mütter gemeint, die sich bereits beim Aufwachen erschöpft fühlen, lange Pendelstrecken zur Arbeit bewältigen müssen und niemals anständig schlafen. Sie brennen die Kerze von beiden Seiten ab und können einfach nicht loslassen – eine Nation von Schlafwandlerinnen. Untrügliche Anzeichen von stressbedingter Schlaflosigkeit sind Schweißausbrüche, mehrmalige Gänge zur Toilette während der Nacht, ungezügeltes Essen und hoher Blutdruck. Das Üble am selbst herbeigeführten Schlafmangel ist nicht nur die Tatsache, dass Sie müde sind, akut oder chronisch übellaunig und geradezu erschreckend humorlos, sondern die langfristigen damit einhergehenden Schädigungen: Übergewicht, Diabetes, Krebs, Schlaganfall, Herzerkrankungen, Bluthochdruck und Depressionen. Heutzutage schlafen wir weniger als die Generation unserer Eltern, und das gilt auch für unsere Kinder. Ein Drittel der Bevölkerung leidet unter Schlafmangel, jeder Vierte sogar unter chronischer Schlaflosigkeit. Kein Wunder, dass wir arme Tiere quälen.

Meist sind Reizüberflutung oder die mangelnde Fähigkeit abzuschalten die Gründe für Schlaflosigkeit. Die Reizüberflutung beginnt bereits damit, dass wir vom lauten Schrillen eines Weckers aus dem Schlaf gerissen werden, und setzt sich den ganzen Tag fort, indem wir ununterbrochen Handys, Computern, Telefonen ausgesetzt sind – das ständige Gefühl, zu viele Bälle in der Luft jonglieren zu müssen. Mittlerweile ist bekannt, dass Menschen, die lange im Büro sitzen und endlose Überstunden schieben, nicht produktiver sind als jene, die ihr Arbeitspensum effizient erledigen und dann Feierabend machen. Es gibt alle möglichen Methoden, um nachts gut zu schlafen: ein heißes Bad, jeden Tag um dieselbe Zeit ins Bett gehen und wieder aufstehen (als wäre so etwas praktikabel), kein Alkohol am Abend (als würde das einer durchhalten) und ein abgedunkeltes, ruhiges Schlafzimmer. Doch der eigentliche Schlüssel liegt darin zu lernen, mittels Meditation und Entspannungsübungen abends die Gehirnaktivitäten herunterzufahren.

Der so genannte Powernap ist ebenfalls ein guter Trick. Keine Frau bekommt nachts ausreichend Schlaf: Männer schnarchen die ganze Nacht, Hitzewallungen, heulende Babys, Stress, Sorgen, ein fremdes Bett auf Reisen oder die Angst, die Haustür könnte sperrangelweit offen stehen. Der Ratschlag, jede Nacht acht Stunden zu schlafen, ist für die meisten Frauen der blanke Hohn. Wenn Sie sich etwas Gutes tun, gesund und schön bleiben wollen, machen Sie es wie die Bewohner der Mittelmeerländer und halten Sie Siesta. Die biologische Uhr ist so strukturiert, dass der Körper am frühen Nachmittag nach einem kleinen Nickerchen verlangt. Das ist gut fürs Herz, den Blutdruck und das allgemeine Wohlbefinden. Und so geht's: sich nur hinzulegen und ein wenig auszuruhen genügt nicht. Sie müssen richtig schlafen, wenn auch nur kurz. Alles, was über eine halbe Stunde Schlaf hinausgeht, macht nur schlapp und noch müder, weil der Schlaf zu tief ist und man sich aus dem Zustand tiefer Bewusstlosigkeit erst wieder an die Oberfläche kämpfen muss. Im Halbschlaf verlangsamen sich die Hirnwellen drastisch.

Genau in diesem kurzen Zeitfenster kurz vor dem Einschlafen, nicht während des Nickerchens selbst, fällt der Blutdruck ab. Natürlich ist jede Form von Schlaf gut für Sie, deshalb spielt es letztlich keine Rolle, ob Sie richtig einschlafen und für mehrere Stunden ins Land der Träume abtauchen, aber wenn es nur eine Siesta sein soll, muss die Pause kurz sein, damit man sich sofort nach dem Aufwachen frisch und ausgeruht fühlt. Kleine Kinder und Erwachsene mit Schlafmangel fallen normalerweise nachmittags sehr schnell in Tiefschlaf. Der Leistungsabfall nach dem Mittagessen hat durchaus seinen Grund, also ziehen Sie die Stilettos aus, legen Sie sich hin, und machen Sie die Augen zu.

PHYLLIDA

Phyllida Cotton Baxter ist meine Hausärztin. Sie hat mich an diverse Peiniger wie Röntgenärzte, Ultraschalltechniker, Gynäkologen und Hautspezialisten überwiesen, die allesamt lächelnd auf das Überweisungsformular blickten und irgendetwas Nettes, Schmeichelhaftes über sie sagten. Phyllida ist groß, schlank, auf diese irische Weise gut aussehend, hat strahlend blaue Augen, ist glücklich verheiratet und Mutter von drei Kindern. Während ich gerade bei einem Drink in meiner Lieblingskneipe saß, sah ich sie vorbeijoggen und beschloss, ihr ein paar Fragen zu stellen.

»Müssen wir wirklich Sport treiben?«

»Ja, müssen wir, und ich kann Ihnen auch sagen, wieso. Der menschliche Körper ist auf ein Dasein als Jäger und Sammler ausgerichtet und somit an regelmäßige Bewegung gewöhnt.

Wir sind dafür geschaffen, nicht allzu viel zu essen und während des Tages hart zu arbeiten. Wir leben wesentlich länger, als wir nach der Biologie sollten, deshalb müssen wir körperlich aktiv bleiben, wenn wir auf angenehme Weise altern wollen. Der Motor ist darauf ausgelegt, reibungslos zu laufen, und wenn du dich ums Fahrwerk kümmerst, kann das nur gut sein.«

»Was, wenn man Sport aber hasst und der Ansicht ist, dass der Körper dafür geschaffen ist, vor dem Fernseher zu sitzen?«

»Dann finden Sie irgendetwas, was Ihnen Spaß macht. Überlegen Sie sich irgendetwas, woran Sie Freude haben, tun Sie sich mit Freundinnen zusammen und »reservieren« Sie Zeit dafür. Sie sollten auch Alltagsgelegenheiten nutzen, indem Sie beispielsweise zu Fuß zur Arbeit gehen, statt das Auto zu nehmen. Es gibt viele Möglichkeiten für Sport und Freizeitaktivitäten. Es ist eine Investition in die Zukunft und wesentlicher Bestandteil für den Erhalt von Gesundheit und Schönheit.«

»Wie bewahren Sie sich Ihre Gesundheit und Ihr gutes Aussehen?«

»Ich rauche nicht. Rauchen erhöht das Risiko von einer ganzen Reihe an Krankheiten enorm, außerdem lässt es die Haut altern, was sich natürlich negativ auf das äußere Erscheinungsbild auswirkt. Ich esse und trinke mäßig, versuche aber, möglichst viel Lebensfreude zu haben. Stellen Sie sich nicht neben Teenager. Nutzen Sie die Kraft der Sonne sinnvoll – ich rate jedem, sich zehn Minuten am Tag leicht bekleidet in die Sonne zu stellen. Die offizielle Empfehlung lautet derzeit zwanzig Minuten mit nackten Armen und Beinen, um ein gesundes Maß an Vitamin D zu erhalten. Gestalten Sie Ihr Leben so einfach wie möglich, und machen Sie sich Gedanken darüber, was wichtig für Sie ist. Horchen Sie in sich hinein, und finden

Sie heraus, was Sie schön an sich finden, aber nicht äußerlich. Und bemühen Sie sich jeden Tag darum, Ihr Bestes zu geben – das ist das A und O. Man sollte versuchen gut für sein Alter auszusehen, und es ist nie zu spät, schlechte Angewohnheiten loszuwerden.«

»Es ärgert mich, wenn ich Frauen sehe, die gegen all diese Regeln verstoßen, sich gehen lassen, trinken, sich mit unnützem Zeug vollstopfen und trotzdem gut aussehen.«

»Zeigen Sie mir eine davon, die über 40 ist. Irgendwann rächt sich das.«

»Wie denken Sie über Schönheitschirurgie?«

»Ich habe nichts dagegen einzuwenden, solange es sich in Grenzen hält. Und wenn man das Gefühl hat, dass man es wirklich will. Man kann sich durchaus überlegen, dass in Afrika Kinder hungern müssen, während wir viel Geld für unser Äußeres ausgeben, oder Sie tun es trotzdem und helfen anderen auf eine andere Weise. Alles ist in Ordnung. Sie müssen nur darüber nachdenken, weshalb Sie etwas an sich verändern oder jünger aussehen wollen. Es muss in einem gesunden Verhältnis zu den gesellschaftlichen Erwartungen stehen. Wollen Sie sich vielleicht unters Messer legen, um damit mehr Aufmerksamkeit zu bekommen? Ich meine, was ist so verkehrt daran, älter zu werden? Aus irgendeinem Grund betrachten wir das Altern als Schwäche und wollen es verbergen. Ich vermute allerdings, dass es irgendwann einmal eine Abkehr von der Schönheitschirurgie geben wird und wir einen guten Mittelweg finden.«

»Was ist mit Hormonen für die diversen schwierigen Phasen im Leben wie die Menstruation, Fruchtbarkeit und die Menopause?«

»Das muss jede Frau nach reiflicher Überlegung für sich entscheiden, aber grundsätzlich, ja, unter Anleitung eines Fachmanns, kann es eine Alternative sein. Wir leben im 21. Jahrhundert und können froh sein, dass wir auf die Hormonersatztherapie zurückgreifen können, wenn wir wollen.«

»Schlagen sich die Frauen von heute mit anderen Problemen herum als zu der Zeit, als Sie zu praktizieren angefangen haben?«

»Ja, es gibt mehr durch Sex übertragbare Krankheiten, mehr Fruchtbarkeitsprobleme, was meist damit zusammenhängt, dass Frauen ihre Kinder später bekommen als früher. Der Vorteil ist, dass die Frauen offener sind und positiver mit ihrer körperlichen Gesundheit umgehen. Sie reden über ihre Probleme, statt sie mit sich herumzuschleppen. Und Ärzte sind heute auch zugänglicher dafür.«

»Welchen Rat würden Sie Frauen geben, sexy, gesund und glücklich zu sein?«

»Frauen haben heutzutage so viele Möglichkeiten, deshalb sollten sie genau überlegen, welcher Lebensstil der richtige für sie ist. Holen Sie sich Rat und Hilfe, und leben Sie ein Leben voller Möglichkeiten und Abwechslung. Lassen Sie sich stimulieren, und sorgen Sie dafür, dass Sie wach und aktiv bleiben. Ihr Gewicht und Ihr Blutdruck müssen mit dem Alter nicht unbedingt steigen. Ich greife auch gern auf alternative Heilmethoden zurück, wenn sie sich als wirksam und sicher erwiesen haben. Der Weg in die Zukunft führt über Arzneimittel. Darüber sollten Frauen sich im Klaren sein, wenn sie ihre Wahl treffen.«

Als Allererstes sollten Sie sämtliche unwichtigen Zahlen über Bord werfen: Alter, Gewicht und Größe. Sollen sich die Ärzte den Kopf darüber zerbrechen – schließlich bezahlen wir sie dafür. Wenn Sie ein gewisses Alter erreicht haben, lautet die korrekte Antwort auf die Frage danach: »Das Alter ist nur für die Käseherstellung von Bedeutung.« Heutzutage existiert ein für die Kosmetikindustrie zunehmend wichtiger Markt von Frauen jenseits der 50, die sich nicht wie 50-Jährige geben, nicht so aussehen und sich noch nicht einmal so fühlen, als hätten sie ihren Zenit überschritten. Diese Frauen haben mehr Geld als ihre Töchter und möchten in Würde oder auch würdelos altern, indem sie jeden Trick anwenden, den man sich nur vorstellen kann. Sie haben Geld, sind lebensklug und bereit, es so richtig krachen zu lassen. Sie haben Selbstvertrauen und wünschen sich Vorbilder, mit denen sie sich ohne jeden Neid identifizieren können. Denken Sie doch nur an all die Anzeigen von wunderschönen älteren Frauen mit Linien, Kurven und Falten am Hals. Wer hätte gedacht, dass so etwas jemals zum Thema werden würde? Bis zu meinem fünfundvierzigsten Lebensjahr habe ich meinen Hals noch nicht einmal angesehen, und plötzlich hat er eine beinahe so große Bedeutung wie der Weltfrieden. Das Interessante ist, dass diese Frauen keineswegs wie dreißig aussehen wollen, sondern schlicht und ergreifend wie attraktive Fünfzigjährige.

Meine Mutter, die eine Schönheit war (noch etwas, was ich ihr erst noch verzeihen muss), ließ eine Schönheitsberaterin von Elizabeth Arden zu uns nach Hause kommen, als ich zwölf war, damit sie mir zeigte, wie ich am besten mit meiner Haut umging. Seither hat meine Haut keinen einzigen cremelosen Tag erlebt. Ob es nun einen Unterschied macht oder nicht, darüber kann man streiten, vor allem in Anbetracht all der Sonneneinstrahlung, der ich mich ausgesetzt habe; aber nur Gott allein weiß, welchen Schaden sie ohne all die Cremes und Tinkturen genommen hätte. Gesichtscreme verhindert den Alterungsprozess nicht. Stattdessen legt sie sich wie ein Film über die Haut, so dass sie weniger natürliche Feuchtigkeit verliert, und sie hilft auch, sie vor Umwelteinflüssen, Sonne und Schmutz zu schützen. Die Anwendung von Nachtcreme zwingt einen, sich abends abzuschminken und das Gesicht zu waschen, obwohl man am liebsten sofort ins Bett fallen würde. Wir schrubben und verwöhnen unser Gesicht nicht oft genug mit Masken. Wenn ich in Frankreich bin und nach Marokko reise, besuche ich regelmäßig ein Hamam oder Badehaus – von den einfachsten bis hin zu todschicken Etablissements. Die Wirkung dieser Anwendungen, bei denen die Haut tüchtig geschrubbt wird, ist fantastisch. Keine Creme kommt auch nur ansatzweise an den Zustand der Haut heran, wie sie sich nach diesen »Abreibungen« anfühlt.

Im Hamam benutzen die Nordafrikanerinnen so genannte schwarze Seife, die in Wahrheit dunkelrot ist, und einen rauen Handschuh. Sie füllen mehrere Eimer mit unterschiedlich temperiertem Wasser und gießen es über einen, um die Seife fortzuspülen. Dann reiben sie den ganzen Körper mit dicken Batzen Henna ein, das anschließend mit kräftigen Bewegungen wieder abgespült wird. Die Badedamen sind echte Matronen, üppige Fleischberge, die sich nicht nur unübersehbar in ihrer eigenen Haut wohlfühlen, sondern sich auch mit liebevoller Routine den Körpern ihrer Kundinnen widmen. Ich als Angehörige eines anglischen Kulturkreises empfinde es stets als gewöhnungsbedürftig, von Fremden am ganzen Körper berührt zu werden, und glauben Sie mir, diese Frauen schrecken vor *keiner Körperstelle* zurück. Bei der Behandlung, in deren Verlauf man hin und her gedreht und von allen Seiten bearbeitet wird, lässt man sich behutsam gegen sie sinken, und es ist fast, als wäre man wieder Kind und begebe sich vertrauensvoll in ihre Hände. Die Rubbelhandschuhe – und ich verwende das Wort »Rubbeln« hier wirklich leichtsinnig – arbeiten sich über die Haut, so dass sie sich in winzigen schwarzen Röllchen löst. Dieser Prozess wird in aller Gründlichkeit absolviert, dann folgt eine weitere Behandlung mit Seife und Wasser. Schließlich waschen sie einem kräftig das Haar und spülen die Seife mit Wasser aus dem Eimer heraus. In Nordafrika geht die ganze Familie ins Hamam: Vom Kleinkind bis zur alten Frau sitzen alle seelenruhig da und lassen sich massieren und Wasser über sich auskippen.

Gesichtsmasken lassen sich auch ganz einfach zu Hause anwenden. Das Geheimnis einer gesunden Haut liegt in der Ernährung: viel Gemüse, Obst und viel, viel Wasser. Wenn Sie nicht gern Gemüse essen, verwöhnen Sie sich eben von außen damit. Um die Poren einer normalen Haut zu verkleinern und Falten zu minimieren, geben Sie einen halben Kopf Weißkohl in den Mixer und rühren mit Wasser so lange, bis ein dicker Brei entsteht, den Sie aufs Gesicht auftragen und trocknen lassen. Leider stinkt diese Pampe entsetzlich. Ansonsten kann man auch ein verquirltes Ei auf der Haut verteilen, das natürlich nicht antrocknet. Tragen Sie das Ganze über dem Waschbecken auf, lassen Sie es fünf Minuten einwirken und spülen es dann ab. Zerkleinerte Apfelschalen eignen sich ebenfalls gut für die Hautreinigung. Für ölige Haut geben Sie zerkleinerte Gurke auf die Haut, lassen sie antrocknen und waschen sie anschließend ab. Um trockener Haut Feuchtigkeit zu verleihen, zerdrücken Sie eine reife Banane mit einem Löffel voll Honig, tragen den Brei auf und lassen ihn antrocknen. Abspülen. Gegen Pickel und Mitesser hilft eine Peelingmaske aus Backpulver und Wasser, die mit kreisenden Bewegungen auf die Haut aufgetragen und nach einer Weile abgespült wird. Ob Sie es glauben oder nicht, aber Zitronensaft lässt die Haut nicht nur heller und die Poren kleiner werden, sondern gibt ihr dank des darin enthaltenen Öls auch Feuchtigkeit. Massieren Sie also Zitronensaft in die Haut ein und lassen ihn über Nacht einwirken. Am nächsten Morgen fühlt sich die Haut glatt an und scheint regelrecht von innen heraus zu strahlen. Vorsicht ist allerdings bei empfindlicher Haut geboten, da Zitronensaft sehr viel Säure enthält.

The Golden Door

»Jane, mein Magen ist so leer, dass ich beim Gehen schon das Wasser hin und her schwappen höre.«

»Unsinn. Das ist deine Wasserflasche.«

»Ich brauche dringend einen Gin-Tonic.«

»Peta. Reg dich ab, und erfreue dich lieber an den schönen bunten Blumen.«

Es ist halb sieben Uhr früh. Ich bin noch viel zu müde, um irgendetwas zu erkennen, soll mich aber an wilden Blumen erfreuen. Und hätten Sie gerade einen Marsch durchs Gestrüpp in der Morgendämmerung hinter sich und die Hälfte Ihres eigenen Körpergewichts an Wasser in sich hineingepumpt, würden Sie Ihren Körper auch mit einem mobilen Wassertank verwechseln.

Jane Hunter, Inhaberin von *Hunter's Wines*, und ich, sportlich inaktive Fernsehmoderatorin und Food-Autorin, waren auf die glorreiche Idee gekommen, uns in den Flieger nach Queensland zu setzen und im *The Golden Door Health Retreat* einzuchecken. Aus irgendeinem Grund hatten wir das Wort »Luxus« in die Gleichung mit eingerechnet, eine Fantasie, die sich jedoch nicht als Realität erweisen sollte. Das *Golden Door* ist nichts für Dilettanten und Weicheier, sondern ein ganzheitlich orientiertes Gesundheitszentrum für Hartgesottene. Dort geht man hin, um seine Lebensqualität zu verbessern, so dass am Ende jeder Aspekt des Seins verjüngt und auf Vordermann ist: Körper, Geist und die Seele. Hier liegt man nicht tatenlos herum und lässt sich verwöhnen, obwohl auch das möglich ist, wenn man es will. Niemand zwingt einen, sich an den Aktivitäten zu beteiligen. Man kann sich durchaus den ganzen Tag lang an den Pool legen und sich nur hochhieven, um sich zu einer Massage zu schleppen oder einen frischen Weizengrassaft zu holen.

Bereits bei der Ankunft wird es spannend. Als Erstes fällt einem auf, wenn man sein Chalet betritt, dass weit und breit kein Fernseher, Radio, Kochutensilien, Kekse, Gin und Mixer zu sehen sind. Jane und ich tauschen panische Blicke. Als Nächstes wird man in den Speck gekniffen und vermessen, soll Körperstellen irgendwo auf Zehenhöhe berühren und eine halbe Ewigkeit auf einem Fahrradergometer vor sich hin strampeln, ohne jemals anzukommen, während der Pulsschlag irgendwo hinter den Augenbrauen zu explodieren scheint. Die ganze Prozedur dauert in Wahrheit gerade einmal drei Minuten. Ein grüner Punkt auf dem Namensschild bedeutet, dass man zu Fuß zum Essen gehen kann, viel mehr allerdings nicht; ein blauer Punkt symbolisiert, dass man ziemlich fit ist; ein rosa Punkt qualifiziert einen praktisch als Triathleten. Dann verleibt man sich ein gemeinsames Entgiftungsabendessen aus Gemüse und Obst ein, zumeist roh und von absolut sensationeller Qualität und Auswahl. Kein Fleisch, kein Fett, kein Zucker, nicht mal eine Prise Salz und viel – na, was wohl? Wasser oder Kräutertee.

Wenn man wie Jane und ich und die meisten anderen der fünfzig Gäste ist, die sich für eine Woche ins *Golden Door* begeben haben, gehört man zu den schwer arbeitenden Menschen, die nicht gerade viel Sport treiben, sich mit Giften wie Alkohol, Kaffee, Tee und Zucker vollstopfen und genau wissen, dass sie eigentlich meditieren sollten, es aber trotzdem so gut wie nie schaffen. Die Woche umfasst jede Menge Massagen, Algen-und-Schlamm-Packungen, Gesichtsbehandlungen und Aromatherapie. Außerdem eine ganze Palette an Spielen, Tanz und Musik, einen Ausflug zum Beobachten von Vögeln und Wassertherapie, allesamt darauf ausgerichtet, einen unbemerkt fit zu machen, während man lernt, wieder einmal aus vollem Halse zu lachen. Die Wassertherapie sollte nicht mit den pazifikartigen Mengen an Wasser verwechselt werden, die man täglich zu sich nehmen sollte. Wenn Sie sich selbst einen Gefallen tun wollen, hören Sie nach dem Abendessen mit dieser Trinkerei auf, sonst sind Sie die ganze Nacht damit beschäftigt, zur Toilette zu rennen.

Am zweiten Tag setzen bei den Alkohol-, Nikotin- und Kaffeefreaks Kopfschmerzen und Übelkeit ein, weil der Körper auf Entzug geht. Jane und ich litten allen Ernstes unter Olivenöl-Entzug. Jane rief mehrmals ihre Familie an und erzählte ihnen, was es zu essen gab. Ich hörte, wie sie am anderen Ende entsetzt nach Luft schnappten. Um neun Uhr abends lagen wir in unseren Betten, völlig erledigt, glücklich und mit dem Gefühl, jeden Teil unseres Körpers auf angenehmste Art und Weise zu spüren. Ab dem zweiten Tag waren wir wie verwandelt. Um Punkt halb sechs Uhr früh hörte ich Jane im anderen Zimmer aufstehen, ihren grünen Tee zubereiten und den neuen Tag willkommen heißen. Ich lag wach im Bett, fühlte mich wunderbar und freute mich aufs Tai Chi. Um halb sieben standen wir (fast ausnahmslos) auf der Wiese neben dem riesigen Feigenbaum und wärmten uns mit gegenseitigen Schultermassagen und Bauchklopfen auf. Tai Chi zu lernen war eines der Highlights meines Aufenthalts im *Golden Door*. Die langsamen, kontrollierten Bewegungen sind wunderschön und »den Mond ansehen«, während einem die aufgehende Sonne ins Gesicht scheint und die Vögel rings um einen ihren fröhlichen Gesang anstimmen, ist ein herrliches, geradezu erhebendes Gefühl. Als Nächstes kam die Buschwanderung. Und danach freute man sich auf sein Frühstück aus Haferbrei, Müsli, Obst und Joghurt; all das bereits vor acht Uhr früh, und es fühlte sich grandios an. Die Obstteller waren riesig, eine beeindruckende Auswahl an Papaya, Erdbeeren, Bananen,

Ananas, Passionsfrucht, Wasser- und Honigmelone sowie gelben und grünen Kiwis.

Jane nahm viele Tennisstunden und schwor, noch nie einen besseren Lehrer gehabt zu haben. Die Träger der rosa Punkte legten sich unglaublich ins Zeug, so sehr, dass ich nur die Augen verdrehen konnte. Während Jane sich an den Pool begab, besuchte ich den Visualisierungskurs, konnte jedoch nur eine einzige Sache visualisieren: ein dickes Steak mit Sauce béarnaise. Ich esse nie Steak mit Sauce béarnaise, war aber auf einmal regelrecht besessen davon. Yoga, Meditation, Stretching und die Trommelstunden, bei denen ich die Afrikanerin in mir entdeckte, waren meine besonderen Favoriten. Dekonstruierte Anarchie, so lässt sich das Ganze wohl am besten beschreiben. Wer hätte gedacht, dass so viele Menschen so viele verschiedene Vorstellungen von Rhythmus haben können? Wir tanzten uns in fiebrig-ekstatische Trommelsphären und zogen sogar ernsthaft in Erwägung, uns die Kleider vom Leib zu reißen, ehe uns einfiel, dass wir keine Angehörigen eines afrikanischen Stammes waren und der gesunde Menschenverstand wieder einsetzte. Auch die Vorträge über gesunde Ernährung, Stressmanagement, persönliche Lebenspläne und weibliche Gesundheit gefielen mir sehr gut.

Ab dem dritten Tag wurde die Speiseauswahl ein wenig breiter. Wir bekamen nun auch Bohnen mit Guacamole, Mais, gebratene Rote Bete mit Balsamico-Orangen-Dressing, Sushi, Pasta, Gemüsesuppen, Fisch mit Sauce und ein unglaubliches Mango-Minz-Sorbet mit Beeren-Coulis. Und dann kam der Kochkurs, bei dem Küchenchef David Hunter uns fettarme Rezepte wie Meerbrasse auf asiatischem Nudelsalat, Fettuccine mit in Limonen aromatisierten Champignons und Avocadopesto (ich weiß, was Sie jetzt denken, aber probieren Sie es einmal, es schmeckt fantastisch) und meinen absoluten Favoriten nahebrachte: Meeresforellen-Frühlingsrollen mit süßer Chilisauce. David Hunter hat auch ein Buch mit seinen herrlich angerichteten Rezepten für aromatische, gesunde und einfach nachzukochende Gerichte herausgegeben – zum Beispiel das berühmte Müsli à la *Golden Door*, Früchtebrot, rote Paprikasauce, pochierter Red Snapper mit Koriander, Limonen-Mango-Salsa und eine Auswahl an Fruchteiscremes.

»Los, raus damit, Mädchen. Komm schon, putz dir die Nase. Braves Mädchen.«

Ich heule, meine Nase läuft wie verrückt, während ich die wahrscheinlich schlimmsten Schmerzen meines ganzen Lebens seit 1976 leide, als mir das Herz gebrochen wurde. Ich liege in einem der Massageräume im *Golden Door*, und die Frau, die den Schlüssel für die Linderung meiner Schmerzen in Händen hält, ist eine Maori-Kriegerkönigin. Sie hat sich schlauerweise als Triggerpoint-Physiotherapeutin verkleidet, ist in Wahrheit aber eine Hexe. Man spürt ihre Kraft, sobald sie bloß die Tür aufmacht, und eines kann ich Ihnen versichern, ihre Finger fühlen sich an wie Pistolenläufe, die sich in die Betonmauer drücken, die ich als meine Wirbelsäule bezeichne. Noch nie hatte ich solche Schmerzen. Jane, die gerade eine Gesichtsbehandlung hinter sich hat, sitzt strahlend in ihrer ganzen Pracht im Nebenraum.

Vielleicht fragen Sie sich, weshalb ich jeden Abend völlig erledigt war. Tja, wegen des Nudeltrainings, bei dem der Trainer einen zwingt, sich eine Polystyrol-Nudel zwischen die Beine zu klemmen und unter Wasser zu laufen, gefolgt von einer Stunde Pilates, Wasserpolo und Afrotanz. Die Instruktoren im *Golden Door* legten nicht diese hysterische Hektik an den Tag, wie man sie sonst von Trainern gewohnt ist. Stattdessen gaben sie kompetente Anweisungen, stets mit einem Lächeln und einer leisen Korrektur ins Ohr, wenn man etwas verkehrtmachte. (»Leg dein linkes Bein um *dein* rechtes Ohr, habe ich gesagt, Peta, nicht um das deines Nachbarn.«) Die Leute waren sogar so nett, dass manche Gäste in Tränen ausbrachen, andere wiederum machten ihrem Masseur einen Heiratsantrag, und selbst Zyniker wie Jane und ich hatten keinerlei Grund zur Beanstandung. Die Menschen kommen unglaublich gern hierher, beeindruckende 35 Prozent der Gäste sind Wiederholungstäter. 75 Prozent der Gäste sind Frauen, knapp 25 Prozent Männer, und bei rund einem Prozent weiß ich nicht recht, welchem Geschlecht ich sie zuordnen soll (okay, war nur ein Scherz).

Am Ende klammerte man sich an den Beinen des Trainers fest und bettelte, noch eine Weile bleiben zu dürfen. Davor jedoch wurden wir noch mal in den Speck gekniffen und vermessen. Jane hatte ihre Sache sehr gut gemacht, und auch ich konnte mit großer Freude vermelden, dass ich hier und da ein paar Zentimeter verloren hatte – ein paar um die Taille, allerdings null Komma null an den Knöcheln. Meine Knöchel trieben mir die Tränen in die Augen, doch als es daran ging, mit den Händen die Zehen zu berühren, schaffte ich es problemlos. Ich war zum Naturwunder geworden, die Gelenkigkeit in Person!

»Ich fühle mich fantastisch, Jane. Und du?«

»Sehr gut. Null Rückenschmerzen. Ich hätte nie gedacht, was ich hier alles ausprobiere. Was machen wir wohl als Erstes, wenn wir wieder in die reale Welt zurückkehren?«

»Pinkeln und einen anständigen Gin trinken.«

Sterben und Tod

Von der berühmten Schweizer Psychiaterin Elizabeth Kübler-Ross stammt ein sehr renommiertes Buch über das Sterben und den Tod. Sie war der Überzeugung, dass Schuldgefühle höchstwahrscheinlich der schmerzlichste Begleiter des Todes sind, und gilt als die Erfinderin der fünf Verarbeitungsstufen bei tödlichen Krankheiten im Endstadium – Leugnen, Wut, Verhandeln, Depression und Akzeptanz. Diese fünf Stadien kommen auch bei jenen zum Tragen, die den Tod eines geliebten Menschen verarbeiten müssen. Meiner Erfahrung nach ist die Tatsache, dass man krank ist und Schmerzen leidet, der neuralgische Punkt, nicht das Sterben selbst. Fast jeder, mit dem ich gesprochen habe, der dem Tode nahe war und wieder ins Leben zurückgekehrt ist, wollte es im entscheidenden Moment eigentlich gar nicht. Stattdessen beschrieben die Menschen den Nahtod als herrliches, friedliches, beinahe halluzinatorisches Erlebnis, in dessen Verlauf sie geradezu magisch von einem Licht oder einem lächelnden geliebten Menschen auf der anderen Seite angezogen wurden. Sie waren sogar regelrecht wütend, weil ihre Kinder riefen: »Mami, wir brauchen dich doch hier« oder ein Arzt oder ein Rettungsschwimmer sie wiederbelebte. Als Krankenschwester habe ich viele Menschen sterben sehen und weiß, dass sie am Ende selten bei Bewusstsein sind. Viele von ihnen gleiten einfach hinüber, lassen los. Wissenschaftler behaupten, dieses Gefühl, in einen warmen Tunnel zu fallen, gleißendes Licht zu sehen und dieses euphorische Hochgefühl zu erleben, sei lediglich das Gehirn, das von einer gewaltigen Menge Serotonin und Endorphin überflutet wird. Viele Ärzte glauben, dass es sich hierbei um mit dem Ende des körperlichen Daseins verbundene Halluzinationen und nicht um die Aussicht darauf handelt, was uns nach dem Tod erwartet. Menschen sind so unglaublich intelligent im Vergleich zu vielen anderen Lebewesen, deshalb ist es mir ein Rätsel, weshalb man das Sterben nicht einfacher machen kann.

Die meisten Frauen, die ich zu Lebzeiten bewundert habe, sind »wie die Metzgersfrau« gealtert, wie Simone Signoret es einmal so treffend von sich selbst formuliert hat. Sie kleiden sich schön und haben natürlich gealterte Gesichter, die nie ein Skalpell oder eine Spritze gesehen haben. Diese Frauen strahlen eine unaufgeregte, authentische Wahrnehmung ihres Selbst aus. Sie führen auch im Alter ein ungewöhnliches Leben, ohne ihre Verluste und ihre Verletzlichkeit zu leugnen. Man kann ein klein wenig schummeln, aber das Alter mit aller Vehemenz zu leugnen, ist, als würde man ein Teil seines Selbst leugnen. Sie werden niemals wirklich mit sich selbst im Einklang stehen, mit Ihrem wunderbaren, einzigartigen Ich, wenn Sie sich wegen der normalsten und unvermeidlichsten Tatsache des menschlichen Daseins schämen – dass wir alle älter werden. Ich finde es völlig in Ordnung, hier und da durch kosmetische Chirurgie ein bisschen nachzuhelfen, aber bitte nicht zu viel. Es bereitet mir Sorge, dass unsere Kultur das äußere Erscheinungsbild höher bewertet als den Charakter, besonders bei Frauen. Aber es macht mir auch Sorgen, dass Frauen die Debatte über dieses Thema so grundsätzlich verändert haben, dass sogar feministische Rhetorik dafür herhalten muss, den manischen Versuch zu kaschieren, sich seine jugendliche Schönheit bewahren zu wollen. »Dieser Eingriff steigert mein Selbstwertgefühl« oder »Mein Körper, meine Entscheidung.« Das sind doch alles nur Phrasen, die nichts anderes aussagen, als dass unser »Selbstwertgefühl gesteigert« ist, weil unsere Umwelt uns als jugendlich und damit als begehrenswert empfindet. Auf chirurgischem Weg das Unvermeidliche vermeiden zu wollen, lässt uns vollkommen unvorbereitet auf unseren eigenen Tod sein. Durch den natürlichen Alterungsprozess erkennen wir die Unausweichlichkeit unseres Daseins und bewerten die innere Entwicklung höher als unser äußeres Erscheinungsbild. Ohne diesen Prozess haben wir viel größere Angst als unsere Vorfahren, wenn uns die Einladung zu unserem Schöpfer ins Haus flattert.

Was lernen wir daraus

- ♥ Man ist nur einmal jung, kann aber für immer unreif bleiben.
- ♥ Experten raten uns dringend, mehr Sport zu treiben, und sie haben völlig recht damit.
- ♥ Falten sind nichts als Spuren des Lächelns auf unserem Gesicht. Tun Sie Ihrem Körper Gutes, dann ist er gut zu Ihnen.

KAPITEL 7

Musik und singen: Der Ruf des Herzens

Welchen Sinn hat Musik? Wir brauchen die Musik wie die Fische das Wasser, und unser Verlangen danach scheint keine Grenzen zu kennen. Neurowissenschaftler gehen davon aus, dass wir Musik zwar nicht zum Überleben brauchen, sie aber trotzdem irgendeinen evolutionären Vorteil hat, sonst hätte sie nicht so lange überlebt. Ein Vorteil könnte sein, dass uns Musik und Singen in eine Art euphorischen Taumel versetzt, weil das »Liebeshormon« Oxytocin freigesetzt wird, ein Hormon, das einen wesentlichen Einfluss beim Geburtsprozess hat.

Die Eckpfeiler der Musik sind Tonhöhe, Rhythmus, Tempo, Timbre und Dynamik – laut und leise. Auf dieser Basis entstehen die weiteren Elemente wie Takt, Notenschlüssel, Melodie und Harmonien. Singen ist eine ungewöhnliche und potenziell einseitige Form der Kommunikation, weil der Interpret seinen Song (idealerweise) ohne Unterbrechung vorträgt, was bei einer Unterhaltung ja nicht der Fall ist. Ein Lied zu singen ist wie ein Besuch beim Therapeuten; es ist die einzige Gelegenheit, sich Gehör zu verschaffen, ohne dabei unterbrochen zu werden. Die Songs berühmter Interpreten sind nicht jedermanns

Sache, manche Menschen empfinden sie sogar als unerträglich. Sie können einen höchst unangenehmen emotionalen Zustand heraufbeschwören, deprimieren oder verärgern, oder aber der Zuhörer sträubt sich dagegen, in den jeweiligen Gemütszustand versetzt zu werden.

Ob man einen Song als ansprechend empfindet oder nicht, hängt davon ab, was jeder Zuhörer für sich aus ihm herausholt, und davon, was alle Welt hören kann. Musik versetzt uns in einer Art und Weise spontan in einen Gemütszustand, wie es keine andere Kommunikationsform vermag, und das Erstaunliche ist, dass wir einen Song wieder und wieder anhören können, ohne seiner überdrüssig zu werden. So etwas ist bei einer Unterhaltung unmöglich. Würden wir ständig wiederholen, was wir zu sagen haben, fiele unser Gegenüber vor Langeweile vom Stuhl. Für die Ärzte, die festgestellt haben, dass manche Künstler während eines Auftritts an Gewicht verlieren, ist es bestimmt auch interessant zu erfahren, dass anhand des Blutdrucks und der elektrischen Leitfähigkeit der Haut nachgewiesen werden konnte, dass Musik körperlichen Einfluss auf die Menschen hat und sich ein und derselbe Song unterschiedlich auf die Zuhörer auswirken kann.

Um das Thema Musik ranken sich zahlreiche Geheimnisse. So kommunizieren Dirigenten nicht nur, indem sie die Melodie mitsummen, sondern gestikulieren, grollen, heulen und weinen. Kinder, die unter dem Williams-Syndrom leiden, können wunderschön singen oder mehrere tausend Stücke spielen, sind jedoch nicht in der Lage, sich allein die Schuhe zuzubinden oder zwei und drei zusammenzuzählen. Wieso treffen manche Menschen so perfekt jeden Ton? Manche Menschen können auf Anhieb ein hohes C anstimmen, wenn man sie darum bittet. Es existiert sogar eine bestimmte Form von Synästhesie (eine Art miteinander verbundene Gehirnwellen), bei der ein Mensch Worte auf der Zunge schmecken kann, noch viel faszinierender jedoch ist die Form, bei der Menschen Worte als Musik wahrnehmen. Es ist ein überwältigendes Gefühl für sie, und üblicherweise ziehen sich diese Menschen sehr stark aus der Öffentlichkeit zurück, um ein wenig Frieden vor all den Sinneseindrücken zu haben. Bemerkenswerterweise leidet ausgerechnet ein englischer Musiker unter einer bestimmten Form schwerer Amnesie, dessen Aufmerksamkeitsspanne sich lediglich über ein paar Sekunden erstreckt. Er weiß, dass er darunter leidet, und trägt ein Notizbuch mit sich herum, in das er immer nur denselben Satz einträgt – *ich bin wach*. Trotz dieses unsäglichen Zustands kann er seine Frau lieben und Musik machen. Er kann vom Notenblatt spielen, seine Orgel bedienen und dirigieren – ein Beweis für die Fragilität und Komplexität des menschlichen Gehirns.

Die Beziehung zwischen Sänger, Komponist und Publikum ist sehr komplex, ohne dass es uns bewusst ist. Kommunikation ist eine sehr vielschichtige Angelegenheit, und oft ist nicht der Knackpunkt, was wir sagen, sondern *wie* wir es sagen. Victor Hugo hat den kürzesten Brief der Welt an seinen Verleger geschrieben: »?« Dieses Fragezeichen stand für: Wie läuft mein Buch, verkauft es sich und verkauft es sich auch gut? So viele Gedanken, Gefühle, vielleicht auch Gespräche oder Kritzeleien waren vorausgegangen, ehe er sein Anliegen in nur einem einzigen Satzzeichen zusammenfasste. Sein Verleger verstand die Frage und zögerte nicht mit der Antwort: »!« Das verriet Hugo alles, was er über *Les Misérables* zu wissen brauchte. Man stelle sich nur vor, wie ein Song mit dem Titel ».« klingen würde – nichts als eine Zen-Landschaft an Information, reduziert auf die Schönheit der Stille. Manchmal kann gerade das, was fehlt, besonders berühren. Der Sänger Jaques Brel war ein echter Experte für Pausen und beherrschte es meisterhaft, das letzte auf der Hand liegende Wort einfach wegzulassen oder eine Silbe übertrieben in die Länge zu ziehen. Der wahre Künstler unterscheidet sich von dem, der nur den Mund auf- und zumacht, indem er instinktiv weiß, wie er die Leere zu füllen hat, und spürt, wie lange eine Pause sein muss. Genau darin liegt das Geheimnis seiner Macht.

Das wahre Wunder der Kommunikation des Singens ist die Frage, warum wir eine Menge weglassen, in einer fremden Sprache singen, keine Ahnung von einem bestimmten Thema haben und doch zutiefst berührt sind? Beispielsweise kann man einer Gruppe Franzosen ein irisches Lied vorsingen, in dem ein Mädchen in einen Pub geht und ihren Geliebten dasselbe Gesäusel, das er ihr tags zuvor ins Ohr geflüstert hat, dem Mädchen auf seinem Knie zuraunen hören, und alle im Raum wissen genau, wie sie sich fühlt, obwohl vielleicht keinem von ihnen jemals etwas Derartiges widerfahren ist. Ein guter Sänger kontrolliert seine Zuhörer, indem er nicht nur an sich selbst denkt, sondern daran, was in den Köpfen und Herzen seines Publikums vorgeht. Es reicht nicht, die Menschen zu unterhalten, sondern wie in der Kunst der Liebe gehören immer zwei dazu: derjenige, der gibt, und derjenige, der nimmt. Der eine ist nichts ohne den anderen. Ein Liveauftritt wird erst zum unvergesslichen Erlebnis, wenn das Publikum bereit ist, etwas von sich zu geben. Es muss aufmerksam sein und bereit, sich vom Künstler auf der Bühne verführen zu lassen.

Früh übt sich

Durch eine glückliche Fügung des Schicksals bin ich die Einzige in einer ansonsten völlig unmusikalischen Familie, der Musikalität in die Wiege gelegt wurde. Als Baby habe ich stundenlang in meinem Bettchen vor mich hin gesungen, habe meinen Puppen Lieder vorgetragen, in der Kirche mitgesummt, mich vor Freunden und Verwandten auf dem Klavier und mit dem Kassettenrecorder begleitet und am Pool gesungen und getanzt, wobei ich bei mindestens zwei meiner »Auftritte« ins Wasser fiel. Musik machte mein Herz frei und brachte Harmonie in mein kleines Leben. Sie schenkte mir eine Ekstase, in die ich mich jederzeit aus den Wirren und dem Unglück eines Mädchenlebens flüchten konnte. Mit acht bekam ich Klavierunterricht im Musikzimmer des Holy Cross Convent. Dieser wunderbare Raum war Teil des Konvents, in dem die Nonnen lebten, und gehörte eigentlich nicht zur Schule. Er war auf Hochglanz poliert, ruhig, mit Blumen geschmückt und einem wunderschönen Klavier ausgestattet, und es schien, als wehe stets eine nach frischer Meeresluft duftende Brise durchs Fenster. Wie die meisten Kinder nahm ich an Musik- und Gesangswettbewerben teil, die nervenzerfetzendste Erfindung der Kirche nach dem Fasten. Meine irischen Freunde sangen leidenschaftlich gern und brachten mir all die Schmachtfetzen wie »The Black Velvet Band«, »I'll Take You Home Again Kathleen« oder »If You Ever Go Across The Sea To Ireland« bei. Je trauriger, umso besser. Wenn ich sie alle zu Tränen rührte, war dies der Beweis für meinen Erfolg. Manchmal konnte nicht einmal ich die Tränen zurückhalten. Ich stand auf, wann immer man mich darum bat – ganz das brave Mädchen mit meinem langen schwarzen Haar, das ich mit einem grünen Band zu einem Pferdeschwanz zusammengebunden hatte, und leuchtenden haselnussbraunen Augen. Niemand schien meine potthässlichen Knöchel und meine Sommersprossen zu bemerken. So wurde ich regelrecht süchtig nach öffentlichen Auftritten, und genau auf diesen Vorstadtbühnen wurde der Grundstein für meine spätere Laufbahn als Fernsehmoderatorin gelegt. Man sollte die Talente, die einem von Geburt an mit auf den Weg gegeben werden, niemals unterschätzen; sie sind alles, was man hat.

Später, auf dem St. Mary's College, war die Musikschule ein weiteres Mal der schönste Teil der Anlage: ein separates Gebäude auf dem Campus und eine Oase der Kultiviertheit, der Ordnung und des Glücks. Ich hielt mich mit Begeisterung dort auf, weil es sich anfühlte, als würde man erst dort wirklich zum Menschen werden. Die Nonnen servierten Tee und Kekse, und man lernte berühmte Opernsängerinnen und andere außergewöhnliche Menschen kennen. Jeder in Neuseeland mit einem Fünkchen Talent hat Unterricht bei Schwester Mary Leo genossen, und sie alle kehrten zurück, eingehüllt in eine Wolke aus Chanel No.5: Mina Foley, Kiri Te Kanawa, Malvina Major. Im Gegensatz zum Klassenzimmer lernte man dort tatsächlich etwas und machte Fortschritte. Böse Zungen behaupteten, Schwester Leo sei eine Zuchtmeisterin, wie sie im Buche stand, doch ich konnte den Vorwurf nicht recht nachvollziehen. Ich war inmitten von strengen und unnachgiebigen Frauen groß geworden, so dass mir ihr Verhalten nicht weiter ungewöhnlich vorkam. Vielmehr war Schwester Leo, ebenso wie die wetternden Schwestern in der Grundschule, lediglich eine weitere faszinierende Gestalt meiner Kindheit. Hätte mich je ein Erwachsener nach meiner Meinung gefragt, wäre ich höchstwahrscheinlich geschockt über diese Nachgiebigkeit gewesen. Damals debattierte man nicht mit Erwachsenen, man bekam ein klares Ja oder Nein, dem man sich zu fügen hatte. Diskussionen waren tabu. Die Erwachsenen sagten, wo es langging, und waren von allen gefürchtet. In meiner Kindheit herrschte eine Art wohlwollender Faschismus. Wir waren vielleicht nicht das Glück in Person, doch unglücklich waren wir auch nicht.

Schwester Leo pflegte zu sagen, man könne jedem das Singen beibringen, und ich stellte fest, dass sie genau das auch tat. Sie müssen sich nicht für einen hoffnungslosen Fall halten, nur weil Sie wie ein Kieslaster auf Steroiden klingen, wenn Sie den Mund aufmachen. Sie mögen vielleicht niemals wie ein Vögelchen trällern, können aber trotzdem an den Punkt kommen, an dem Sie ein Lied zum Besten geben und Ihre Begeisterung fürs Singen mit anderen teilen können. Sollten Sie schon immer vom Singen geträumt haben, greifen Sie zum Hörer, und suchen Sie jemanden, der Ihnen Gesangsstunden erteilt. Ich weiß, das klingt schwachsinnig, aber im Chor zu singen ist unglaublich befriedigend und lässt den Körper unglaubliche Mengen Serotonin ausstoßen. Singen ist gut fürs Immunsystem, hilft gegen Depressionen, verbessert die kognitiven Fähigkeiten, hebt die Stimmung und steigert das allgemeine Wohlbefinden. Laut einer Studie der Universität Ontario kann der Alterungsprozess der menschlichen Stimme durch Singen aufgehalten werden, außerdem kann es Menschen helfen, den Umgang mit Schmerzen zu erleichtern, baut Stress ab und vergrößert die Lungenkapazität. Singen und Musik bereiten Ihnen Freude, und sie lassen Sie tanzen, was indirekt zum Sex führt. Sie können gar nicht verlieren.

FIONA

Fiona Ferens ist die großzügigste Sängerin, die ich kenne. Sie singt, wann immer man sie darum bittet, und gibt trotz ihres herrlichen glasklaren Soprans jedem das Gefühl, so gut singen zu können wie sie. Wir haben es alle versucht, das größte Problem jedoch ist, ihre Schönheit und ihre perfekte Figur zu imitieren. Fiona verfügt über ein beachtliches Repertoire an Opernarien, Kirchen- und Konzertliedern. Sie tritt überall im Land auf, ist regelmäßig im Fernsehen und Radio zu sehen und zu hören und unterrichtet auch Gesang. Ich habe sie gefragt, wie sie zum Singen gekommen ist und welches Gefühl es ihr gibt.

»Ich habe keine Ahnung, aber ich muss einfach singen und Musik machen. Das war schon immer so, von Kindesbeinen an. Ich erinnere mich, dass ich schon im Kindergarten allen etwas vorgesungen habe, die zu uns nach Hause zu Besuch kamen. Und ich habe es geliebt, in die Kirche zu gehen, weil dort Musik gespielt und gesungen wurde, was mich für die langweiligen Teile dazwischen entschädigt hat. Ich war wie ein kleiner

Papagei und konnte mir im Handumdrehen die Texte merken. Ein Knopfdruck und schon fing ich an zu singen.

Musik gibt mir ein wunderbares Gefühl. Manche Menschen behaupten, ein Gesangsauftritt – dieses körperliche Hochgefühl zu erleben und dem gewaltigen Ausstoß an Serotonin ausgesetzt zu sein – sei, vor allem in Verbindung mit der Bewunderung des Publikums, besser als jeder Orgasmus. Ich sage dazu lieber gar nichts, weil Sie es sonst in Ihrem Buch drucken! Als klassische Sängerin empfinde ich während und nach dem Auftritt unterschiedlich, je nachdem, welche und wie viele Instrumente mich begleiten, wie schwierig der Gesangspart ist und natürlich auch, wie gut es gelingt, die Musik aus dem eigenen Herzen auf das Publikum zu übertragen. Der Vortrag klassischer Musik erfordert vollen Einsatz auf mentaler und geistiger Ebene und ist immer eine große Herausforderung, aber wenn der Auftritt gut läuft und das Publikum förmlich gefesselt ist, fühlt es sich absolut unglaublich an.«

»Welches Gefühl löst Musik in Ihnen aus?«

»Musik besitzt die Fähigkeit, einen spontan innehalten zu lassen. Es ist, als stünde die Zeit plötzlich still; zum Glück schlägt das Herz weiter, während alles andere in Sphären entführt wird, deren Existenz man bis dato gar nicht ahnte. Das trifft auf sämtliche Arten von Musik zu. Und so fühle ich mich jedes Mal, wenn mich ein Musikstück wirklich ergreift. Ich meine, wieso spielt man viele Songs in den großen Radiosendern rauf und runter? Wieso sind bestimmte Opernarien Dauerbrenner? Sie haben das gewisse Etwas. Musik lässt uns innehalten und zuhören. Vielleicht könnten wir ja die Gehirne von Politikern und Kriegstreibern damit infiltrieren: also quasi Pflichtsymphonien für alle.«

»Sind Singen und Musik wichtig für unser Leben?«

»Singen und Musik sind gleichermaßen wichtig für uns. Sehr sogar. Im Zeitalter der Elektronik sind wir bewusst und unbewusst ständig davon umgeben. Meiner Ansicht nach haben wir mit dem Singen angefangen, weil das Instrument, unsere Stimme, von Anfang an da war. Man musste sie nicht erst aus Holz oder Elfenbein formen und herstellen. Mit der Stimme ließ sich alles ausdrücken, ein Gefühl oder eine Geschichte, die von Generation zu Generation, von Stamm zu Stamm oder von Dorf zu Dorf weitergegeben werden sollte. Musik war für alle da und eine schöne Begleitung für ein offiziellen Essen oder auch, wenn man aus reinem Spaß zusammen war. Daran hat sich bis heute nichts geändert. Musik steht bei allem im Vorder- oder Hintergrund. Durch sie kann etwas eingeläutet oder beendet werden, und ganz besonders nützlich ist sie in der Werbung. In Supermärkten wird eine bestimmte Art von Musik und verschiedene Tempi gespielt, je nach Tages- oder Jahreszeit.

Bei der Geburt meines zweiten Sohnes lag ich so lange in den Wehen, dass ich mir das Musikstück in der Schleife gleich zweimal hintereinander anhören konnte. Am liebsten hätte ich »Macht das aus!«, geschrien, brachte aber nicht die Kraft dafür auf. Es war die Ouvertüre aus der *Zauberflöte*, und da ich zu Beginn meiner Schwangerschaft einmal die Hauptrolle gespielt hatte, überkam mich der Drang, aus dem Bett zu springen, mein Kostüm anzulegen und die Arie zu singen! Singen und Musik kann man mit anderen Menschen teilen. Sie leisten einem Gesellschaft, versüßen das Zusammensein mit Freunden und Familie, können unterdrückte Gefühle heraufbeschwören und von ihnen befreien. Musik kann die Stimmung heben, sie trägt einen durch die Mühen des Alltags und spricht sämtliche Sinne an. Mit anderen Worten – es hat sich nichts geändert, seit der Mensch das erste Mal gesungen und musiziert hat.«

»Welches war Ihre größte gesangliche Entgleisung?«

»Mmm... Das war wohl dieser eine Auftritt, als ich mich nicht richtig eingesungen und nicht mit dem Pianisten und den anderen Sängern geprobt hatte. Ein Lächeln kann eine Menge wettmachen, das kann ich Ihnen sagen! Normalerweise bin ich sehr penibel, was Proben angeht, wie klein die Veranstaltung auch sein mag! Einmal, bei einem meiner regulären Konzerte, merkte ich irgendwann, dass mein neues trägerloses Kleid nach unten gerutscht war, so dass meine Brüste halb entblößt waren. Aber ich zog es nur möglichst beiläufig wieder hoch und sang einfach weiter. Zum Glück trug ich einen BH drunter.«

Opern

Einer Oper zu lauschen, muss man erst lernen. Zum Glück bin ich mit Opernmusik groß geworden, so dass mir die Phase, in der man zwangsläufig der Meinung ist, dass es sich um eine ziemlich unnatürliche Art des Singens handelt, erspart geblieben ist. Niemand wird mit der Fähigkeit geboren, diese kunstvolle Gesangsart zu beherrschen, vielmehr ist es ein langer Lernprozess. Opernmusik verdankt ihre Eigenheit dem Barock des 17. Jahrhunderts, als das Tremolo dem Zeitgeist entsprach und auch die Kunst und die Architektur sich durch üppige Verzierungen und Schnörkel auszeichneten. Italienische Komponisten dieser Ära wollten diesen Stil für ihre Dramen und Theaterstücke, deshalb mussten die Darsteller eher singen als rezitieren. Diese Singspiele entwickelten sich innerhalb kurzer Zeit zu hochkarätigen Abendveranstaltungen mit Sprechgesängen, Arien oder ausgefeilten Melodien, bei denen die

Darsteller ihr Können und ihre stimmliche Bandbreite unter Beweis stellten. Die Arie reflektiert die Emotion des Sprechgesangs; es sind diese dramatischen, herzergreifenden Melodien, auf die wir sehnlichst bei jeder Opernaufführung warten, wie in *La Traviata*, der *Hochzeit des Figaro*, *Don Giovanni*, der *Zauberflöte*, *Madame Butterfly* oder *Carmen*. Bei traurigen Arien breche ich regelmäßig in Tränen aus und hoffe inbrünstig, dass die Heldin sich doch nicht vergiftet, an Tuberkulose stirbt oder erdolcht wird. Am liebsten würde ich auf die Bühne stürzen und sie warnen. Die übermächtige Kombination aus Stimme und dramatischer Handlung ist der Grund, aus dem die Oper bis zum heutigen Tage als Kunstform überlebt hat.

Im 18. Jahrhundert spaltete sich die Oper in zwei Arten auf – die ernste, tragische Oper und die so genannte *opera buffa*, eine leichte, entspannte Form, die die Vorläufer von Operetten wie *Der Mikado* darstellte. Wenn Sie sich für Opern interessieren, sollten Sie nicht mit wuchtigen, schwer eingängigen Komponisten wie Wagner anfangen. Besuchen Sie lieber eine Oper von Mozart oder Verdi, und sehen Sie sich an, wie die Musik und die Geschichte auf der Bühne zu einer Einheit verschmelzen. Wenn Sie sich zu Hause eine Oper anhören wollen, besorgen Sie sich eine Aufnahme von Maria Callas, deren Stimme Sie wie flüssige Lava erfasst. Opern wurden für die Bühne konzipiert, und im 17. Jahrhundert war es an der Tagesordnung, dass das Publikum während der Aufführung plauderte, aß, trank und flirtete. Sie unterbrachen ihre Gespräche lediglich, wenn eine große Arie angestimmt wurde, und riefen lautstark nach Zugaben, wenn ihnen eine Darbietung besonders gefiel. Um Opern etwas abgewinnen zu können, muss man offen, angstfrei und cool an das Ganze herangehen. Vergessen Sie das muffige, verstaubte Image und lernen Sie Opern als eines der letzten großen authentischen, eindrucksvollen Live-Erlebnisse in unserer Welt der Konservenmusik kennen.

Ich liebe das Aufwändige und Dramatische an Opern, die Bühne, die Kostüme, die Tatsache, dass ohne Verstärkung durch Mikrofone gesungen wird und ich mich dem Anlass entsprechend kleiden darf. Für die Oper kann man gar nicht festlich genug angezogen sein. Wieso schlurfen die Leute in Jeans und altem, mottenzerfressenen Pelz hin und lassen sich die wunderbare Erfahrung einer eleganten Robe und schönen Schmucks entgehen? Das Outfit muss kein Vermögen kosten, borgen Sie sich irgendwo eines aus, oder stöbern Sie im Designer-Second-Hand-Shop. Weshalb nicht im Vintage-Kimono bei einer Aufführung von Madame Butterfly erscheinen? Und auch beim Makeup sollte nicht gespart werden, was spricht gegen den Einsatz von falschen Wimpern, Haarteilen und knallrotem Nagellack, um sich einen großen Auftritt zu verschaffen? Und um das Ganze abzurunden, reservieren Sie für danach einen Tisch zum Abendessen oder gehen Sie auf eine Party.

Anmerkung: Singen Sie in der Oper bitte nicht zu laut mit, und tragen Sie die extravaganten Sachen nur bei derartigen Events; der Supermarkt ist weder der geeignete Ort noch Zeitpunkt dafür. Wenn Sie dort so auflaufen, werden Sie nicht exotisch oder exzentrisch wirken, sondern man wird annehmen, Sie seien aus einer Anstalt entflohen.

Sentimentale Songs

Wie die meisten Frauen habe auch ich eine große Schwäche für traurige, sentimentale Songs. Lieder, die von tragischer Liebe, von Heimweh und politischem Verrat erzählen, beschwören stets ein besonders bittersüßes Gefühl herauf, auch wenn ich nicht genau sagen kann, weshalb. Ich bin weder in Armut geboren noch aufgewachsen, trotzdem fühle ich eine ganz besondere Verbundenheit mit dieser Art Song. Sie machen mich keineswegs traurig, sondern rufen eher ein angenehmes Gefühl in mir hervor, weil die Melodien häufig eingängig und besonders herzergreifend sind. In Songs von unbeschreiblicher Schönheit und Verzweiflung wie »Ne me quitte pas« genügt es allein, diese eine Zeile zu hören, und schon kommen Stimmungen, Erinnerungen und Gefühle auf, die sich im Körper und im Bewusstsein verankern. Traurige Songs sollten poetisch sein, einen zum Träumen bringen und sich mit einem sehnsuchtsvollen Ziehen in der Magengegend bemerkbar machen.

Der Vorteil einer halbirischen Abstammung liegt darin, dass man seine Liebe zu traurigen Liedern niemandem erklären muss. Positives Denken und Optimismus sind ein schrecklicher Fluch, unter dem viele Frauen stehen und der sich als natürliches Gegengewicht zu unserem angeborenen Pessimismus entwickelt hat. Dabei liegen die Vorteile des negativen Denkens auf der Hand, und es wäre ungesund, sie zu leugnen: Pessimismus ist ein erlernter Garant dafür, jeglicher Enttäuschung vorzubeugen. Wir lügen, bis sich die Balken biegen, und ein aufrichtiges Lächeln auf Kinderfotos ist eine echte Seltenheit, es entsteht erst im Lauf der Zeit durch Erfahrung und Lebensreife.

Manche Frauen sind bereits morgens beim Aufwachen deprimiert, was an ihrem niedrigen Endorphinspiegel liegt. Endorphine sind natürliche Neurotransmitter im Gehirn, deren Level frühmorgens, nach der Geburt eines Kindes und bei Alzheimer-Patienten besonders niedrig ist. Deshalb verspüren wir beim Aufwachen manchmal eine gewisse Traurigkeit, deshalb leiden Frauen unter postnataler Depression und sind Alzheimer-Patienten häufig übellaunig oder gar zornig. Nach körperlicher Betätigung und Sport, während dem Sex und nach dem Genuss bestimmter Lebensmittel wie Schokolade ist der Endorphinspiegel am höchsten. Damit will ich sagen, dass es uns, indem wir ständig diese American-Dream-Mentalität und diesen erbarmungslosen Zwangsoptimismus an den Tag legen, nicht länger gestattet ist, in durchaus gesunden und unterschätzten Zuständen wie Melancholie, Morbidität oder schlichter Traurigkeit zu schwelgen. Niemand will hören, wenn wir unser Schicksal beklagen, und genau deshalb sind traurige, sentimentale Lieder so wichtig für uns.

Edith Piaf

»Ich bin die Geliebte, meine Lieder müssen traurig sein, ein Schrei des Herzens, das ist mein Leben«, sagte die französische *chanteuse* Edith Piaf einmal. Ihre Lieder künden von alles verzehrender Leidenschaft, sind eindringlichste Schwüre ewiger Treue und Ausdruck abgrundtiefen Selbstmitleids, dass, wenn alles schiefgeht, wenigstens die Liebenden im Himmel schwelgen können, statt in diesem Meer aus Tränen ertrinken zu müssen. Sie sang von Verrat, von Sex, Spaß, von Drogen und von übelster Täuschung. Es hieß, sie live auf der Bühne zu sehen, käme einem Geständnis unter vier Augen gleich, und so brachen die Leute häufig bei ihren Auftritten in Tränen aus. Wenn man die persönlichen Schicksalsgeschichten der Sänger und Sängerinnen trauriger Lieder liest, verleiht dies ihrem Vortrag eine zusätzliche Dimension der Traurigkeit und beflügelt die Fantasie des Publikums umso mehr. Piaf hat einen hohen Preis für ihren Ruhm bezahlt, indem sie der ganzen Welt ihre Einsamkeit und ihr Leid zeigte, die Komplexität ihrer gequälten Seele und ihre düstersten Regungen in ihre Darbietungen legte, so weit, dass sie auf der Bühne beinahe starb. Sie verlor das Bewusstsein, geriet ins Straucheln, konnte ihre Auftritte nicht beenden und ließ Lieder aus, die zu schwer für sie waren, doch natürlich starb sie nicht. Gegen Ende ihrer Laufbahn, als sie lediglich nach einer beträchtlichen Dosis Heroin die Bühne betreten konnte, kam das Publikum teilweise aus einer Art gruseliger Faszination, um zu sehen, ob sie ihn zu Ende bringen konnte oder nicht. Bei ihrem Tod 1963 war sie erst Mitte vierzig, jedoch eine winzige, verkrüppelte, deformierte alte Frau mit beinahe bis zur Unkenntlichkeit aufgedunsenen Zügen.

Anmerkung: Piaf-Songs sind sehr emotional und regelrecht kathartisch, aber durchaus den Aufwand wert, weil sie alle Anwesenden zu Tränen rühren.

Der belgische Sänger Jacques Brel hatte eine geradezu atemberaubende Bühnenpräsenz. In einem seiner Lieder spricht er von Frauen, die es so gut beherrschen, jemanden bei lebendigem Leib zu verspeisen, dass eigentlich ihre Zähne schmerzen müssen. Für ihn waren Frauen entweder erbarmungslose Miststücke oder sanftmütige Engel. Er ließ seine Lieder zu Gemälden werden und bestand darauf, seinem Publikum mit seinen Auftritten ein Erlebnis von ganz besonderer Eindringlichkeit zu schenken. Er zwang es, seine Gefühle mit ihm zu teilen und mit ihm zu leiden, nach Atem zu ringen und förmlich seinen Schweiß zu riechen. Er war von einer geradezu beängstigenden Klarheit, von finsterster psychischer Schwärze und verströmte die Aura unsäglicher Verzweiflung. Was die Menschen am meisten an seinen Liedern mitriss, war seine Erotik, die Rebellion, das Lachen, vor allem jedoch das Gefühl der Zugehörigkeit. Brel sang jedes Lied, als wäre es sein letztes, und war nach einem Konzert am Ende seiner Kräfte. Während eines einzigen anderthalbstündigen Auftritts verlor er 800 Gramm Körpergewicht, sein Anzug war klatschnass. Und sein Publikum war kaum weniger erschöpft.

Mein Lieblingschanson von ihm ist »Voir un ami pleurer« – »Einen Freund weinen sehen«. Es ist ein sehr schlichtes und unsäglich berührendes Lied, in dem sich für Brel aller Schmerz vereinte. Wie viele Male haben wir einen Freund weinen sehen und wissen, wie einsam man dabei ist. Bis heute weiß niemand, was man tun kann, um jemandem seinen Schmerz zu nehmen. Er singt dieses Lied mit unendlicher Traurigkeit und lässt die letzte Strophe ungesungen verklingen, damit der Zuhörer die Worte in seinem eigenen Herzen erspürt. Wie der Tod der Piaf vor ihm hat auch sein früher Krebstod unglaubliche öffentliche Trauer ausgelöst.

Anmerkung: Brel zu singen ist ziemlich gefährlich und kann in spontanem Gewichtsverlust, Krankheit, Trauer und einer tiefen Abneigung gegen alles Bourgeoise enden.

Fado

In den Tavernen der Lissaboner Stadtteile Alfama und Bairro Alto, wo der beste Fado gespielt wird, herrscht während des Vortrags absolute Stille im Raum, die erst Sekunden nach dem Verklingen des letzten schmerzlichen Tons von ohrenbetäubendem Applaus durchbrochen wird. Amália Rodrigues war die größte *fadista* aller Zeiten – die portugiesische Piaf, die Callas des Fado, die Königin des Schmerzes. Als ich das erste Mal eine Aufnahme von ihr gehört habe, wusste ich, dass sie das hat, was nur wenige Interpretinnen besitzen – eine Stimme, die das Leben ihrer Zuhörer für immer zu verändern vermag; eine Stimme von unglaublichem Tiefgang und Intensität – voll, herzergreifend und von schmerzlicher Schönheit. Mit geradezu spektakulärer Kontrolle über die Musik sprang sie von Strophe zu Strophe, holte die Worte aus den dunkelsten Tiefen ihrer Seele hervor und schaffte es, die Herzen ihres Publikums bis in die kleinste Verästelung zu berühren, ähnlich wie Om Kalsoum, die großartige ägyptische Sängerin, die als eine der bedeutendsten Stimmen des 20. Jahrhunderts gilt. Fado wird mit zwei Gitarren, einer portugiesischen und einer spanischen, dargeboten, die nicht nur als Begleitung dienen, sondern in eine Art intimen Dialog treten und gewaltiges spielerisches Können erfordern. Fado-Songs sind herzzerreißend schön, sehr melodisch und häufig in Moll geschrieben. Im Mittelpunkt stehen oft Seeleute, die auf dem Meer geblieben sind, Prostitution, Geschichten von Einwanderern, von Hunger, Armut und unerwiderter Liebe.

Die Portugiesen singen Fado oder andere traurige Lieder, weil es ihrem Naturell entspricht. Sie haben eine angeborene Schwäche für die Traurigkeit, und es besteht eine überaus starke Verbindung zwischen der Tristesse des Fado und dem sentimentalen Fatalismus des portugiesischen Volkes. Der Fado wurde unter anderem als von Schluchzen unterbrochenes Lamento beschrieben. Der Begriff »Fado« stammt vom lateinischen »fatum«, also »Schicksal« ab, und sein allem zugrundeliegendes tragisches Motto ist die Unerreichbarkeit in der Liebe und im Leben allgemein. Die gängigste Ausprägung dieses nationalen Charakteristikums ist »saudade«: ein Begriff, der in keiner anderen Sprache existiert und wohl am besten mit der einzigartigen und unablässigen Sehnsucht nach etwas beschrieben wird, das nicht existiert und wahrscheinlich auch nicht existieren kann, einer tiefen Sehnsucht nach etwas anderem als der Gegenwart, einem Zuwenden zur Vergangenheit oder der Zukunft. Es ist keine aktive Unzufriedenheit oder akute heftige Traurigkeit, sondern eine Art verträumte Wehmut. Die logische Konsequenz daraus sind Fatalismus und Argwohn, die tiefe Überzeugung, dass das Leben sich unserer Kontrolle entzieht und dass jene Kräfte, die die Kontrolle ausüben, respektiert werden müssen.

Anmerkung: Wenn Sie Fado-Sängerin werden wollen, suchen Sie sich einen Seemann als Geliebten, gehen Sie nach Lissabon, und legen Sie sich eine ausschließlich schwarze Garderobe zu.

Flamenco

Der Flamenco ist die Ausdrucksform der andalusischen Gesellschaft und stellt eine Mischung aus Volksmusik der Mauren, der Zigeuner, Inder und Spanier dar. Flamenco entstand aus den alten Liedern der Menschen am Rande der Gesellschaft, der Ausgestoßenen, der vom Schicksal Gezeichneten – harsche, grobe Macho-Klänge, die meist nur im Verborgenen gespielt wurden. Wenn die Fado-Interpreten die Meister der Traurigkeit und Schönheit sind, sind Schmerz und Leidenschaft das Metier der Flamenco-Künstler. Immer wiederkehrende Themen im Flamenco sind bittersüße Romantik, Hass, Tod, Mütter, Eifersucht, Gefängnis, Mord, Entfremdung und Verrat. Das Bindeglied zwischen dem Flamenco und dem Fado sind der Fatalismus, die Ohnmacht, die Unterdrückung und die Unfähigkeit, gegen den Schmerz des Daseins zu kämpfen. In Andalusien werden Friedhöfe als *tierra de la verdad,* also »Ort der Wahrheit« bezeichnet. Man wird begraben, und das ist das Ende allen Seins. Das Leben ist nichts als eine Illusion. Der Tod frisst sich erbarmungslos ins Leben, und kaum ist der Zauber der Jugend verflogen, beginnt der Tod die Freude des Lebens zu vergiften.

Meine erste Flamenco-Aufführung habe ich im La Carbonaria, einer Bar in Sevilla, erlebt. Ein stämmiger Mann mittleren Alters in schwarzer Hose und weißem Hemd betrat die Bühne und setzte sich. Kurz darauf trat der Gitarrist zu ihm und setzte sich leise neben ihn. Der Mann legte die Hände auf die Knie, warf den Kopf in den Nacken und sang mit dem, was die Spanier als *duende* bezeichnen – Seele, Herzblut, hypnotische Energie. Wie Fado-Interpreten brauchen auch Flamenco-Sänger die Kommunikation mit dem Publikum. Immer wieder stand der Sänger auf und bat das plappernde Publikum darum, ruhig zu sein und dem Lied den verdienten Respekt zu zollen. Der Sänger muss den Kontakt zu seinem Inneren herstellen und von einer leidenschaftlichen Ernsthaftigkeit ergriffen sein, die er erbarmungslos nach innen kehrt. Sieht man einem Flamenco-Interpreten das erste Mal live zu, ist es beinahe so, als beobachte man etwas zutiefst Intimes. Jedes Lied begann er mit einem Stöhnen, das als *ayeo* bezeichnet wird, und rieb die Hände in einem leisen Klatschen aneinander, ehe er Stück für Stück in einen harschen, ausgeschmückten Gesang fiel, begleitet von den intimen Klängen der Gitarre. Wie beim Fado scheinen der Interpret und der Gitarrist in eine Art Zwiegespräch verwoben zu sein und sind völlig aufeinander fixiert, ohne ihre Umgebung zu bemerken.

Paco Peña ist einer der großen Flamenco-Gitarristen der Gegenwart.

Die Stimme des Sängers ist unglaublich kräftig, und natürlich wird ohne Verstärker gesungen, so dass seine Stimme den ganzen Raum ausfüllen muss. Der Gesang scheint aus den Tiefen seiner Seele zu kommen und klingt extrem guttural und orientalisch, mit unüberhörbaren indischen und arabischen Einflüssen. Es hört sich an, als leide der Darbietende körperliche Schmerzen, er schnappt nach Luft, jammert, weint, stampft mit dem Fuß auf und streckt die Arme aus, als bettle er darum, von seinem körperlichen Schmerz erlöst zu werden. Manchmal, nach besonders anstrengenden Auftritten, springt das Publikum von den Stühlen auf und feuert den Künstler mit aufmunternden Olé-Rufen an, wie in einer Oper, wenn der Sänger mühelos die höchste Note einer Arie hinausgeschmettert hat. Flamenco-Musiker scheinen förmlich in ihrer spirituellen Essenz aufzugehen, so als würde ihr Bewusstsein von der Emotion überwältigt werden. Die Düsternis des Gesangs steht in krassem Gegensatz zur Lebendigkeit des Tanzes. Bei keiner anderen Musikrichtung habe ich so sehr das Gefühl, Teil davon zu sein wie beim Flamenco; es ist fast, als spielte ich meine eigene Rolle, als würde ich regelrecht in die Darbietung hineingezogen und als schlüge mein Herz im Takt der Musik. Am Ende jedes Liedes war der Sänger vollkommen erschöpft und schweißüberströmt, während das Publikum frenetisch applaudierte.

Anmerkung: Wenn Sie dazu neigen, sich in schwitzende Flamenco-Sänger zu verlieben, klatschen Sie einfach, was das Zeug hält.

Sean-Nos

Der irische Sean-Nos-Gesang ist eine traditionelle Gesangsform ohne Begleitung aus dem 17. Jahrhundert, die ihren Ursprung wahrscheinlich in den provenzalischen

Troubadour-Gesängen des 13. und 14. Jahrhunderts hat. Die Mehrzahl der Lieder stammt aus dem 18. Jahrhundert, und es handelt sich fast ausschließlich um Klage- oder Liebeslieder. Wie bei den Klageliedern in allen Kulturen besteht auch hier eine enge Verbindung zwischen Vortragendem und Publikum. Oft kennt das Publikum die Hintergrundgeschichte, so dass eine Art Gemeinschaftsgefühl entsteht. Das Publikum reagiert auf die Darbietung mit kurzen Kommentaren, als erzähle der Sänger die Geschichte ihnen allein, und allerlei Ermutigungen, indem die Zuhörer die letzte Liedzeile laut mitsingen oder gar die Hand des Sängers mitten im Vortrag ergreifen und drücken. Viele Male habe ich in Irland alte Leute bei einem Lied weinen sehen, besonders bei jenen von zum Tode verurteilten Nationalhelden oder Fällen schweren Landesverrats. Die Darstellung des Sängers ist distanziert, beinahe tranceartig und somit ganz anders als beim Fado, wo große Leidenschaft und Emotion im Spiel sind. Sean-Nos haben einen aristokratischen, literarischen Hintergrund von gesellschaftlicher Zurückhaltung und Förmlichkeit, wohingegen Fado und Flamenco aus den Slums der Städte stammen und Fusionen verschiedener Musikstile sind. Die Eindringlichkeit entsteht nicht durch das gefühlvolle Vibrato oder dramatische Szenen, sondern eher durch die subtile, fast distanzierte Art der Darbietung, wodurch die Schönheit der Musik quasi für sich selbst spricht.

Das Hauptmerkmal der Sean-Nos ist die komplexe Ausschmückung oder Variation in der Melodie. Der Sänger hält die Stimme auf einer einzigen Note, was als melismatische Verzierung bezeichnet wird, oder er lässt seine

Stimme beben und vibrieren. Eine weitere für diese Gesangsart typische Technik besteht in verschiedenen Intervallen zwischen einzelnen Noten einer Melodie, die dann in eine einzige Note münden. Edith Piaf hat diese Technik häufig angewandt, die, mit einer gewissen Zurückhaltung dargeboten, unglaublich erotisch wirkt. Die Lieder sind wie Menschen, sagen die Iren – man muss sie kennenlernen. Man kann ein Lied nicht einfach singen, sondern muss seine Persönlichkeit einfließen lassen, und manchmal beherrscht man einen Song erst nach mehreren Jahren wirklich.

Es war ein echtes Vergnügen, in einem Pub in Cork zu sitzen, inmitten von begeisterten, frenetisch klatschenden, freundlichen Menschen und jeder Menge leckerem Essen. Nach einer halben Stunde denkt man unweigerlich »Heiliger Strohsack«, und ständig dreht sich alles um die Mutter. Entweder sie stirbt, oder sie ist schon tot, oder das Herz wird ihr gebrochen, weil ihre Tochter ein übles Flittchen ist, das lieber in der Disco herumhängt statt zu Hause zu bleiben und die Butter zu schlagen. Irische Mütter leiden ganz besonders in den Liedern und lassen ihre Söhne erst nach langem, heftigem Ringen gehen. Wenn ein Mann auf dem Land noch unverheiratet ist, lebt er zu Hause und betreibt den elterlichen Hof. Und wenn es keinen Hof gibt, zieht er nicht etwa in eine eigene Wohnung, sondern bleibt »zu Haus«, wo er, wie man sich unschwer vorstellen kann, mit Frauen nichts zu schaffen hat (die ihn ohnehin nur der geliebten Mutter wegzunehmen versuchen würden), und die geliebte Mutter zu verlassen – absolut undenkbar.

Anmerkung: Bitte vergessen Sie nicht, dass man sich

bei Totenwachen nicht mehr auszieht, aber wenn Ihnen danach ist, mit dem Gesicht zur Wand in der Ecke zu stehen und zu wehklagen, werden das bestimmt alle grandios finden.

Karaoke

Es gibt keine Rechtfertigung für die Teilnahme an Karaoke-Abenden – stattdessen ist es lediglich Gottes Methode, Ihnen zu sagen, dass Sie zu viel getrunken haben. Die Musik ist entsetzlich und normalerweise nichts als ein sinnloses, ödes Hämmern. Dank des künstlich erzeugten Halls glaubt jeder, der zum Mikrofon greift, automatisch, er könne singen, aber das ist nicht so. Sie können nicht singen. Wenn meine Freunde hingegen ihre Ukulelen zücken, bin ich jedes Mal begeistert. Ich weiß, dass es erbärmlich klingt, aber es macht unglaublichen Spaß. Und finden Sie es nicht auch hochinteressant, wie sich bei vielen Menschen mit steigendem Alkoholpegel auch die Überzeugung festigt, sie könnten singen? Doch meine Ukulele-Spieler, allesamt talentierte Jazz-Musiker, wären die Letzten, die jemanden an der Teilnahme hindern würden, nur weil sie klingen wie eine leere Blechdose.

Anmerkung: Karaoke führt zu dramatischen Fehleinschätzungen des eigenen Benehmens und somit automatisch zu Gesichtsverlust.

MOANA

Moana Maniapoto hat mir erzählt, sie singe schon ihr ganzes Leben innerhalb ihrer Familie, sie kann sich nicht einmal mehr erinnern, dass sie es nicht getan hat. Das ist Tradition in Maori-Familien. Ihr Vater hatte eine Gitarre und sang mit ihren Brüdern im marae (dem Versammlungshaus), und ihre pakeha (sprich, europäischstämmige) Mutter stammte ebenfalls aus einer musikalischen Familie, in der die Großmutter bei Gartenpartys Klavier spielte. Bei ihnen fanden regelmäßig Partys mit viel Spaß und Gesang in der Garage statt. Während Moana ihr Jura-Studium absolvierte, verdiente sie sich als Sängerin etwas dazu, doch nach ihrem Abschluss beschloss sie, dem Singen treu zu bleiben, weil ihr das Leben als Anwältin allzu trist erschien. Sie hat ihren Entschluss nie bereut und gehört heute zu den bedeutendsten Sängerinnen Neuseelands. Jeder kennt sie. Ihre Musik ist eine Fusion aus traditionellen Elementen und modernem Rock/Pop. Rein zufällig ist sie auch noch bildhübsch. Ich habe sie gefragt, wie sie sich fühlt, wenn sie singt.

»Es ist ein absolut magisches Erlebnis, weil man für die Dauer des Songs sein eigenes Universum erschafft und das Publikum wie in einen Strudel mitreißt und eine Beziehung zu ihm aufbaut. Natürlich stellt sich niemand ohne ein gewisses Ego oder den Wunsch nach Aufmerksamkeit auf die Bühne, trotzdem überfällt auch mich von Zeit zu Zeit das Lampenfieber, wenn ich die Bühne betrete und mich nicht an die erste Zeile erinnern kann. Aber dann scheint ein Ruck durchs Publikum zu gehen, und sobald ich den Mund aufmache, ist alles wieder da.«

»Ist eine Probe anders als ein Liveauftritt?«

»Ja und nein. Es sind zwei verschiedene Auftritte. Man kann nicht auf die Bühne treten, ohne eine Verbindung zum Publikum entstehen zu lassen, deshalb habe ich beim Singen grundsätzlich die Augen geöffnet. Ich verstehe nicht, wie Sänger die Augen schließen können – für mich ist es so, als würde ich das Publikum damit ausschließen. Singen verändert die Stimmung – in meinem Fall stets zum Positiven. Ich bekomme nie schlechte Laune, wenn ich singe. Ich liebe traurige Songs, aber sie machen mich nie traurig. Allerdings weinen viele im Publikum, wenn die Band ein trauriges Lied spielt.«

»Sie schreiben Ihre Songs selbst. Wovon handeln sie?«

»Von allem, was für mich eine große Bedeutung hat – Politik, Geschichte, Frauen, das Land, der Tod, Spirituelles. Ein Sommersong hätte wohl eher Reggae-Anklänge, ein trauriger Song würde eher klassisch ausfallen. Manchmal singen wir ohne Begleitung nur mit einem kleinen Hall im Soundsystem. Hall wird häufig eingesetzt, um einer dünnen Stimme mehr Kraft zu verleihen, aber wenn man ihn beim Singen ohne Instrumente nur sehr behutsam verwendet, ist es wunderschön.«

»Beim Flamenco wird häufig auch getanzt. Verändert sich ein Auftritt, wenn Tänzer auf der Bühne sind?«

»Oh ja. Wenn meine Tänzer auftreten, schnellt das Energieniveau sofort in die Höhe, weil Maori-Tanz sehr maskulin, erdig und primitiv ist. Aber wir sind auch schon mit Michael Parmenter und Primaballerinen in Russland aufgetreten. Das Tolle an der Musik und am Singen ist, dass es Grenzen überwindet und man ganz einfach mit Menschen überall auf der Welt kommunizieren kann. Es spielt keine Rolle, welche Sprache Sie sprechen, weil man eine emotionale Verbindung herstellen kann – Worte sind völlig überflüssig.«

Was lernen wir daraus

- ♥ Jeder kann singen. Sie müssen sich nur einen guten Gesangslehrer suchen.
- ♥ Man kann Musik gar nicht leidenschaftlich genug lieben und verehren.
- ♥ Bisher hat niemand ein Rezept gefunden, den Schmerz anderer zu lindern, aber Musik gelingt es zumindest annähernd. Musik verwandelt Kummer in Schönheit.

KAPITEL 8

Sex & Liebe: Wieso sie uns blind macht

Wenn wir uns auf irgendwelche unzüchtigen Handlungen einlassen und gleich danach, noch im Zustand der Sünde, von einem Auto überfahren werden würden, kämen wir geradewegs in die Hölle, wo die Luft erfüllt vom widerlichen Gestank der schmorenden Flittchen sei, erzählten uns die Nonnen früher in der Schule. Halten Sie mich ruhig für altmodisch, aber ich vermisse die alten Zeiten, als Sex noch schmutzig und die Luft sauber war. Erinnern Sie sich noch daran, wie es war, als brave Mädchen keinen Sex hatten, brave Jungs hingegen schon? Wenn man als Mädchen Sex hatte, galt man als billiges Flittchen, als Junge hingegen war man ein echter Kerl. Aber da muss man sich doch fragen: Wenn sich kein anständiges Mädchen mit einem Jungen einließ, mit wem stiegen dann die Jungs ins Bett? Schon mal darüber nachgedacht? Ich will Ihnen verraten, wie es meiner Meinung nach war. Laut meinem Freund John lief sein erstes sexuelles Erlebnis folgendermaßen ab: im Dunkeln, sehr feucht und ziemlich beängstigend. Und das Schlimmste daran ist, dass er ganz allein war.

Wir Angelsachsen wissen heute, dass es Sex wirklich gibt, nur die Tatsache, dass er üblicherweise von zwei

Menschen praktiziert und der Partner damit einverstanden sein muss, macht uns noch zu schaffen. Mit 15 gab es nichts Spannenderes auf dem Tennisplatz als den neuesten Klatsch. Bei den Jungs galt ich als ziemlich heißer Feger in meinem Tennisröckchen. Heißer Feger war noch untertrieben. In Wirklichkeit hatte ich allerdings noch damit zu kämpfen, dass meine Mutter im geradezu biblischen Alter von 44 Jahren im Vorjahr ihr jüngstes Kind zur Welt gebracht hatte – die wahrscheinlich peinlichste Angelegenheit der Welt und noch peinlicher, als wenn ich selbst schwanger gewesen wäre.

Die Gewissheit, dass man bereits schwanger werden konnte, wenn man nur daran dachte, war der blanke Horror für ein katholisches Mädchen. Schließlich lieferte uns die Heilige Maria den unumstößlichen Beweis dafür. Sie hatte ohne fremdes Zutun ein Baby empfangen und war für den Rest ihres Lebens Jungfrau geblieben. Als wir herausfanden, dass diese unbefleckte Empfängnis nichts als ein heidnischer Mythos war, hatten sich unsere Becken bereits verselbständigt. Krishnas Mutter Devaki war ebenfalls Jungfrau, ebenso wie Myrrha, die Mutter von Adonis, und Dionysos' Mutter Semele. Hallo?

Eines Tages enthüllte meine beste Freundin die verheerende Wahrheit.

»Ich habe herausgefunden, wie man schwanger wird«, erklärte sie und lehnte sich gegen den Schiedsrichterstuhl am Rand des Tennisplatzes.

»Wie denn?«

»Na ja, die Frau und der Mann liegen zusammen im Bett, und dann steckt der Mann sein Ding in ihr Ding und gibt seinen Samen …«

»NEIN! Das glaube ich nicht!« Kreidebleich und stocksteif stand ich in meiner blauen Schuluniform da.

Ich vergaß – besser gesagt, ich verdrängte – diese schockierende Enthüllung und lebte mein Mädchenleben weiter wie zuvor. Aber es war zu spät. Mein Gehirn war von dieser Information verseucht, und, was noch viel schlimmer war, mein Körper begann sich bereits zu verändern, und ich hatte das dumpfe Gefühl, dass die kindliche Unschuld und die Verschonung vor der Verantwortung bald für immer aus meinem Leben verschwinden würden. Ich hielt es für das Klügste, so zu tun, als wäre nichts. Die Mutter meiner besten Freundin war Schauspielerin und hatte meine endlose Bewunderung geerntet, weil sie sich mitten in einem Stück das Korsett vom Leib gerissen und ihrem Bühnen-Ehemann die Worte »Fass mich nicht an, du elender Dreckskerl, deine Finger sind ja noch nass von einer anderen«, entgegengeschleudert hatte. Ich war nicht ganz sicher, was das bedeuten sollte, wusste aber, dass es ein Skandal war. Eine Woche später versorgte mich meine Freundin mit neuen Erkenntnissen.

»Rate mal, was ich herausgefunden habe.«

»Hau ab, ich will es gar nicht wissen.« Ich hielt mir die Ohren zu.

»Nein, warte. Hör zu. Es ist nicht so schlimm, wie wir dachten. Offenbar kann es auch passieren, während du schläfst und du bekommst nichts davon mit. Allerdings kann es vorkommen, dass du süchtig danach wirst, wenn du es erst mal getan hast.«

»Gott sei Dank«, stieß ich erleichtert hervor und ignorierte den Teil mit dem Süchtigwerden, weil er mir viel zu abwegig erschien.

Später bekam ich von irgendeinem Rugby-Spieler meinen ersten »richtigen« Kuss, eine Erfahrung, die mich daran erinnerte, wie ich als Kleinkind im Garten einmal Schnecken gegessen hatte. Wir standen im Dunkeln vor der Haustür. Die Blätter rauschten über uns, und meine Eltern linsten durch die Jalousien.

»Tja, danke, dass du mich nach Hause begleitet hast«, sagte ich. »Normalerweise hätte meine Mutter um diese Zeit längst die Polizei eingeschaltet, die die gesamte Nachbarschaft nach mir durchkämmt.«

»Willst du mich nicht auf einen Kaffee hereinbitten oder so was?«

»Spinnst du? Wenn ich das tue, flippt meine Mutter aus. Die frisst dich zum Frühstück.«

Ohne Vorwarnung presste er mir seine geöffneten Lippen auf den Mund.

»Was tust du da?«, fragte ich, wich zurück und wischte mir mit dem Handrücken den Mund ab.

»Das macht man doch so. Und ich glaube, man soll auch dem anderen die Zunge reinschieben.«

»Erzähl keinen Stuss.«

Er zog mich an sich und setzte zum zweiten Versuch an.

»Los, du musst dich nur ein bisschen entspannen.«

»Entspannen? Während ich eine Schnecke im Mund habe?«

1964 bedeutete eine Schwangerschaft, dass das Leben endgültig zerstört war. Man galt als beschädigte Ware, eine Frau zweiter Klasse. Die gesamte Familie wurde dadurch in Misskredit gebracht, während man selbst aller Wahrscheinlichkeit nach geradewegs in die Hölle kam oder noch Schlimmeres. Und was das Allerschlimmste war: JEMALS EINEN EHEMANN FINDEN? DAS KANNST DU FÜR DEN REST DEINES LEBENS VERGESSEN. Als wir das erste Mal Sex hatten, wurden wir von heftigen Krämpfen geschüttelt, gefolgt von einer traumatischen Schockstarre. Das war die erste Reaktion. Die zweite war: Und das war's? Dafür habe ich mir all die Jahre meine Unschuld bewahrt? Die dritte Reaktion, nach ein wenig Übung, fiel etwas anders aus: Oooooh, das ist ja toll! Unnötig zu erwähnen, dass der Orgasmus zu dieser Zeit ein Fremdwort war. Niemand redete darüber, niemand wusste, dass er überhaupt existierte. Von ihm erfuhren wir erst, als wir die verschweißten Inlays der Frauenzeitschriften lasen. Bestimmt wusste die eine oder andere schon damals Bescheid, trotzdem waren wir überzeugt, ihn entdeckt zu haben. Allerdings wussten wir im Gegensatz zu vielen anderen Mädchen dank des Biologieunterrichts, wie eine Frau von innen aussah. Wir wussten, was die Zervix war, nur die Klitoris hatte man auf den Diagrammen geflissentlich unterschlagen.

Ich begab mich von der Obhut der Nonnen geradewegs in die Obhut der Leiterinnen der Schwesternschule. Als es an der Zeit war, mich mit knapp zwanzig mit dem Thema Verhütung zu befassen, ging ich zum Arzt (selbstredend nicht zu unserem Hausarzt), erklärte ihm, dass ich von meiner Empfängnisbereitschaft befreit werden wolle und fragte, was er dagegen tun könne. Damals redeten Ärzte nicht über Sexualität, emotionale Probleme oder zu dicke, hässliche Knöchel. Ebenso wenig wie sonst jemand. Man vertraute sich weder seinen Eltern an, noch suchte man Psychologen auf, und Priester waren hoffnungslose Fälle, weil sie sich nicht anders behelfen konnten, als einem nur immer mehr Rosenkränze aufs Auge zu drücken. Der Arzt war entsetzt und meinte, die Pille sei lediglich für verheiratete Frauen gedacht, die dem Land bereits ihre Fruchtbarkeit bewiesen hatten, und nicht für schamlose Achtzehnjährige. Also erfand ich kurzerhand einen unregelmäßigen Zyklus mit heftigsten Beschwerden und schilderte mein Anliegen einem zweiten, anderen Arzt. Er verschrieb mir prompt ein neues Hormonpräparat, mit dem sich alles unter Kontrolle halten ließ – die Pille.

Die ganze Angelegenheit ging mir ohnehin gehörig auf die Nerven. Jungs blieben all diese Torturen erspart. Sie mussten sich nicht von Wildfremden befingern lassen, brauchten sich nicht vor einer Schwangerschaft zu fürchten und Tabletten zu schlucken, um sie zu verhindern, und keiner zwang sie, sich wie eine echte Dame zu benehmen. Ich wäre schon immer gern ein Junge gewesen, denn mir war bereits früh aufgegangen, welche intellektuellen, gesellschaftlichen und körperlichen Vorteile ein Leben als Junge hatte. Man erwartete von ihnen, dass sie für sich selbst dachten und Entscheidungen trafen, dass sie Durchsetzungsvermögen an den Tag legten und sich ihren Pflichten stellten. Ich will nicht übertreiben, aber sie schienen einfach freier und unbelasteter zu sein als Mädchen. Als Junge wäre es entschieden einfacher gewesen, sich ein eigenes Leben aufzubauen.

Dank meines Berufs als Diplomkrankenschwester galt ich auf so ziemlich jedem Gebiet als Expertin, deshalb bekam ich nach meinem Umzug nach Kanada auch einen Job als Beraterin für Drogen- und Alkoholmissbrauch in einem Jugendschutzprogramm. Bereits nach kurzer Zeit entdeckte ich eine gewaltige Marktlücke und beschloss, Kurse in Sexualkunde anzubieten.

»Wer möchte mehr über Sex wissen?«, fragte ich meine Klienten, wie sie respektvoll bezeichnet wurden, Teenager, die in ihrer juvenilen Langeweile in meinem Büro lümmelten und fläzten.

»Wir wissen doch schon alles«, erwiderten die Jungs grinsend.

»Davon träumt ihr«, konterten die Mädels mitleidig.

»Ich wette, ihr habt nicht die geringste Ahnung von der Anatomie, dem Fortpflanzungsapparat und davon, wie man eine Beziehung führt«, sagte ich. Sie musterten mich nur mit ausdruckslosen Mienen.

Die Welt jugendlicher Straftäter ist von Machismo geprägt und ich wusste, dass kein Erwachsener ihnen jemals so etwas wie Verantwortungsbewusstsein, Wahlmöglichkeit oder auch nur die Tatsache vermittelt hat, dass es einen Unterschied zwischen Liebe und Sex gibt. Ich bewegte mich also auf dünnem Eis, da ich selbst nicht so genau wusste, wo der Unterschied liegt, vertraute jedoch auf das Prinzip, dass ich, wenn ich mich auf sie einließ, durchaus noch dazulernen konnte.

»Also, ihr besorgt mir ein paar große Zeichenblätter und legt sie alle nebeneinander auf den Boden«, forderte ich sie auf und holte die Filzstifte. Dann legten wir uns alle auf den Boden.

»Okay, und jetzt schreiben wir alle Wörter auf, die wir für Sex kennen.«

Unter großem Gelächter und Gequieke schrieben wir eine Viertelstunde lang alles auf, was uns einfiel, ein Experiment, das mir eine Erweiterung meines Vokabulars um glatte 80 Prozent bescherte.

»Und jetzt dreht die Blätter um und schreibt jedes Wort für Vagina und Penis auf.« Verlegenes Schweigen.

»Boah, krass«, bemerkte eines der Mädchen beim Anblick eines Wortes, das ein Junge niedergeschrieben hatte. »Die Wörter, die wir für den Penis haben, sind viel netter.«

Mir dämmerte, dass sie eher mir etwas beibrachten als umgekehrt. Die Jungs und Mädchen waren ehrlich fasziniert von den Zyklen des Fortpflanzungsapparats und den Vorgängen bei der körperlichen Liebe.

»Was zum Teufel ist das denn?«

»Ein Uterus.«

»Ein *was*?«

Mit offenen Mündern lauschten sie, als ich ihnen von der Klitoris erzählte und darlegte, dass lediglich die körperliche Erschöpfung eine Frau daran hindere, eine endlose Zahl an Orgasmen zu erleben. Männer hingegen waren arm dran, da sie bestenfalls zwei haben konnten, bevor erst mal nichts mehr geht. Das war 1976.

Ein weiteres Buch, das zu dieser Zeit alle Welt zu lesen schien, war *Angst vorm Fliegen*. Viele glauben, Erica Jong hätte den Sex erfunden. Auf bis dato nie dagewesene Art weihte sie uns in all die abscheulichen, ungeheuerlichen Einzelheiten ein, die Frauen sich über Sex, Männer und Beziehungen erzählten. Sie schilderte auf so köstliche unverfrorene Weise die wilden Geheimnisse, Ängste und Wahrheiten des Lebens als Frau, ohne sich um Überflüssigkeiten wie politische Korrektheit zu scheren. Ebenso wie Germaine Greer benahm auch sie sich wie ein Mann und ließ die ganze Welt daran teilhaben. Es war genau die Art Buch, die einen beim Lesen laut aufschreien ließ.

Ich bewunderte Erica Jong und lernte sie bei einer Lesung kennen, als sie ihr Buch promotete. Ich musste sie sehen, musste wissen, wie eine Frau aussah, die praktisch jeden Kerl außer wahrscheinlich dem Pförtner gevögelt hatte. Und dann saß diese akademisch wirkende, etwas plumpe, nachlässig gekleidete Frau mit einer Sonnenbrille vor mir auf dem Podium, hinter der ihre Augen kaum zu erkennen waren, und einer Frisur, die so gut wie nichts von ihrem Gesicht preisgab. Keine Spur von dem Sexappeal, Witz und Charisma, die mich bewogen hatten, herzukommen. Sie signierte mein Exemplar mit den Worten: »Reisen Sie angstfrei – Erica.« Zwei Tage später sah ich sie in einem Interview mit einem hochangesehenen Journalisten im Fernsehen. Eine völlig andere Frau saß dort – ohne Brille, das Haar war aus dem Gesicht frisiert, Make-up und ein unglaubliches Lächeln. Und sie flirtete doch tatsächlich mit diesem bierernsten Mann, der nicht wusste, wie ihm geschah! Ich traute meinen Augen nicht, doch dieser Auftritt beantwortete definitiv meine Spekulationen im Hinblick auf den Pförtner.

Dann ging ich nach Paris. Restaurantküchen sind bekanntermaßen Brutstätten für sexuelles Geplänkel, und meine Jahre als Küchenchefin gaben mir das Rüstzeug für jegliche Art von derartigem Gesprächsstoff. Ich lernte eine

Menge darüber, wie die Franzosen die Frauen betrachten, und entwickelte meine eigene Theorie über den Mythos des Latin Lover. Wir diskutierten über die Lust als Stressfaktor, über die Liebe vom Hals aufwärts, über Potenz vs. Attraktivität, Lust als Waffe, den Zusammenhang zwischen Lust und Herausforderung und über Charisma vs. Schönheit. Französische Männer befinden sich in Sphären sexueller Selbstsicherheit, von denen andere Männer nur träumen können, ebenso wie die französischen Frauen.

In einem angelsächsischen Land könnte es niemals eine Sex-Studie geben, weil Sex nicht existiert, aber Studien in anderen europäischen Ländern ergaben, dass Männer mindestens einmal pro Tag an Sex denken. Eine glatte Lüge. Männer denken mindestens sechstausendmal am Tag an Sex, und zwar durch die Bank. Frauen verbringen 20 Prozent ihrer Zeit damit, heißt es in Studien. Was für Frauen sollen das sein? Wir reden doch über nichts anderes. Eine weitere Erkenntnis, die auf diese Weise ans Tageslicht kam, ist, dass so ziemlich jeder mehr Sex hat als man selbst, sogar der Nachbarshund. Das erklärt, weshalb Männer ständig denken, Frauen seien sexuell unglaublich aktiv. Die Leute können sich beim besten Willen nicht vorstellen, dass das Liebesleben von allen anderen genauso langweilig ist wie ihr eigenes. Aus diesem Grund glaube ich kein Wort von diesen Studien. Aber eines will ich Ihnen nicht vorenthalten: Wissenschaftliche Untersuchungen haben ergeben, dass die Eskimos die sexuell aktivsten Menschen auf unserem Planeten sind. Sie schlafen etwa ein Dutzend Mal pro Woche miteinander. Das ist mehr als einmal pro Tag! In Amerika gab es eine Frau, die mehr als 130 Orgasmen in der Stunde haben konnte. Wann haben diese Leute eigentlich Zeit zu kochen oder sauberzumachen? Das würde mich wirklich interessieren. Und dann ist da noch die Geschichte von diesem halbnackten schwarzen Stripper in London, der bei einem Auftritt versuchte, über eine Frau im Publikum hinwegzuspringen, stattdessen aber mitten im Sprung auf ihrem Kopf landete. Wegen ihrer schweren Verletzungen ist sie mittlerweile nicht mehr in der Lage, sich allein anzuziehen, und verklagt jetzt den Kerl. Entschuldigen Sie vielmals, wenn ich etwas nicht kapiere, aber in London wimmelt es nur so von galanten schwarzen Männern. Würde einer davon auf mir landen und ich könnte mich danach nicht mehr anziehen, würde ich wohl aus Dankbarkeit eine Pilgerreise nach Lourdes machen.

SCARLETT

Normalerweise begrüßt Scarlett einen mit einem herzlichen »Hallo, Schätzchen« und einem breiten, hinreißenden Strahlen. Am liebsten sehe ich sie inmitten ihrer Familie und Freunde in der Küche, wo sie irgendetwas Leckeres kocht und ein Glas Wein trinkt, während alle um sie herum schreien und lachen und sich gegenseitig mit der wildesten Geschichte zu übertrumpfen versuchen. Scarlett ist eine üppige, humorvolle, gut ausgebildete, berufstätige Mutter, die mit ihrem Partner und ihren Kindern in einem Haus lebt. Ich habe sie gebeten, mir von dem Sex zu erzählen, den sie in ihrem Leben bereits hatte und den sie sich noch wünscht.

»Ende der Siebziger, Anfang der Achtziger ein sexuell aktiver Teenager zu sein, bedeutete, dass man einiges auf sich nahm.

Erstens war Verhütung oberstes Gebot, deshalb schluckten wir alle die Pille wie Fluortabletten oder Lebertran. Manchmal fiel das Stichwort Kondom, aber ich kann mit Sicherheit sagen, dass ich vor meinem dreißigsten Geburtstag nie Sex mit Kondom hatte! Natürlich predige ich heute, dass die Leute Kondome benutzen sollen. Allerdings schaffte ich es erst mit knapp zwanzig, meine sexuellen Begegnungen zu einer halbwegs erfüllenden Angelegenheit zu machen. Als Teenager rammelten wir wie die Karnickel, und es war keine Seltenheit, dass man innerhalb einer Woche mit zwei verschiedenen Jungs zugange war, doch diese Abenteuer waren sehr flüchtig und unbefriedigend, außerdem machte es die Tatsache, dass wir in einer Kleinstadt lebten, nicht gerade einfacher.«

»Wieso hatten Sie so häufig unbefriedigenden Sex?«

»Mein erster richtiger Freund war drogenabhängig und bekam so gut wie nie einen hoch. In meiner Naivität merkte ich erst, dass ich mit einem Junkie zusammen war, als ich eines Tages nach Hause kam und einen Haufen Marihuana auf dem Küchenboden fand – das war's dann. Diese Erfahrung war sehr ernüchternd und ließ mein Selbstwertgefühl in den Keller rasseln – ich hatte von romantischen Picknicks am See und Sex geträumt, der die Wände zum Wackeln bringt. Die Aussicht auf Romantik und Leidenschaft war allerdings so verführerisch, dass sie meine Hoffnungen auf ein erfülltes Liebesleben am Leben erhielt. Ich fand heraus, dass man sich selbst sexy finden und sexy sein muss, damit die Männer auf einen abfahren. Die meisten Männer verstehen nicht das Geringste von Leidenschaft und davon wie man einer Frau das Gefühl gibt, sexy zu sein; sie wollen einfach nur vögeln, vor allem, wenn sie noch Teenager sind.«

»Was macht einen guten Liebhaber aus?«

»Meine Meinung hierzu hat sich im Lauf der Jahre verändert. In den Zwanzigern wollte ich nur Leidenschaft und Romantik und noch nicht einmal eine richtige Beziehung. Ich hatte einen Liebhaber, der in einem großen Haus in einem netten Vorort lebte. Wir trafen uns einmal pro Woche, gingen essen, redeten, tranken viel Wein, gingen eine Runde spazieren und vögelten dann die ganze Nacht. Es machte einen Heidenspaß, uns gegenseitig an den Rand des Orgasmus zu bringen und dann wieder voneinander zu lassen. Das Ganze war völlig legitim. Wir wollten keine feste Beziehung, mochten uns aber gern genug, um uns auch auf körperlicher Ebene Freude zu bereiten. Diese Nächte waren ein echter Genuss für mich, der Sex war fantastisch, und wir genossen unser Zusammensein in vollen Zügen, ohne einen Gedanken an eine gemeinsame Zukunft mit allem Drum und Dran zu verschwenden.«

»Ist es wichtig, einen Orgasmus zu haben?«

»Oh ja, und zwar mit und ohne Partner. Es geht doch nichts über eine anständige Runde Masturbation, während man im Geiste die Verflossenen durchgeht. Frauen, die in jüngeren Jahren die Kunst der Selbstbefriedigung erlernt haben, gelingt es meist besser, ihr Liebesleben buchstäblich selbst in die Hand zu nehmen. Auch die Freuden eines anständigen Vibrators habe ich schon früh entdeckt. Natürlich muss man nicht hoffnungslos in jemanden verliebt sein, um guten Sex zu haben – es kann einfach nur aus Spaß sein. Diesen Spaß für sich zu finden ist das Entscheidende daran; herausfinden, was einen befriedigt und was einem gefällt. Da draußen laufen eine ganze Menge Männer herum, die dieses Bedürfnis stillen können. Ein gewisses Maß an Energie und Entschlossenheit ist notwendig, um in bestimmten Lebensphasen den passenden Sex zu finden. Meiner Ansicht nach durchlaufen wir alle in dieser Hinsicht unterschiedliche Phasen. In Zeiten von Handy und Internet ist es einfacher, ich allerdings habe diese Methode eben um ein paar Jahre versäumt. Die Partnersuche via Internet erscheint mir irgendwie ehrlicher und geradliniger (und billiger), als in eine Bar zu gehen und massenhaft Wein in sich hineinzukippen, während man darauf hofft, dass zufällig der perfekte Sexpartner des Weges kommt.

Ehrlich gesagt hat mir dieses Abhängen an der Bar das eine oder andere Mal auch echten Ärger eingebracht: Bis heute kriege ich die Spermaflecken nicht mehr aus meiner Lieblingslederjacke.«

»Inwiefern unterscheidet sich Ihre Einstellung zum Sex von der Ihrer Mutter?«

»Meine Mutter hat keinen Sex und hatte auch in ihrer Ehe nur sehr selten welchen. Sie hat eine ziemlich schräge Einstellung dazu. Für sie ist es nichts als eine lästige Pflicht, und es ist ihr nie gelungen, sich in diesem Punkt weiterzuentwickeln, was ich ziemlich traurig finde. Ich bin sicher, meine Tochter muss auch erst ein paar unschöne Erfahrungen machen, bevor sie weiß, was das Richtige für sie ist. Sie glaubt immer noch, ich hätte keinen Sex!«

»Wie ist der Sex heute?«

»Welcher Sex? Ich habe keinen mehr! Ich bin Mutter, ich bin zu müde, zu faul, außerdem ist ständig etwas los im Haus, so dass man keine Privatsphäre hat. Nach der Geburt der Kinder muss man sich aktiv um das Liebesleben kümmern und Mittel und Wege finden, wie man sich wieder attraktiv findet. Männer machen einfach weiter wie vorher, aber für Frauen ändert sich alles grundlegend. Erstens ist da die Geburt: Ich bin sicher, meine Vagina wird nie wieder so aussehen wie vorher. Dann all die Monate mit zu wenig Schlaf, das Stillen und die Pflicht, sich um alles zu kümmern. Wie um alles in der Welt sollte man noch Lust auf Sex haben, wenn all das auf den Schultern lastet? Keiner warnt einen vor der monatelangen Scheidentrockenheit, vor den Hormonschwankungen und dem blanken Hass auf den Partner, an dem all das scheinbar spurlos vorübergeht. Die Einstellung zur Häufigkeit und der Qualität des Sex verändert sich im Lauf des Lebens. Ich hoffe allerdings, dass der Sex in meinen Vierzigern und Fünfzigern sensationell und unglaublich befriedigend sein wird. Obwohl ich eine Beziehung mit jemandem führe, den ich liebe, hoffe ich doch, dass er nicht der Einzige ist, mit dem ich für den Rest meines Lebens Sex habe.«

Küssen

Die berühmtesten Küssenden der Weltgeschichte sind Romeo und Julia im Jahr 1595 in Akt I, Szene 5. Wenn ein Mann gut und voller Hingabe küsst, kann ein Kuss bedeuten, dass man den Lebensatem in seiner reinsten, intimsten Form mit jemandem tauscht. Es ist, als würden die Seelen der Liebenden miteinander verschmelzen und eins werden. Mit dem Kuss des Geliebten auf den Lippen aus diesem Leben zu scheiden, wäre ein großes Geschenk. Wie viele Menschen sind während des Austauschs von Zärtlichkeiten gestorben? Ein Herzstillstand mitten in der Ekstase des Liebesspiels? Wenn eine Frau mit einem Mann schläft, ist er nicht nur jeder Mann, den sie je gekannt hat, sondern sein Kuss hält auch alle Küsse in sich vereint, die er je bekommen hat, und nimmt ihr jeden Kuss, den sie gab, so dass sie sich zu einem endlosen Reigen der Liebe vereinen. Wieso küssen wir so gern, und weshalb ist es etwas so unglaublich Intimes? Prostituierte tun es nicht, Liebende dagegen schon. »Ihre Lippen sind voller Süße, das Leben liegt in ihrem Mund«, heißt es über die Göttin Ishtar. Meiner Ansicht nach ist es das Küssen, was unsere Seelen verbindet, nicht der Geschlechtsakt an sich, obwohl er dicht dahinter an zweiter Stelle rangiert. Ein Mann, der gern küsst, ist ein Mann voller Großzügigkeit, Warmherzigkeit und wahrer Liebe für die Frauen. Ein Mann, der gern küsst, liebt seine Mutter, und wenn er seine Mutter liebt, wird er auch ein guter Partner sein.

Die Pschyose der Liebe

Wir wissen heute, dass sexuelle Anziehungskraft und Verliebtheit im Prinzip eine Krankheit sind – eine Art Psychose, wenn Sie so wollen. Wenn eine Frau einem Mann begegnet, der den Boden unter ihren Füßen erbeben lässt, warnt sie ihr Vorderhirn augenblicklich, diesem gut aussehenden, bindungsphobischen Mistkerl lieber gleich den Rücken zu kehren. Ihr Mittelhirn hingegen legt einen schwarzen Schleier über ihr Vorderhin und sagt: »Seine Stimme ist weich wie Samt, seine Beine endlos lang, seine Augen bohren sich förmlich in mich hinein, und ich würde am liebsten jeder Frau die Kniescheiben zertrümmern, die sich ihm nähert.« Weshalb entflammt sie für Mr. Wrong, wenn sie doch genau weiß, wie Mr. Right aussieht? Forscher haben sich die Vorgänge des Nervensystems und die Biologie der Belohnung, die das Mysterium sexueller Anziehungskraft und Liebe untermauern, genauer angesehen. Englische Wissenschaftler haben eine Gruppe Schwerstverliebter der Phase I (es gibt drei Phasen bis zur festen Beziehung: Phase I ist diejenige, in der man taub und blind ist und keinen Bissen hinunterbekommt) versammelt und in eine MRT-Röhre gesteckt. Die Scans zeigten, dass die Gehirne Frischverliebter genauso aussehen wie die von Drogen- oder Alkoholabhängigen. Das Gehirn lässt einen glauben, dass der oder die Angebetete die Quelle ewigwährender Freude ist. Dieser Trick ist für die Evolution notwendig. Ließe uns das Gehirn nicht dem Irrglauben aufsitzen, diesen Mann hätte uns der Himmel geschickt, würden wir uns niemals auf ihn einlassen.

Jeder kann sich einen Partner suchen, es ist der primitivste Vorgang im Hirn. Selbst kaltblütige Reptilien wissen instinktiv, dass sie einen Geschlechtspartner brauchen. Beim Menschen ist das Ganze etwas komplexer, weil zu den rein chemischen Vorgängen auch noch Faktoren wie persönliche Erfahrungen, Alter, Eltern, Freunde, Ausbildung, Fernsehen, Timing und Schicksal hinzukommen. Die größte Durchschlagskraft besitzt jedoch das Arsenal aus chemischen Vorgängen im Gehirn, die diese Faszination zwischen zwei Menschen heraufbeschwören, die ununterbrochen aneinander denken müssen, stundenlang nur dasitzen und einander in die Augen sehen können und jeden Fehler am anderen für absolut hinreißend halten. Diese natürliche Liebesdroge lässt uns glauben, ausgerechnet dieser Mann oder diese Frau vor uns sei unser wahrer Seelenverwandter unter den Milliarden Menschen auf der Welt, der perfekte Partner, für den wir alle anderen stehen lassen, der ultimative Volltreffer. Im Zuge meiner Interviews haben Männer mir erzählt, sie würden nur aus einem Grund von einem Bett ins nächste springen: weil sie auf der Suche nach der ultimativen Traumpartnerin sind. Seltsam ist nur, dass die selbst dann noch weitermachen, wenn das Thema Partnersuche eigentlich längst vom Tisch ist.

Das Geheimnis, einen anderen Menschen als zuverlässigen, zärtlichen Lebenspartner statt als potenziellen One-Night-Stand zu betrachten, liegt am limbischen System, einem Teil zwischen dem Neocortex, wo Vernunft und Intellekt sitzen, und dem so genannten Reptilienkomplex, welcher die primitiven Instinkte beherbergt. Das limbische System überflutet unseren Körper mit Dopaminen, Norepinephrinen und Serotonin, gegen deren erregende Wirkung wir praktisch chancenlos sind. Diese fiesen Substanzen halten uns vom Schlafen und Essen ab, machen uns euphorisch und ermutigen uns, ungewöhnliche Risiken für das Objekt unserer Begierde in Kauf zu nehmen. Das ist der Punkt, an dem Ihnen nicht einmal auffallen würde, wenn er oder sie zwei Köpfe hätte. Jene Teile unseres Gehirns, die Lust, Sehnsucht, das Verlangen nach Belohnung, Risikobereitschaft, obsessives und Gewohnheitsverhalten steuern, tun sich zusammen, was der Anfang vom Ende ist. Würde das nicht passieren, käme es nie dazu, dass Menschen sich finden oder zusammenbleiben, was die Frage aufwirft, wie arrangierte Ehen funktionieren.

So wird der Sex erst richtig gut

1. Seien Sie verliebt.
2. Je weniger Gedanken Sie sich über den Orgasmus machen, umso besser. Der Knackpunkt ist, sich zu entspannen und zu genießen. Sich im Alleingang einen Orgasmus zu verschaffen ist wesentlich einfacher als mit einem Partner. So ist nun mal das Leben. Auch ohne Orgasmus kann Sex Spaß machen, und einen zu haben oder nicht, ist kein Indikator dafür, ob der Sex etwas taugt oder man die wahre Liebe gefunden hat. Wenn Sie allerdings erst einmal einen Orgasmus mit Ihrem Partner hatten, wollen Sie ihn immer wieder erleben.
3. Tun Sie nichts, was Sie nicht wollen, und alles, wonach Ihnen der Sinn steht.
4. Wenn Ihr Partner Sie nicht glücklich macht, helfen Sie ihm.
5. Stellen Sie niemals die dämlichste Frage der Welt – *War es gut für dich*? Wenn Sie nett zu Ihrem Partner sind, ihn mögen und Ihr Glück mit ihm gefunden haben, war es natürlich gut für ihn. Sind Sie blind?
6. Fragen Sie niemals: »Und das war alles?«, es sei denn, Sie sind siebzehn und er auch.
7. Alle Frauen sind schön, wenn sie Sex haben, also machen Sie sich keine Gedanken darüber, wie Sie nackt aussehen; Männer sind wesentlich weniger kritisch, als Sie glauben.
8. Schlagen Sie sich nicht mit der Frage herum, ob Sie eine aufgeklärte, sexuell emanzipierte Frau oder nur einfach zu kriegen sind. Amüsieren Sie sich.

9. Dies ist nicht der richtige Zeitpunkt für Multitasking. Ein Buch zu lesen, während Sie mit Ihrem Partner Sex haben, kann Missverständnisse aufwerfen.
10. Benutzen Sie ein Kondom.

Falsches Spiel

Sie wissen ja, wie es so schön heißt: Frauen spielen den Orgasmus vor, Männer die ganze Beziehung. Meine Güte, Männer, das war ja klar. Ihr, die ihr uns ständig nachmacht, müsst zu Trittbrettfahrern werden und auch noch anfangen, den Orgasmus zu faken. Muss das sein? Dieses Privileg ist uns vorbehalten, und wir machen unsere Sache gut, wenn man den Männern Glauben schenken darf. Also, hört auf damit, und lasst euch etwas Eigenes einfallen. In den Sexshops stapeln sich verschiedene Spielzeuge, die Frauen darin unterstützen sollen, einen Orgasmus zu bekommen, weil Männer an dieser Front so hoffnungslos versagen und nichts als dilettantisch herummurksen. Laut Ann Summers, einem der größten Sexshop-Unternehmen des englischsprachigen Raums, kommen 80 Prozent der Frauen nicht in den Genuss eines atemberaubenden Orgasmus (es sei denn, sie legen sich ein kleines Sexspielzeug zu, versteht sich). Die grausame Wahrheit ist, dass es sehr schwierig für eine Frau ist, während des Geschlechtsakts mit einem Mann einen Orgasmus zu erleben. Wenn man seinen Partner sehr gut kennt, gibt es keinen Grund, ihn zu spielen; so etwas ist nur im Stadium der Beziehung nötig, in dem man dem Mann noch nicht gezeigt hat, was er tun soll. Aber woher wisst ihr, wann wir einen Orgasmus hatten?, fragen die Jungs jetzt. Wieso geht es immer nur um die Frauen? Bei einer Frau kann man es in einer Million Jahren nicht wissen, wenn ein Mann hingegen ejakuliert, kann man im Allgemeinen davon ausgehen, dass er einen Orgasmus hatte, so einfach ist das.

Postfeministischer Sex

»Wir haben Köpfchen, wir haben einen Körper, und es ist völlig legitim, von beidem Gebrauch zu machen«, argumentieren die jungen Frauen von heute. In welcher Art und Weise das geschieht und in welchem Verhältnis zueinander, ist entscheidend dafür, wo man endet. Die Frauen von heute sind sehr darauf bedacht und bekennen sich offen dazu, sich das zu holen, was sie wollen. Sie sind besser informiert und reifer als die Frauen der Generationen vor ihnen, was vorwiegend an den Medien liegt, die sich auf Teenager als hauptsächliche Zielgruppe eingeschossen haben.

Allerdings gibt es auch besorgte Stimmen, wie die US-Politologin Carol Platt Liebau, die mit ihrem Buch *Prude – How the Sex-Obsessed Culture Damages Girls* (etwa: »Prüderie – Die negativen Einflüsse der sexbesessenen Gesellschaft auf junge Mädchen«) genau auf dieses Thema eingeht. Ihrer Meinung nach stellt unsere moderne Gesellschaft Äußerlichkeiten über Intellekt und Talent. Anfangs kam das Ganze als sexuelle Emanzipation daher, doch dank des Einflusses der Medien und eines gezielten Marketings sind Mädchen heute nicht länger in der Lage, ihr Selbstwertgefühl von ihrer sexuellen Macht zu trennen. Sie haben die Fäden in der Hand, aber wofür? Mädchen liegen in einem ständigen Wettstreit um Aufmerksamkeit, die sich auf der Basis ihres Erfolgs bei Jungs manifestiert. Der gezielte Einsatz ihrer sexuellen Macht ist der schnellste Weg zum Erfolg. Als ich noch Teenager war, hatten Mädchen Sex, weil sie sich nach Liebe und Aufmerksamkeit sehnten. Heute sagen Mädchen, dass Schönheit und Sexappeal nicht für immer wichtig sein mögen, es in ihrem Alter aber definitiv sind. Teenager waren schon immer so kurzsichtig, nur entschuldigen sie sich heute nicht mehr dafür. Der Feminismus hat uns die sexuelle Befreiung gebracht, die wir auch für unsere Zwecke genutzt haben. Und genau dieses Erbe tragen die Mädchen von heute in sich.

Sex und Liebe der reifen Frau

Körperliche Lust ist etwas Vergängliches. Die meisten normalen Menschen und Topfpflanzen wissen das, aber manche brauchen eben etwas länger, bis sie es kapieren. Frauen beschweren sich, dass sie ab dem fünfzigsten Lebensjahr praktisch unsichtbar werden. In den Augen der Männer sind sie keine Wesen mit florierender Sexualität mehr. Ich freue mich, verkünden zu dürfen, dass ich nur teilweise unsichtbar geworden bin. Bei gutem Licht werde ich ab und zu bemerkt und angeflirtet, besonders von jenen, die genau wissen, dass sie mich sowieso nicht kriegen können: verheiratete Männer, verknallte jüngere Männer, lesbische Frauen und Winzer (nein, fragen Sie bitte nicht).

Sex ist wie Bridge. Ohne guten Partner braucht man eine gute Hand. Die Franzosen (die wahre Experten in Sachen Liebe sind) haben einen hübschen Spruch für die ältere Frau als Geliebte – »Les meilleurs daubes sont faites dans les plus anciennes marmites« (»In den ältesten Töpfen entstehen die besten Eintöpfe«). Ich antworte stets darauf: »Das stimmt, aber eine junge Möhre braucht man trotzdem dazu.« Das Geheimnis eines guten Eintopfs sind die Karotten, die, wie im wahren Leben, im Herbst am allersüßesten schmecken.

Als ich noch jung und hübsch war und glatte Haut und dichtes, dunkles Haar hatte, bekam ich nie den Mann, den ich wirklich haben wollte: gut aussehend, charmant und interessiert. Stattdessen verliebte ich mich bevorzugt in dürre, unterkühlte Intellektuelle, bei denen ich mich glücklich schätzen konnte, dass sie mich überhaupt wahrnahmen. Als ich älter wurde, fühlten sich die tollen Männer, die mich früher keines Blickes gewürdigt hatten, auf einmal wie magisch zu mir hingezogen. Ich fragte mich, wie so etwas möglich war – etwa fünf Minuten lang. Frauen, die einem geschenkten Gaul zu lange ins Maul sehen, haben offenbar zu viele Geschenke im Leben bekommen. Als Frau, die eine Affäre mit einem jüngeren Mann hat, fragt man sich augenblicklich: Aber was ist mit meinen großen Poren? Mit meinen Pölsterchen? Und mit dieser Naturkatastrophe, die sich als mein Gesicht ausgibt? Und er sagt: »Ich liebe jeden Zentimeter deines gereiften Körpers.« Probieren Sie's aus. Wann immer ich junge Männer gefragt habe, was sie so attraktiv an älteren Frauen finden, rechnete ich damit, etwas über Persönlichkeit, finanzielle Unabhängigkeit, Selbstsicherheit, weniger hohe Erwartungen, interessanter Charakter blablabla zu hören zu bekommen. Doch die meisten meinten, es sei der Sexappeal, also genau das, was wir in dieser Lebensphase zu verlieren fürchten. Ältere Frauen seien besser im Bett, sagen sie, erfahrener und in ihren Augen einfach wunderschön.

Wenn Frauen in die mittleren Jahre kommen und mit einem Partner zusammen sind, dem es ebenso ergeht, können gelegentlich Probleme beim Sex auftauchen. Natürlich ist man, wenn er keinen hochkriegt, verständnisvoll und nett zu ihm, insgeheim aber denkt man: »HERRGOTT NOCH MAL. Wir verlangen doch sowieso schon so wenig von euch. Wieso kriegt ihr nicht mal das hin?« Ich weiß, dass das grausam ist und ich bestimmt nie wieder einen Kerl abkriege, weil ich es offen zugegeben habe, aber schätzungsweise kann ich mein Glück immer noch bei jungen Männern und Wildfremden versuchen. Viele glauben, Viagra-ähnliche Mittelchen seien die Lösung für ihre Probleme, und vielleicht sind sie das auch, ich habe allerdings meine Zweifel.

Wirklich deprimierend ist es, wenn eine Frau regelmäßig Sex hatte und er auf einmal aufhört – weil der Partner sie verlässt, stirbt oder das Interesse verliert. Oder sie verlässt ihn, erkrankt oder verliert selbst das Interesse. Man hat Sex als selbstverständlich betrachtet und ist davon ausgegangen, dass man auch weiterhin in seinen Genuss kommt und Interesse daran hat. Wenn er also abrupt aufhört, ist es mehr als verständlich, dass er einem fehlt, schon allein deswegen, weil man ihn nicht haben kann. Jedes Kind weiß, dass das, was man nicht hat, gleich viel, viel spannender und erstrebenswerter ist. Leider lässt die sexuelle Lust mit dem Alter nur nach, verschwindet aber nicht ganz. Man ist vielleicht nicht mehr ganz so versessen darauf wie früher und kann durchaus ohne Sex leben, vor allem, wenn man ein ansonsten erfülltes Dasein führt. Aber sobald man jemandem begegnet, bei dem man weiche Knie bekommt, schwappt das Östrogen in köstlichen Wellen über einen hinweg.

Die Suche nach Sex und Liebe im gereiften Alter unterscheidet sich nicht allzu sehr von der in früheren Lebensphasen. Im Prinzip ist es eine reine Rechenaufgabe: Je mehr Menschen man kennenlernt, umso größer ist die Chance, einem ganz besonderen Menschen zu begegnen. Wenn man nie ausgeht, ist die Chance, dass sich der Postbote als Traumprinz entpuppt, ziemlich gering. Ich habe Freundinnen, die keinerlei Anstrengungen unternehmen, und solche, die die Dienste von Partnervermittlungen in Anspruch nehmen, sich online betätigen und häufig ausgehen. Soweit ich beurteilen kann, ist keine der beiden Methoden erfolgversprechender. Im Prinzip läuft es nach wie vor auf die altbewährte Mischung hinaus: das magische Kribbeln und ein Quäntchen Glück. Liebende lernen sich nicht irgendwann kennen, sie tragen den anderen schon immer in ihrem Herzen, sagte der islamische Dichter Rumi.

Was lernen wir daraus

- ♥ Man muss keinen Sex haben, um schwanger zu werden. Sehen Sie sich nur die Heilige Mutter Maria an.
- ♥ Wir Angelsachsen wissen heute, dass Sex wirklich

existiert, nur die Tatsache, dass er üblicherweise von zwei Menschen praktiziert und der Partner damit einverstanden sein muss, macht uns noch zu schaffen.

♥ Liebende lernen sich nicht irgendwann kennen, sie tragen den anderen schon immer in ihrem Herzen.

KAPITEL 9

Glück – Wirklich glücklich oder nur einfach zufriedenzustellen?

Ich weinte, weil ich keine Schuhe besaß, bis ich einem Mann begegnete, der keine Füße hatte. So brutal dieser Spruch aus einem Buch voll frömmelnder Parabeln meiner Mutter sein mag, sind sich Experten doch darüber einig, dass Glück relativ ist. In gewisser Weise existiert es überhaupt nicht, sondern ist nur das Resultat von etwas anderem.

Es heißt, das ultimative Glücksrezept sei eine gute Gesundheit und ein schlechtes Gedächtnis. Glück heißt, dass andere Menschen einen lieben und bewundern, dass man andere behandelt, wie man selbst behandelt werden möchte, dass man aus eigenem Antrieb seinen Beitrag zur Gesellschaft leistet und das Gefühl hat, seinen Platz im Leben wirklich und wahrhaftig gefunden zu haben. Glückliche Menschen führen ein erfülltes, zielorientiertes Leben. Sie leben in glücklichen Beziehungen und finden Befriedigung, indem sie sich nicht mit Oberflächlichkeiten abspeisen lassen. Untersuchungen haben gezeigt, dass Geld und das Streben danach nicht automatisch zum Glück führen. Diese Erkenntnis habe ich schon vor langer, langer Zeit gewonnen und mich nie berufen gefühlt, viel Geld zu verdienen. Ich habe mich nie zu wohlhabenden Männern hingezogen gefühlt oder unter der Angst vor einer finanziell unsicheren Zukunft gelitten. Glück kommt immer von innen heraus. Es erwächst aus dem, was wir sind und wie wir uns verhalten, nicht aus dem, was wir besitzen. In ihrem Buch *Was Frauen glücklich macht* schreibt Fay Weldon, dass Frauen immer nur für zehn Minuten glücklich sein können, deshalb sollte man sich allzu hohe Erwartungen an sich selbst lieber verkneifen. Aber diese zehn Minuten fühlen sich so fantastisch an, dass sie uns bis zur nächsten Glückswoge retten.

Legen Sie sich ein unergründliches Lächeln zu, wenn Sie glücklich aussehen und es schaffen, tapfer über Ihre Tränen hinwegzulächeln, werden die Menschen glauben, Sie seien immer glücklich. Die Leute denken, glückliche Menschen hätten ein Glücksgeheimnis, aber das stimmt nicht; sie sind nur von Natur aus abenteuerlustig und haben ein Gespür für die Poesie des Lebens. Glückliche Menschen leben im Hier und Jetzt, nicht in der Vergangenheit mit all ihren Misserfolgen, die sie sich ans Revers heften, einem riesigen Repertoire an Geschichten von unerwiderter Liebe und Eltern mit einem schlechten Geschmack, und auch nicht in der Zukunft mit dem Ritter in schimmernder Rüstung und unerwartetem Reichtum.

Das Glück hat eine hässliche Schwester: die Depression. Die Weltgesundheitsorganisation hat prognostiziert, dass im Jahr 2010 Depressionen im Begriff stehen, nach Herz-Kreislauf-Krankheiten zur zweithäufigsten Erkrankung in den Industrieländern zu werden. Doch das Glück hat auch zwei hübsche Zwillingsschwestern: die Freude und die Überschwänglichkeit. In diesem Buch habe ich alles zusammengetragen, was Frauen glücklich macht: Gesundheit, Essen, Kleider, Musik, Beziehungen, Sex, Reisen, Arbeit und Männer. Wenn ich ganz ehrlich sein soll, standen Männer bei meinen Recherchegesprächen mit Frauen ziemlich weit unten auf der Liste. Sie scheinen eher Quell des Kummers statt des Glücks zu sein. Allerdings ist die Behauptung, man ziehe Schokolade dem Sex vor, völliger Unsinn, denn man müsste schon ganze Berge davon verdrücken, um auch nur ansatzweise in die Sphären eines Orgasmus zu kommen. Frauen mögen Sex, haben aber keine Lust auf das ganze Brimborium, das damit einhergeht. Die zentrale These in Oliver James' Buch *Affluenza* ist, dass Glück und seelische Ausgeglichenheit ein Anliegen des öffentlichen Gesundheitswesens sind. Seiner Meinung nach hat Glück nichts mit der Leistung oder den Bemühungen des Einzelnen zu tun (»Was habe ich erreicht?« oder »Weshalb habe ich versagt?«), sondern ist vielmehr das Produkt einer Palette an gesellschaftlichen, wirtschaftlichen und kulturellen Umständen. Unsere in höchstem Maß unausgeglichene, auf Wettbewerb und Individualität ausgerichtete Gesellschaft beschwört immer mehr emotionales Leiden und Ungleichgewicht herauf.

Ängste und innere Unruhe

Mit den Ängsten verhält es sich wie mit anderen unangenehmen Erscheinungen: Einfach nicht beachten, dann verschwinden sie von allein. Doch leider ist das nicht immer so. Unser in jüngster Zeit erlangter Reichtum ging zu Lasten unseres emotionalen Wohlbefindens. Zwischen 1982 und 2000 hat sich die Zahl der Frauen, die unter

Ängsten leiden, beinahe verdoppelt. Frauen haben so viel um die Ohren, dass ihnen manchmal gar nicht bewusst ist, dass sie unter innerer Unruhe leiden, weil dieser Zustand kommt und geht. Er verbirgt sich hinter Schlaflosigkeit, Grübeleien, Schmerzen und allerlei sonstigen Beschwerden. Diese Frauen leiden unter ihren Ängsten, seit sie aus dem Mutterleib gekommen sind, sich umgesehen und gedacht haben: Das kann so nicht richtig sein. Aus diesem Grund ist ihnen die Angst so vertraut, dass sie sie als normal betrachten. Meine Ängste manifestieren sich fast ausschließlich in Schlaflosigkeit. Wenn also in meinem Leben irgendetwas aus dem Gleis gerät (was in ungefähr 60 Prozent der Zeit der Fall ist), kann ich sofort nicht mehr schlafen. Ein wichtiger Termin am nächsten Morgen: kein Schlaf. Eine Reise mit dem Flugzeug: kein Schlaf. Ein fremdes Bett: kein Schlaf. Ein fremder Mann: kein Schlaf (obwohl das auch andere Gründe haben könnte). Fremdes Hotel: kein Schlaf… usw. usw. usw. Andere Frauen, die unter innerer Unruhe leiden, können nichts mehr essen und magern ab, andere essen zu viel und nehmen zu, und wieder andere haben das Gefühl, als liege ihr Herz zentnerschwer in ihrer Brust.

Man kann all das in den Griff bekommen, allerdings gelingt es mir nicht besonders gut. Als eine Frau in ihrem Haus ganz in der Nähe von mir brutal vergewaltigt wurde, fand ich nachts vor Angst keine Ruhe mehr. Ich entwickelte eine regelrechte Phobie, glaubte Einbrecher zu hören, spürte ihre Gegenwart förmlich in meinem Schlafzimmer und glaubte, ihren Geruch in der Nase zu haben, wenn sie sich auf mich legten. Meine Angst wurde durch die Tatsache geschürt, dass mir genau das in meinen Zwanzigern zweimal passiert ist: Ich wachte auf und stellte fest, dass ein Mann durchs Fenster eingestiegen war und Anstalten machte, in mein Bett zu kommen. Meine Freundin Gail Ratcliffe meinte, ich könnte so auf Dauer nicht weiterleben. Ihre Lösung für viele Probleme im Leben sieht folgendermaßen aus: Ändere, was du ändern kannst, und schaff dir alles andere vom Hals. Als Erstes brachte sie mich dazu, einen Schlosser kommen zu lassen, der sämtliche Türen und Fenster überprüfte, ehe ich einen Termin bei der lokalen Polizei vereinbarte, die mir zeigte, wie ich mein Leben sicherer machen konnte. Dann brachte sie mir bei, wie ich das »Gedankenkarussell anhalten« konnte. Und zwar so: Man beschwört den schlimmen Gedanken mit aller Macht herauf, so dass er klar und deutlich im Raum steht, und ruft dann ganz laut HALT. Das machen Sie dreimal nacheinander, dann legen Sie sich hin und versuchen zu schlafen. Wann immer der schlimme Gedanke zurückkommt, wiederholen Sie die Übung. Nach wenigen Nächten funktionierte es bereits.

Man kann seine Ängste, Schmerzen (vor allem Muskelschmerzen) und leichte depressive Verstimmungen auch mit Entspannungsübungen in den Griff bekommen. Meistens bestehen sie daraus, die Muskeln nacheinander zuerst an- und dann zu entspannen. So wird der gesamte Körper »durchgearbeitet.« Als ich mein Restaurant in Paris hatte, litt ich unter chronischen Rückenschmerzen und brach mindestens dreimal am Tag vor Verzweiflung in Tränen aus. Meine Brüder in Australien rieten mir, ein Buch über Entspannungsmethoden zu kaufen, völlig egal, welches. Ich besorgte mir eines am Flughafen. Darin hieß es, dass die Methode nicht über Nacht Wirkung zeigen, am Ende aber doch funktionieren würde. Ich legte mich also zwischen den Schichten unter den Tischen auf den Restaurantboden und machte meine Übungen, und siehe da – es klappte beinahe auf Anhieb. Und wenn Lieferanten kamen, zeichnete ich die Lieferscheine eben auf dem Boden liegend ab.

Wenn eine Frau früher Depressionen bekam, legte sie sich einfach eine Woche ins Bett und weigerte sich, aufzustehen. Sie behauptete, sie hätte die Grippe, worauf der Ehemann und die Kinder sich selbst das Abendessen zubereiteten und irgendwie allein zurechtkamen, bis sie wieder aufstand und weitermachte, als wäre nichts passiert. Ärzte verschrieben einem damals Valium-Hämmer, als wären es Bonbons, so heftig, dass man nicht mehr Autofahren und sich kaum noch allein anziehen konnte, sondern lediglich dasaß und dümmlich vor sich hin grinste. Wenn man nicht gerade unter klinischer Depression leidet, ist es ganz normal, dass man von Zeit zu Zeit niedergeschlagen ist, finde ich. Haben Sie einfach etwas Geduld, legen Sie sich mit einer heißen Tasse Kakao ins Bett, und warten Sie ab, bis es vorbei ist. Bestimmt geht es Ihnen bald wieder besser.

Einsamkeit

Einsamkeit ist etwas, was jeden treffen kann, unabhängig vom Alter. Die meisten Teenager glauben, sie seien Aliens, anders als alle anderen oder einfach nur die größten Loser unter der Sonne. Auch inmitten von Geschwistern, Schule, Ballettstunden und allerlei sonstigen Betätigungen kann man sich einsam fühlen. Ich erinnere mich, dass ich mich immer unverstanden fühlte, und dachte, dass es für immer so bleiben würde. Einsamkeit kann entstehen, wenn man ständig auf Reisen ist, wenn man allein arbeitet, ein unangenehmes Wesen hat oder so toll ist, dass jeder Mann Reißaus nimmt, der sich einem auf Weinglasdistanz genähert hat, aber auch eine Scheidung oder falscher Stolz können Gründe dafür sein. Ist es letztlich vielleicht sogar immer falscher Stolz, der uns einsam macht? Man kann den tollsten Job, die schicksten Klamotten, die robusteste Gesundheit und ein noch so gutes Aussehen haben, aber ohne Freunde, Menschen zum Reden, Kollegen und eine Familie, die man liebt, fällt man leicht in ein tiefes Loch und verliert den Bezug zu dem Menschen, der man ist. Deshalb ist es von größter Wichtigkeit, sich um seine Freunde, Familie und Partner zu kümmern, denn sie sind wie Zimmerpflanzen: Wenn man sie vernachlässigt, sterben sie, ebenso wie Sie selbst. Im Grunde müssen Sie nicht einsam sein. Allem Anschein nach sind Sie selbst für diesen Zustand verantwortlich, denn etwas an Ihrem Verhalten scheint die Leute zum Entschluss gelangen zu lassen, sich nicht in Ihrer Gegenwart aufhalten zu wollen. Wenn Sie zu viel trinken, hören Sie auf damit; wenn Sie eine Langweilerin sind, lassen Sie sich etwas einfallen; wenn Sie streitlustig sind, bemühen Sie sich um Friedfertigkeit; und wenn Sie gemein zu Ihrer Mutter sind, lassen Sie es bleiben. Hören Sie auf, nur an sich und Ihre Probleme zu denken. Überlegen Sie stattdessen, wie Sie anderen helfen können. Sobald Sie anfangen, anderen etwas zu geben, fühlen sie sich automatisch zu Ihnen hingezogen.

Schwaches Selbstwertgefühl

Diese fiesen kleinen Worte sind so unerfreulich, dass ich schon Minderwertigkeitskomplexe bekomme, wenn ich sie nur lese. Wir verbringen unser Leben damit, ständig zwischen Arroganz und mangelndem Selbstvertrauen hin und her zu springen. Eine Frau, die mit vielen Männern schläft, sucht verzweifelt nach Anerkennung und hat kein Selbstwertgefühl, heißt es immer. Frauen mögen Sex, deshalb ist es durchaus möglich, dass Frauen, die häufig Sex mit wechselnden Partnern haben, einfach Frauen sind, die gern Sex haben. Wer käme jemals auf die Idee, dass diese ballonbrüstigen Amerikanerinnen unter einem geringen Selbstwertgefühl leiden? Neuseeländerinnen und Australierinnen gelten als die frechsten Frauen auf der Welt, und Französinnen suchen sich einen Mann, machen kein großes Aufhebens darum, wenn er gern einmal auf fremden Weiden grast, sondern sehen sich selbst um, was die Männerwelt noch zu bieten hat. Eine beängstigende Anzahl von Frauen bringen Kinder zur Welt, die nicht von ihren Ehemännern gezeugt wurden. So mancher würde wohl aus allen Wolken fallen, wenn man einen Vaterschaftstest durchführte. Oliver James sagt, unsere kapitalistische Haltung gegenüber allem, was wir tun – diese Wettbewerbsmentalität, die dem Gewinner alles zuspricht, während der Verlierer leer ausgeht – beschwört große Unsicherheit herauf und zwingt uns förmlich, uns ständig mit anderen zu vergleichen, was uns automatisch zu Verlierern mit schwach ausgeprägtem Selbstwertgefühl macht. Was wir kompensieren, indem wir Prominente und Menschen mit hohem gesellschaftlichem Status verehren.

Geld macht nicht glücklich. Hallo? Doch! Aber nur bis zu einem gewissen Grad. Studien über das Glück haben mehrfach gezeigt, dass die Gewissheit, finanziell ein Quäntchen besser gestellt zu sein als der Nachbar, einen glücklich macht, wohingegen man sich wesentlich mieser fühlt, wenn man hundertmal reicher ist als der andere. Entweder Sie schicken also alle Ihre alten Freunde in die Wüste und suchen sich neue, reiche Freunde, oder Sie leben mit dem Neid und den Ressentiments Ihrer Umgebung. Ich persönlich leide nicht am Syndrom der Reichtumsüberdrüssigkeit, andere hingegen schon. Das liegt daran, dass sie gelangweilt, deprimiert und pausenlos unglücklich sind, egal wie viel sie besitzen. Heutzutage gibt es massenhaft reiche Leute – eine halbe Million amerikanische Haushalte haben Einkünfte von über 10 Millionen US-Dollar –, und sie verdreifachen ihren Besitz alle fünf Jahre. Stellen Sie sich nur mal vor, wie langweilig und trostlos es sein muss, in einer Welt zu leben, in der Grundstücke und Immobilien wie Fußballquartett-Karten gehandelt werden. Es wird mit allem gehandelt: Häusern, Yachten, Flugzeugen, Geschäften, Ehefrauen. Alles wird wie eine Aktie behandelt. Sie würden sich die Haare raufen. Vollständige Gärten werden per Schwerlaster und Kran angeliefert; über Nacht füllen Kunstsammlungen ganze Gebäudeflügel, während die Besitzer sich nicht einmal mehr erinnern können, aus wessen Pinsel sie stammen. Wenig später haben sie den Anblick ohnehin satt und ersetzen die komplette Sammlung durch etwas anderes. Sie stecken Millionen in die Renovierung und Umgestaltung ihrer Häuser, disponieren ständig um und verändern alles aus einer reinen Laune heraus. Erich Fromm, marxistischer Psychoanalytiker und Buddhist, prognostizierte bereits vor einem halben Jahrhundert »passive, innerlich unruhige, leere, isolierte Menschen, die die Inhaltslosigkeit ihres Lebens durch obsessiven Konsum kompensieren.«

Im Restaurant ist es eine echte Last, derjenige zu sein, der wesentlich mehr Geld hat als die anderen, weil ständig von einem erwartet wird, dass man die Rechnung übernimmt. Wenn Ihr Ehemann oder Ihre Ehefrau reicher ist als Sie, entsteht dadurch ein Ungleichgewicht, weil der- bzw. diejenige, der finanziell die Fäden in der Hand hält, automatisch das Sagen in der Beziehung hat. Wenn eine nicht berufstätige Frau einen reichen Mann heiratet, muss sie in irgendeiner Form dafür bezahlen, üblicherweise, indem sie sich irgendwelchen sexuellen Forderungen fügt oder in die Entscheidung über wichtige Beziehungsfragen nicht einbezogen wird. Im Prinzip ist sie arbeitslos und schlägt sich mit genau denselben psychischen Problemen herum wie ein gewöhnlicher Arbeitsloser. Sie fühlt sich überflüssig, hat vielleicht ein schwaches Selbstwertgefühl und hat es irgendwann satt, die Leere in ihrem Leben durch irgendwelche sinnlosen Beschäftigungstherapieversuche zu füllen. Je ärmer die Normalbevölkerung im Vergleich zu den Reichen wird, umso isolierter werden die Reichen. Sie sind gezwungen, sich durch Leibwächter, elektrische Tore und ausgefeilte Alarmanlagen vor den Armen zu schützen. Viele Superreiche sind nicht nur unglücklich und nicht zufriedenzustellen, sondern leiden auch unter Einsamkeit und Ängsten, weil ihre Umgebung spürt, dass sie unzugänglich oder ständig zu beschäftigt sind. Und die Kinder erst! Man stelle sich nur vor, wie es sein muss, mit solchen Erwachsenen zusammenzuleben. Die einzigen Menschen, zu denen diese Kinder eine Beziehung aufbauen, sind die Angestellten im Sommerlager, wo man sie hinschickt, damit sie psychisch wieder stabil werden.

Es gibt nur ein Heilmittel, das Psychologen den Reichen raten. Es lautet, etwas von dem zurückzugeben, was man hat. Nicht das, was man hat, macht einen glücklich, sondern das, was man tut. Engagieren Sie sich in der Wohltätigkeitsarbeit, und hängen Sie es nicht an die große Glocke, genießen Sie kleine Freuden des Alltags wie einen Parkspaziergang oder eine Runde Kartenspielen mit der Familie, unterstützen Sie andere darin, Erfolg zu haben, und, das ist das Allerwichtigste, hören Sie auf, sich ständig einen Kopf darum zu machen, mehr oder etwas Besseres zu haben als alle anderen. Lassen Sie einfach los. Und schenken Sie Liebe.

GAIL

Dr. Gail Ratcliffe ist Psychologin und auf Depressionen und Angststörungen spezialisiert. Ihre Patienten wenden sich mit existenziellen Sorgen und Problemen bei der Arbeit, in der Partnerschaft und der Familie an sie. Sie ist sehr chic und verströmt eine Aura der Ruhe und Gelassenheit. Einige ihrer Patienten haben mir erzählt, sie hätte ihnen mit ihren pragmatischen, positiven Ratschlägen das Leben gerettet.

Gail legte mir die chemischen Basics des Glücks dar.

»Ob man glücklich ist oder nicht, ist eine Frage der Biochemie. Das Gehirn besitzt die Fähigkeit, tausende verschiedener chemischer Stoffe zu produzieren. Einige davon lösen positive Gefühle aus, andere wiederum negative. Ob man glücklich ist oder nicht, hängt vom Gleichgewicht dieser chemischen Stoffe im Gehirn zu einem bestimmten Zeitpunkt ab. Hat man mehr dieser positiv stimmenden Stoffe, ist man gelassen, zuversichtlich und glücklich. Überwiegen die negativen, ist man gestresst, deprimiert oder wird von einem anderen negativen Gefühl dominiert. Die Gedanken können steuern, welche dieser Stoffe vom Gehirn freigesetzt werden. Wenn Sie auf die Unwägbarkeiten des Lebens, Rückschläge und Katastrophen mit Grübeleien reagieren, überflutet Ihr Gehirn Sie regelrecht mit diesen negativen chemischen Stoffen. Gelingt es Ihnen jedoch, das Ganze etwas philosophischer zu betrachten, geschieht das nicht.

Davon abgesehen können Sie die Freisetzung positiver chemischer Substanzen fördern. Verbringen Sie Zeit in der Sonne, lachen Sie viel, treiben Sie Sport, praktizieren Sie Yoga, gönnen Sie sich Massagen, genießen Sie gutes Essen, singen und musizieren Sie, und seien Sie sexuell aktiv. Verliebtheit eignet sich ebenfalls hervorragend dazu, diese positiven Substanzen zu produzieren. Wenn man verliebt ist, werden fünf verschiedene chemische Stoffe freigesetzt, die dieselben Empfindungen auslösen wie der Konsum von Kokain oder Speed. Eine kürzlich durchgeführte Studie hat bewiesen, dass der Ausstoß positiv wirkender chemischer Stoffe gefördert wird, wenn man sich angenehme Gedanken macht.«

»Was macht einen glücklichen Menschen aus?«

»Ein glücklicher Mensch ist ein Optimist; jemand, für den das Glas eher halb voll als halb leer ist und der nicht unter

Unentschlossenheit leidet, sondern seine Entscheidungen mit Bedacht trifft; jemand, der seine Probleme aktiv in die Hand nimmt und nicht über Fehler nachgrübelt, sondern sie hinter sich lässt, sich weiterentwickelt und zuversichtlich in die Zukunft blickt.«

»Wieso scheinen es manche Menschen regelrecht zu genießen, unglücklich zu sein?«

»Ich glaube nicht, dass sie es unbedingt genießen, es sei denn natürlich, sie bekommen Aufmerksamkeit, weil es ihnen schlecht geht. Meiner Erfahrung nach liegt es vielmehr daran, dass die Menschen entweder nicht wissen, wie sie den negativen Teufelskreis durchbrechen sollen, oder sich nicht über die Folgen im Klaren sind, wenn sie ständig schlecht gelaunt und unglücklich sind. Die Konsequenzen sind, dass man die Leute um sich herum vergrault und andere sich in der Gegenwart dieser Menschen nicht wohlfühlen. Man neigt zu Fehlentscheidungen und trägt ein erhöhtes Risiko für Krankheiten und Beschwerden, die von schuppigem Haar bis hin zum Tod reichen. Man verliert das Selbstwertgefühl, die Kreativität und das Gefühl, sein Leben im Griff zu haben. Außerdem schafft ein unglücklicher Mensch es nie, sein volles Potenzial auszuschöpfen.«

»Wie wird man denn glücklich? Stimmen Sie dem Spruch ›So zu tun, als ob, ist der erste Schritt auf dem Weg, auch so zu werden‹ zu?«

»Ja, zu handeln, als wäre man glücklich, ist eindeutig ein Schritt in die richtige Richtung, weil die Umwelt einem automatisch positiver begegnet. Man wird nicht länger gemieden oder mit Samthandschuhen angefasst, außerdem bewältigt man die Anforderungen im Beruf besser oder behandelt seine Mitarbeiter so, dass sie gern für einen arbeiten. Glücklich zu sein wird aber auch einfacher, wenn man sich mit vielen der Aktivitäten beschäftigt, die ich vorhin erwähnt habe. Wichtig ist vor allem regelmäßiger Sport, weil hierbei nicht nur positive Substanzen freigesetzt, sondern auch die Stoffe abgebaut werden, die für Kummer oder schlechte Laune verantwortlich sind – zum Beispiel Stresshormone.

Wichtig ist, die Probleme zu lösen, die sich lösen lassen, statt tatenlos herumzusitzen und sich zum Opfer der Umstände zu machen. Ein wesentlicher Glücksfaktor ist, im Hier und Jetzt zu leben und mit dem zufrieden zu sein, was man hat. Wenn man sein ganzes Leben damit zubringt, dem Gestrigen nachzuweinen und sich vor dem Morgen zu fürchten, wird man nie ein erfülltes Leben führen können, sondern in seinem alten, unglücklichen Leben festhängen. Das, was uns tagtäglich widerfährt, ist in Wahrheit nicht negativ, sondern rangiert irgendwo zwischen neutral und positiv in verschiedenen Ausprägungen. Wer allerdings gezielt nach dem Negativen sucht und darüber nachgrübelt, beraubt sich der Fähigkeit, glücklich zu sein.«

»Wieso schaffen es manche Menschen nicht, ein Leid zu verwinden, das ihnen widerfahren ist. Haben Sie den Eindruck, dass manche Menschen das Negative anziehen?«

»Meiner Ansicht nach verwinden manche Menschen Leid oder schlechte Erfahrungen nicht, weil sie dazu neigen, darüber nachzugrübeln, und sich an ihre negative Einstellung klammern, nicht nur deswegen, was ihnen widerfahren ist, sondern auch in Bezug auf alles andere, was in ihrem Leben passiert. Diese Art von Verbitterung ist ein Hindernis für die weitere Entwicklung. Ich glaube nicht, dass es Menschen gibt, die das Negative anziehen. Keiner von uns ist gegen schlimme Erlebnisse gefeit. Das ist eine der wenigen Garantien – irgendwann passiert jedem etwas. Wie man damit umgeht, hängt von der Fähigkeit zum Glücklichsein ab.«

»Manche Leute behaupten ja, zwischen 30 und 40 am glücklichsten gewesen zu sein. Der Sex war verlässlich gut, sie waren stark und hatten das Gefühl, ihr Leben voll im Griff zu haben. Sehen Sie das genauso?«

»Meiner Ansicht nach haben wir den Eindruck, in der einen Lebensphase glücklicher zu sein als in einer anderen, aber auch das ist relativ. Manche Menschen werden Ihnen sagen, sie seien als Teenager am glücklichsten gewesen, andere erst nach ihrer Pensionierung. Sie alle verbindet, dass es jeweils eine Lebensphase war, in der sie ihr Leben im Griff und den Eindruck hatten, alles laufe so, wie es soll.«

Wieso Glücklichsein auch gesund macht

Laut Psychologenmeinung sind manche Menschen mit einer Art Glücksgen, also einem positiven Naturell geboren. Falls Sie nicht dazu gehören, können Sie ein sonniges Gemüt immerhin erlernen. Das ist eine erfreuliche Nachricht, denn ich kann mir nur eine bestimmte Anzahl neuer Kleider und neuer Bücher kaufen, ehe ich gezwungen bin, nach innen zu sehen und dort nach dem Glück zu suchen. Wieso sind die Menschen in indischen Slums nicht ausnahmslos deprimiert? Woran liegt es, dass ein Vater, dessen drei bildschöne Töchter einem Verbrechen zum Opfer gefallen waren, eine ruhige Gelassenheit und positive Grundeinstellung verströmt? Unglück macht krank, weil es das Immunsystem schwächt. Im Viktorianischen Zeitalter hieß es immer, ein glücklicher Mensch sei auch ein anständiger Mensch, und ein anständiger Mensch sei auch ein glücklicher Mensch. Wenn Menschen einen freundlichen Menschen sehen oder selbst uneigennützig handeln, erhöht sich der Anteil der Antikörper im Blut, die für die Bekämpfung von Krankheiten notwendig sind. Howard Cutler (der gemeinsam mit dem Dalai Lama das Buch *Die Regeln des Glücks* geschrieben hat) führte ein Experiment durch: An einem Tag pro Woche sollten die Probanden fünf willkürliche gute Taten vollbringen. Alles war möglich: einem Wildfremden die Tür zu öffnen oder eine abgelaufene Parkuhr mit Kleingeld zu füttern. Nach fünf Wochen gaben die Probanden an, ihr Glücksgefühl habe sich erheblich gesteigert. Kein Wunder, endlich mussten sie nicht länger all diese Türen aufmachen. Glücksempfinden senkt das Infektionsrisiko und den Blutdruck und verlängert die Lebenserwartung. Glückliche Menschen haben einen langsameren Puls als unglückliche. Untersuchungen haben gezeigt, dass die Anfälligkeit für Arterienverkalkung bei Frauen sinkt, je glücklicher sie sind.

Das Glück kann sich in kurzen, einzigartigen Momenten zeigen, wenn das Schicksal auf unserer Seite zu stehen scheint, doch man muss aufmerksam genug sein, jene Momente auch zu erkennen … Eine einfache, köstliche Mahlzeit an einem schönen Tag, ein Liebesspiel, das zeitweilig über das gewohnte Erleben hinausgeht, die weiche Haut eines Babys unter den Fingern, Musik … Wie kommt es, dass manche Menschen unter der Last eines Unglücks zerbrechen, während andere es im Handumdrehen verwinden? Glück ist nicht in unserem Leben inbegriffen, sondern abhängig vom Kontext, in dem wir es erfahren. Alles steht und fällt mit der inneren Einstellung, aber man muss sich angewöhnen, nach einer Niederlage, einer Enttäuschung oder üblem Verrat seine Freude wiederzufinden, statt in Verbitterung, Sarkasmus oder ewigem Leid zu verharren. In einer kürzlich unter australischen Schülern durchgeführten Untersuchung wurde festgestellt, dass ihre größte Sorge nicht Drogen, Alkohol, sexuell übertragbaren Krankheiten, Entfremdung, Selbstmord, Obdachlosigkeit oder dem Zustand der Erde galt, sondern der Frage, wie sie aussehen. Kollektive Fassungslosigkeit! Wieso? Haben die Menschen vergessen, wie es sich anfühlt, wenn man 15 ist, gegen fiese Pickel und rebellierende Hormone kämpft, potthässliche, dicke Knöchel hat und nur via Grunzlauten mit seiner Umwelt kommunizieren kann? Wie kann man so etwas mit dem Weltfrieden gleichsetzen? Bedenklich wird es erst, wenn man 55 ist und das Aussehen immer noch für wichtiger hält als ein ausgeglichenes, reifes Seelenleben.

Es gibt unglaublich viele Möglichkeiten, Glück zu empfinden, allerdings findet man sie nie heraus, wenn man sie nicht ausprobiert: mit anderen gemeinsam singen, gemütlich und genussvoll kochen, statt es als lästige Pflicht zu betrachten, tanzen, Sport treiben (heißt es zumindest), meditieren, Altruismus, Buddhismus. Die Meditation ist eine Art Kontemplation, die die Fähigkeit steigert, positiv auf Ereignisse zu reagieren, statt sie nur ohnmächtig passieren zu lassen. Die meisten Menschen bringen sich selbst bei, glücklich zu sein, wenn sie noch Kinder sind, und zwar in einer Lebensphase, in der das Leid tagtäglich erbarmungslos zuschlägt: Geschwister, die versuchen, einem die Mutter wegzunehmen, grauenhafte Schuhe, Gemüse essen bis zum Erbrechen, Ohnmacht während des

Gottesdienstes und die Ungerechtigkeit des Daseins im Allgemeinen und Besonderen.

Vorbilder

Paris Hilton mit ihrer legendären Dämlichkeit ist wohl kaum ein anstrebenswertes Vorbild. Insofern halte ich den Wunsch, so sein zu wollen wie sie, für äußerst fragwürdig. Im Hinblick auf Amy Winehouse, die bei den Teenagern immer noch hoch im Kurs steht, bin ich noch unschlüssig. Obwohl sie ein magersüchtiger Junkie ist und Eheprobleme hat, ist sie als Musikerin absolut sensationell. Sie schreibt ihre eigenen Songs, und ihre globale Leckmich-Haltung gefällt mir. Sie hat Köpfchen, ist talentiert und hat einen Preis nach dem anderen abgeräumt. Kürzlich habe ich mir wieder einmal *Manche mögen's heiß* angesehen und konnte über das unglaubliche Charisma und die Sinnlichkeit von Marilyn Monroe nur staunen. Da stand sie, in diesem glänzenden Kleid ohne BH und sang, oder sollte ich lieber sagen, hauchte: »I Wanna Be Loved By You«, wand sich wie eine Schlange an Tony Curtis auf dem Sofa entlang, der dort lag und völlig passiv sagte: »Nein, ich spüre noch nichts.« Meine Güte, der Bildschirm schmolz förmlich vor Sinnlichkeit. Nach dem heutigen Schönheitsideal würde Marilyn Monroe als auf angenehme Weise rundlich gelten, die Einzige, die dem nur halbwegs nahe kommt, ist wohl Scarlett Johansson. Ich finde es hochinteressant, dass Männer mittlerweile dazu erzogen wurden, dünne, flachbrüstige Frauen mit stählernen Muskeln sexy zu finden, wo das doch eigentlich kontra-evolutionär ist – sie sehen wie Jungs aus. Aber, nein, ich werde jetzt nicht näher auf dieses Thema eingehen …

In der Vergangenheit fanden Frauen Bewunderung, die sowohl Stil als auch Substanz besaßen: Jane Austen, George Sand, Audrey Hepburn, Simone de Beauvoir, Jacqueline Kennedy, Susan Sontag, Coco Chanel und Germaine Greer. Diese Frauen waren schön, kultiviert, intelligent, sexy und witzig. Sie leisteten ihren Beitrag zur Weiterentwicklung der menschlichen Spezies und waren Philanthropinnen mit großem Einfluss. Wir sollten zu Vorbildern aufsehen, die unserer Bewunderung auch würdig sind; zu Frauen, die sowohl durch innere Werte als auch durch Äußerlichkeit bestechen, statt zu Soziopathen und Hohlköpfen wie Britney Spears und Victoria Beckham. Aus irgendeinem Grund wird heutzutage der Dummheit gehuldigt. Ein Vorbild ist jemand, der einen guten Charakter hat und Tiefgang, Ehrgefühl und sogar so etwas wie Heldenhaftigkeit besitzt. Sportskanonen sind hingegen keine Helden, sondern lediglich Menschen mit einem hohen Maß an Agilität und der Entschlossenheit, hart für ein bestimmtes Ziel zu arbeiten. Ein Image zu kultivieren ist nicht dasselbe wie kultiviert zu sein, und es besteht ein Unterschied zwischen vorgetäuschtem Tiefgang und aufrichtigem Verständnis und Sachverstand. Auf Uni-Feste zu gehen, beschert einem noch lange keine fundierte Ausbildung.

Schneller Ruhm und die Vision einer wundersamen und spektakulären Verwandlung üben eine ganz besondere Anziehungskraft auf uns aus. Die Vorstellung, dass ein Mensch ohne besondere Fähigkeiten ausgewählt wird, sein normales Leben hinter sich zu lassen und zu etwas ganz Besonderem zu werden, ist der Inbegriff des Märchens, und das ultimative Märchen der modernen Gesellschaft ist Ruhm. Deshalb sehen wir uns auch so gern Fernsehshows an, in denen das nächste Topmodel oder der nächste Superstar gesucht wird oder jemand versucht, innerhalb kürzester Zeit von XXL auf XS zu schrumpfen: Das Unmögliche kann jederzeit passieren, und zwar dem Mädchen von nebenan. Und damit vielleicht auch Ihnen. Früher war die Vorbildverehrung eng mit dem Streben nach sozialem Aufstieg verknüpft, heutzutage ist sie nichts als seichte Realitätsflucht. Wir scheinen zu glauben, dass wir alle das Recht auf öffentlichen Ruhm haben, was natürlich ausgeschlossen ist. Trotzdem wollen wir nicht so sein wie Jessica Simpson, sondern sehnen uns lediglich nach dem stellvertretenden Kick. Dank dieser neuen, nicht makellosen Vorbilder fühlen wir uns augenblicklich besser, wenn wir zusehen dürfen, wie sie fett oder rückfällig werden und von ihrem Podest gestoßen und von der Öffentlichkeit verhöhnt werden. Es ist ein Schlag ins Gesicht für uns, wenn sie nicht genauso altern wie wir oder im Handumdrehen ihre Babypfunde wieder losgeworden sind, gleichzeitig würden wir Haus und Hof verkaufen, um so auszusehen wie sie. Wir bewundern Schauspieler oder Fernsehmoderatoren mehr als beispielsweise Anwälte, Hirnchirurgen oder Politiker, was wohl daran liegt, dass Erstere nun mal präsenter sind. Ich kann mir nicht vorstellen, dass jemand auf der Straße eine Buchhalterin bei den Armen nimmt und »Oh, Wahnsinn, Sie sind Mary die Buchhalterin. Ich finde Sie ja sooo toll!«, ruft. Als Teenager hatte ich keinen Dunst, was Designerklamotten waren. Mittlerweile staffieren sich die Töchter meiner Freundinnen mit Designersachen aus, die sie bei Ebay ersteigern. Wenn ich bei ihren Eltern in der Küche sitze und Kaffee trinke, wissen sie sofort, wo ich mein Kleid, die Schuhe und die Halskette gekauft habe.

Als Teenager lernte ich die Sopranistin Kiri te Kanawa in der Musikschule kennen und wollte um jeden Preis so singen und mich so kleiden wie sie und ihr Parfüm tragen. Als ich ein Buch von Margaret Atwood las, wusste ich augenblicklich, dass ich schreiben wollte. Ich habe nie danach gestrebt, schön zu sein oder besonders schicke Schuhe zu tragen, stattdessen wollte ich essen, kochen, im Mittelpunkt stehen und kultiviert sein. Am Ende blieb es bei recht netten Schuhen. Wenn Sie gern schreiben wollen, lesen, lesen, lesen Sie die Bücher der Schriftsteller, die Sie bewundern. Wenn Sie gern Opernsängerin werden wollen, lauschen, lauschen und lauschen Sie den Sängerinnen, die Sie bewundern. Gute Vorbilder könnten Frauen wie Kylie Minogue, Nigella Lawson, Helen Clark, Meryl Streep, Sophie Dahl, Hillary Clinton und Ihre Mutter sein.

Was lernen wir daraus

- ♥ Wenn Sie jeden Tag glücklich sind, sind Sie höchstwahrscheinlich eine Nervensäge oder total verrückt.
- ♥ Man kann sein schlechtes Gewissen mit einer Psychotherapie behandeln lassen, dann geht es weg. Wenn Sie nach zehn Jahren immer noch darunter leiden, sollten Sie ein schlechtes Gewissen haben. Wenn Sie jedoch Katholikin oder Jüdin sind, wird das schlechte

Gewissen für den Rest Ihres Lebens Ihr Begleiter sein.

- Die besten Dinge im Leben gibt es umsonst: ein heißes Bad, eine herrliche Siesta, eine unerwartete leidenschaftliche Umarmung.

KAPITEL 10

Männer: So viele Männer, so wenige Kugeln

Man kann nicht mit ihnen leben, aber erschießen kann man sie auch nicht alle. Wenn Männer doch nur wüssten, wie einfach es ist, eine Frau glücklich zu machen. Alles, was wir wollen, ist ein bisschen Romantik, dann sind wir zahm wie die Lämmer.

Es ist an der Zeit, die Männer wieder zu mögen, aber wir sind nicht auf der Welt, um sie zu retten. Etliche Gutmenschen, die sich zu Beginn des neuen Jahrtausends in Büchern über den Zustand in der Männerwelt ausließen, schlugen vor, wir Frauen sollten uns für das Gefühl der männlichen Ohnmacht öffnen und ihnen helfen, sich zu emanzipieren, so wie wir es vor einigen Jahrzehnten getan haben. GÜTIGER HIMMEL! Ich halte mich weder für die Krönung der gesellschaftlichen Entwicklung noch bin ich arrogant genug, um mir einzubilden, es sei meine Aufgabe, Männern bei der Weiterentwicklung ihres Geschlechts behilflich zu sein. Wir haben uns soeben vom Joch der jahrtausendelangen männlichen Dominanz befreit, und jetzt sollen wir ihnen unter die Arme greifen? Hallo? Allein die Vorstellung ist geradezu eine Beleidigung für die Männer. Sie müssen ihre Probleme schon selbst in den Griff bekommen, wozu sie durchaus in der Lage sind. Wenn wir das schaffen, werden sie es ja wohl auch hinkriegen!

Einer von mehreren tausend Unterschieden zwischen Männern und Frauen ist die Fähigkeit zum Multitasking. Wenn eine Frau fernsieht, sieht sie fern, passt auf die Kinder auf, bereitet einen Snack zu und bügelt oder liest irgendwelche Arbeitsprotokolle. Sieht ein Mann fern, ist er in einer Art Trancezustand und kann nichts tun als fernzusehen. Schläft er dabei zufällig ein und Sie schalten den Fernseher ab, schreckt er prompt hoch und beginnt zu maulen: »Aber ich hab mir das gerade angesehen.« Mit zunehmendem Alter werden Männer immer schlimmer, aber das ist nicht ihre Schuld, sondern liegt am so genannten Corpus callosum. Das menschliche Gehirn besteht aus zwei Hemisphären, die über unterschiedliche Funktionen verfügen. Die Verbindung zwischen diesen beiden Hälften ist das Corpus callosum, das aus einem weißen Gewebeband besteht. Dank dieser Brücke werden Informationen zwischen den beiden Hirnhälften ausgetauscht, so dass wir Probleme lösen, bestimmte Dinge erledigen und mehr als eine Sache gleichzeitig tun können. Es ist bewiesen, dass das Corpus callosum bei Männern um 40 Prozent kleiner ist als bei Frauen und mit zunehmendem Alter des Mannes noch weiter schwindet. Haben Sie sich schon mal gefragt, wieso Männer immer steifer werden, wenn sie altern (und zwar nicht an der Stelle, wo Sie es gern hätten)? Tja, alles allein die Schuld des Corpus callosum. Interessant ist, dass die Hirnhälftenbrücke bei Musikern wesentlich dicker und widerstandsfähiger ist. Wenn Sie also vorhaben, sich mit einem älteren Mann einzulassen, der noch aus allen Rohren feuert, suchen Sie sich einen Musiker.

Die linke Gehirnhälfte ist Sitz des Sprachzentrums und für Analyse und Logik zuständig: Fähigkeiten, die für das Erstellen von Verträgen und Computerprogrammen notwendig sind. Visionäres Denken, Intuition, komplexe Muster und emotionale Intelligenz fallen hingegen in den Zuständigkeitsbereich der rechten Gehirnhälfte. Für sämtliche Aufgaben ist der Einsatz beider Hirnhälften notwendig, aber es dominiert immer nur eine. Männer besitzen tendenziell die besseren linksorientierten Fähigkeiten, Frauen sind eher rechtslastig, was erklärt, weshalb wir so grandios und empathisch sind, aber Mühe haben, eine Straßenkarte zu lesen oder zu kapieren, wie wir den Videorekorder in Gang kriegen. Dank ihres gut ausgeprägten Corpus callosum sind Frauen im Vorteil, was den »cross talk« zwischen den beiden Hirnhälften angeht.

All meine männlichen Verwandten und Freunde sind ganz wunderbar und haben keinerlei Probleme mit ihrem Corpus callosum oder ihrem Selbstwertgefühl. Das liegt vorwiegend daran, dass sie verheiratet oder mit Freundinnen und Verwandten von mir zusammen sind, die sie gut erzogen haben. Die Männer, die nicht mit meinen Freundinnen oder Verwandten liiert sind, habe ich wegen ihres Sinns für Humor, ihrer Intelligenz oder ihrer Fähigkeit, eine gute Geschichte in weniger als fünf Minuten zu erzählen, ausgewählt. Diejenigen, denen ich schöne Augen mache, werden nach rein oberflächlichen Qualitäten ausgewählt: Sex-Appeal, gutes Aussehen, ihre Bewunderung für mich. All das ist ein Garant dafür, sie und auch mich für zehn Minuten glücklich zu machen.

Früh übt sich

In meiner Kindheit habe ich viel Zeit mit katholischen Jungs irischer Abstammung verbracht. Sie waren nicht wie andere Jungs, weil sie aus irgendeinem Grund Sex-Appeal hatten: Sie waren derb, selbstsicher, hatten Humor und eine anständige Portion Frechheit. Selbstsicherheit war die Eigenschaft, die mich am meisten an einem Jungen anzog. Im Irish Club in einem eher schäbigen Stadtviertel fanden unterschiedliche Veranstaltungen statt. Der Club war eine riesige, schmucklose Halle, deren Dekoration sich auf eine Hand voll Fotos von irischen Politikern, IRA-Helden und Heiligen, grünen Bändern an den Wänden und einer regelmäßig frequentierten Bühne beschränkte. Die drei goldenen Regeln einer irischen Veranstaltung der Fünfzigerjahre lauteten:

1. Die Jungs sitzen alle in einer Reihe an einer Wand, die Mädchen an der anderen.
2. Umfassende geologische und taktische Prüfung der Lage an der Tanzflächenfront, einschließlich Kritik der Kleider, Analyse der Pickelfront und allgemeiner Stimmungscheck.
3. Konsequentes Ignorieren von jedem Jungen, der auch nur den Hauch von Interesse zeigte.

Es grenzt an ein Wunder, dass es unserer Rasse überhaupt gelungen ist, sich fortzupflanzen. Doch wenn die Fiedelspieler einen Reel anstimmten, fiel schlagartig jede Zurückhaltung von uns ab, und es ging so richtig zur Sache. Die wahre Hölle brach los. Mit einem ohrenbetäubenden

Heulen packten die Jungs ihre Mädels bei der Taille und führten sie errötend zu einem der herrlichsten Volkstänze, der je erfunden wurde. Reel besteht aus jeder Menge raffinierter Tanzschritte und ständigen Partnerwechseln, die unter anderem deshalb herbeigeführt wurden, um häufiger mit dem Wunschpartner tanzen zu dürfen, als eigentlich vorgesehen war. Das Tollste daran war die Vorfreude, bis der Traumpartner zu einem zurückkehrte. Ich liebte das Ritual dieser traditionellen Tänze, die auf ihre Weise sehr erotisch waren. Zu den Klängen einer Liveband, die üblicherweise aus ein paar Fiedeln, einem Akkordeon, einem Klavier, manchmal einer Gitarre oder auch einem Kontrabass bestand, tanzten wir, stampften mit den Füßen, hüpften und tappten auf den hölzernen Boden.

Die Band, Priester und Eltern waren alle sternhagelvoll und vergaßen prompt, ihre Sprösslinge im Auge zu behalten. Allerdings passierte das meinen Eltern, die sich mit dem Trinken zurückhielten, leider nie. Die Jungs drückten sich im hinteren Teil der Halle herum und quatschten über die Mädchen:

»Sie will nicht mit dir tanzen.«

»Natürlich will sie. Sie bettelt regelrecht darum. Ich schwöre bei Gott, die würde sich sogar von mir küssen lassen, wenn ich nur häufiger an sie rankäme.«

»Dafür ist sie nicht der Typ. Die frisst dich zum Frühstück, bevor du auch nur merkst, dass deine Krawatte fehlt.«

»Jesus, Maria und Josef, Neid ist schon eine üble Sache. Du kannst mich mal, Freundchen!«

Tatsache war, weiter als Händchenhalten ging das Ganze nie, was mir völlig genügte, da ich schließlich damals noch keine Ahnung hatte, was sonst zwischen zwei Menschen laufen sollte. Ich wusste nur eins: Niemals zulassen, dass ein Junge seine Hände anderswo hinlegt als in die Taille. Wir trugen damals Faltenröcke, Twinsets und Plastikkleeblätter an unseren Strickjacken. Zum Thema Fleischeslust hatten die Sisters of Mercy eine klare Meinung: »Heb dir das für die Ehe auf!« Und genau das tat ich auch. Ich wollte einen Ehemann und keinen Sex.

EMMA

Emma ist 21 und studiert an der Universität. Sie ist attraktiv, witzig, klug, fleißig, gut erzogen und beliebt. Sie studiert Marketingwissenschaften, lässt es mächtig krachen und ist schrecklich unordentlich. Ihre erste richtige Beziehung hatte sie mit 16, sie hielt drei Jahre. Im Augenblick »sondiert« sie. Im Gegensatz zu all den deprimierenden Ergebnissen wissenschaftlicher Untersuchungen hat Emma bestätigt, was ich jedes Mal ahne, wenn ich Studien über die tristen Zustände in der Männerwelt lese:

»Heutzutage erlauben die meisten Eltern ihren Kindern, einen Freund zu haben, noch während sie zur Schule gehen. Mein Freund und ich durften bei mir oder bei ihm übernachten. Niemand hat großes Aufheben darum gemacht; es war völlig normal. Wir sind beide weiter zur Schule gegangen und haben unseren Abschluss gemacht. Ich bin sicher, das ist der richtige Weg, um aus Kindern zufriedenere Erwachsene zu machen, die sich problemlos in die Gesellschaft einfügen. Meine Freundinnen, deren Eltern sehr streng waren und jeden ihrer Schritte überwacht und kontrolliert haben, taten sich viel schwerer mit

Beziehungen als ich. Wenn solche Mädchen von zu Hause ausziehen, flippen sie entweder völlig aus, schlafen mit jedem, der nicht bei drei auf dem Baum sitzt, und sind zu keiner normalen Bindung in der Lage, oder aber sie suchen sich einen Freund und klammern so sehr, dass der arme Kerl beinahe keine Luft mehr bekommt.«

»Was suchen Mädchen und Jungs Ihrer Meinung nach in einer Beziehung?«

»Natürlich geht es anfangs hauptsächlich um die sexuelle Anziehungskraft, aber nach kurzer Zeit werden auch andere Werte wichtig, wie Vertrauen, Ehrlichkeit und Sinn für Humor. Jungs haben ein viel größeres Interesse daran, eine Freundin zu haben, als umgekehrt. Offenbar brauchen sie die Sicherheit, die Nähe und die Gesellschaft. Beide Geschlechter sind sehr besitzergreifend, aber Jungs wohl noch ein bisschen mehr. Ich pflege viele platonische Freundschaften mit Jungs; es macht Spaß, mit ihnen zusammen zu sein, weil sie im Vergleich zu Mädchen entspannter und weniger kritisch sind.«

»Worüber reden Jungs?«

»Sie reden über ihr Leben, ihr Studium, ihre Jobs und ihre Probleme mit Mädchen. Sie sind sehr offen, emotional intelligent und wollen herausfinden, was Mädchen glücklich macht und was sie wollen – sexuell, emotional und mental.«

»Als ich in Ihrem Alter war, betrachtete man die freie Liebe und Sex mit jedem, den man attraktiv fand, als normal und gesund für beide Geschlechter. Wir hatten keine Hemmungen oder Kontrollen, und wir explodierten förmlich aus den engen Grenzen unserer strengen Familienkorsette heraus. Ist das immer noch so?«

»Nein. Ganz so offen ist es heute nicht mehr. Wir sind konservativer, außerdem glaube ich, die Angst vor durch Geschlechtsverkehr übertragbaren Krankheiten bremst unsere Aktivitäten ein wenig. Außerdem haben die Mädchen schreckliche Angst, schwanger zu werden, nicht aus moralischen Gründen, sondern weil sie deswegen ihre Ausbildung und Zukunftsplanung aufs Spiel setzen würden. Unserer Meinung nach machen Mädchen, die unmittelbar nach der Schule schwanger werden, einen großen Fehler. Sie sehen all diese jungen Frauen wie Britney Spears und Nicole Richie mit ihren Designerbabys und glauben, dass es bei ihnen genauso sein wird.«

»Glauben Sie, dass die Partnerschaft der Eltern Auswirkungen auf die eigene Beziehung hat?«

»Oh ja, absolut. Das ist einigermaßen vorhersehbar: Wenn die Eltern freundlich miteinander umgegangen sind und sich gut verstanden haben, ist das die erste Lektion, die man bekommt, und hält das für normal.«

»Haben Jungs Vorurteile gegen Mädchen, die sich auf One-Night-Stands einlassen?«

»Nein, eigentlich nicht. Allerdings nur bis zu einem bestimmten Punkt. Wenn es zu viele sind, glauben sie, dass das Mädchen ein Problem hat.«

»Aus welchen Gründen gehen die Beziehungen von heute in die Brüche?«

»Meistens ist ein Treuebruch der Grund. Wenn man jemandem nicht vertrauen kann, vergiftet das die ganze Beziehung.«

»Wünschen sich junge Leute immer noch eine Ehe?«

»Absolut, aber erst später. Die Mädchen haben alle vor, wieder zu arbeiten, wenn ihre Kinder in die Schule kommen. Nicht unbedingt wegen des Geldes, sondern weil sie es wichtig finden, in allen Lebensbereichen ausgelastet zu sein.«

»Was ist mit den Jungs? Sind sie deprimiert? Oder kommen sie klar? Wissen sie, wer sie sind?«

»Die Jungs kommen sehr gut klar. Sie sind glücklich, fühlen sich wohl in ihrer Haut, sind gute Kumpels, reden viel und lassen andere an ihren Gefühlen teilhaben. Wir mögen sie sehr.«

Zwei Frauentypen

1. Der mädchenhafte Typ, der immer unfassbar perfekt aussieht: Lackierte Nägel, tadellose Frisur, Make-up, es passt einfach alles. Sie sind charmant, haben stets ein Lächeln auf dem Gesicht und erstklassige Manieren. Sie betrachten Männer als Statussymbol. Wenn ich gemein wäre, würde ich sie als Succubus bezeichnen (ein sagenhafter weiblicher Dämon, der sich nachts mit schlafenden Männern paart).
2. Der emanzipierte Typ. Sie kleidet sich, wie sie will, und trägt wenig Make-up, weil sie denkt, dass er am nächsten Morgen ja ohnehin alles herausfindet. Sie ist kompliziert, aufsässig und spannend. Sie betrachtet Männer als Sexobjekte und hat keinerlei Interesse an ihrem Geld. Ich nenne sie Aphrodite (die Göttin der Liebe, Lust, Schönheit und Sexualität).

Gelegentlich kommt es vor, dass der Mädchentyp aufrichtig Spaß am Sex hat, meistens jedoch betrachtet sie ihn als Gegenleistung dafür, am Erfolg und Geld des Mannes teilhaben zu dürfen. Gelegentlich kommt es vor, dass der emanzipierte Typ versehentlich einen reichen Mann heiratet und die Vorteile genießt, aber trotzdem dankbar ist, nicht alle Karten auf einen Mistkerl allein gesetzt zu haben.

Zwei Männertypen und ein paar Tipps

1. Der große, attraktive Dunkelhaarige, der nur Sex will.
2. Der kleine, witzige Intellektuelle, der nur Sex will.

Ich weiß, ich weiß, Männer sind wie Busse – erst wartet man eine Ewigkeit, und dann kommen auf einmal gleich zwei um die Ecke. Manchmal sogar drei. Hier eine Nachricht an all die reichen Typen, die vergeblich nach der Liebe suchen: Vielleicht sucht ihr euch einfach die falschen Frauen aus. Würdet ihr statt auf die jungen, hübschen, finanziell abhängigen Frauen auf die unabhängigen Frauen setzen, die euer Geld weder brauchen noch wollen, könntet auch ihr wahre Liebe und Glück finden. Bei meiner Befragung erzählten mir viele reiche Männer, sie wünschten sich in Wahrheit nur, aufrichtig und von ganzem Herzen geliebt zu werden. Mit einer heißen, aber verwöhnten Super-Barbie wird das wohl nicht passieren, völlig egal, was sie Ihnen auf die Nase bindet. Natürlich ist sie hinter Ihrem Geld her. Ich kann Ihnen genau sagen, was für eine Frau Sie brauchen, Freundchen, hören Sie mir genau zu: eine Frau, die Ihren erstklassigen Charakter, dieses kleine Muttermal an Ihrem Hals und Ihren glasklaren Verstand liebt. Und glauben Sie mir: Sie benutzt weder ein Vaginaldeodorant, noch hat sie Plastikbrüste.

Was Männer wirklich wollen

Als ich versuchte, mit Männern über die anderen Themen auf dem Recherche-Fragebogen zu reden, den ich ihnen geschickt hatte, kamen sie beharrlich immer wieder auf das Thema Beziehung, Männer/Frauen und Sex zurück. Sie waren wild entschlossen, der Sache auf den Grund zu gehen, und ihr Redefluss war kaum zu stoppen. Sie gingen an den Strand hinunter oder ins Haus zurück und redeten weiter über den einen Gedanken, der ihnen zwei Stunden zuvor beim Mittagessen gekommen war. Einer meiner Freunde war ganz besonders hartnäckig. »Das Problem ist, dass sich die Frage unmöglich beantworten lässt. Sie ist viel zu komplex und hängt von zu vielen Faktoren ab«, sagte er und schwieg eine Weile. Dann: »Jetzt weiß ich es. Männer mögen Frauen, die sie mögen.« Die beste Antwort kam von einem Mann, der ins Haus lief und meinte: »Ich hab's. Was Männer wollen, was Frauen haben und was der Dreh- und Angelpunkt an der ganzen Geschichte ist, lässt sich in zwei Worten zusammenfassen. Diese zwei Worte kontrollieren das gesamte Leben des Mannes: Pussy Power. Genau das ist es.«

Wieso Männer auf Blondinen stehen

Die Wahrheit über dumme Blondinen ist, dass sie durchaus intelligente Geschöpfe sind, die den IQ eines Mannes auf das Niveau eines Kleiderhakens oder einer Linse reduzieren – allein bei ihrem Anblick fangen Männer an zu sabbern und würden am liebsten die Armlehnen ihres Stuhls anknabbern. Sie schaffen es, Brünette vollends um den Verstand zu bringen, was folgende Geschichte beweist: Die süße, wunderschöne, honigblonde Vanessa Pratt, eine Miniaturausgabe von Grace Kelly, war der große Star, die unumstrittene Königin an unserer Schule. Ich war, ebenso wie alle anderen Untertanen, total hingerissen von ihr. Ich trug ihr sogar die Schultasche, bis ich es endlich schaffte, mir ein eigenes Leben zuzulegen. Anfangs fiel es mir sehr schwer, aber ich lernte schnell. Etwas musste geschehen. Mir war durchaus klar, dass ich niemals so hübsch, blond, ladylike und desinteressiert sein würde wie sie. Ich konnte mir die Haare färben, aber nicht meine Persönlichkeit vertuschen, also beschloss ich, dunkelhaarig zu bleiben und stattdessen an meiner Persönlichkeit zu arbeiten. Ich schaffte es, das auf die Beine zu stellen, was man als ein aufregendes Leben voller Abenteuer und Romantik bezeichnen kann, auch ohne blond zu sein, und trat ins Rampenlicht als die Rothaarige, die ich in Wirklichkeit war. Eines Tages stand ich im Supermarkt, als eine schäbig und erschöpft aussehende Hausfrau auf mich zukam und fragte, ob ich mich denn nicht mehr an sie erinnern könnte. Zum Glück standen wir im Backparadies, so dass ich weich fiel, als ich auf den Mehlsäcken kollabierte.

Es stimmt, dass etwas so Banales wie die Haarfarbe einer Frau die Männer verrückt machen kann. Wissenschaftliche Untersuchungen haben ergeben, dass die geistigen Fähigkeiten bei Männern rapide abfallen, wenn man ihnen Fotos von Blondinen zeigt. Nicht weil sie testosteronverseuchte Dumpfbacken sind, die sich nicht unter Kontrolle haben, sondern weil ihr Unterbewusstsein instinktiv sein Niveau absenkt, um sich dem angenommenen

IQ einer Blondine anzupassen. Eine weitere Studie ergab Folgendes: Da die meisten weißen Babys bei der Geburt blond sind, betrachten wir sie auch in ihrer erwachsenen Version als hinreißende, minderbemittelte Kleinkinder, die unseres Schutzes bedürfen. Diese Theorie mag Männern schwer zu erklären sein, deshalb müssen Sie langsam mit ihnen sprechen, was sie ohnehin immer tun sollten (wenn Sie sie nicht gerade anbrüllen). Aber versuchen Sie das nicht, wenn sich eine Blondine im Raum aufhält, weil ihre Reserven nicht für die Durchblutung von zwei Organen gleichzeitig ausreichen. All diese fragwürdigen Untersuchungen wurden mit weißen Männern durchgeführt, die ohnehin schwachsinnig sind, aber was ist mit Schwarzen? Ich vermute, wenn man einem Schwarzen das Foto einer üppigen Rothaarigen zeigt, verfällt auch er im Handumdrehen in den Zustand der Unzurechnungsfähigkeit. Höchstwahrscheinlich stürzt der IQ des Mannes in Gegenwart einer Blondine deshalb ins Bodenlose, weil er darauf hofft, dass es ihr genauso geht, damit sie den Fehler begeht, sich auf ihn einzulassen.

Wie angelt man sich einen Mann?

1. Stellen Sie sich einfach irgendwo hin und atmen Sie. Ist der Mann normal und sich über seine Rolle im Universum im Klaren, wird er Sie finden. Komplikation: Männer sind genetisch darauf programmiert, Frauen beschützen zu wollen, wenn Sie also zu unabhängig oder unblond sind … Muss ich weiterreden?
2. Machen Sie einen Laden auf – das ist eine Falle, die

der Himmel geschickt hat. Mindestens einmal am Tag kommt ein gutaussehender Mann herein. Garantiert. Ich habe eine Freundin in Frankreich, die in den letzten fünf Jahren all ihre Partner auf diesem Weg kennengelernt hat.
3. Ziehen Sie ins Ausland. Ausländische Frauen mit niedlichem Akzent sind immer reizvoll für Männer.
4. Gehen Sie ins Internet, aber glauben Sie kein Wort von dem, was die Männer Ihnen dort erzählen. Trotzdem kann es vorkommen, dass man auf diesem Weg einen brauchbaren Partner findet. Wenn sie sich bei der ersten richtigen Begegnung sympathisch sind, rücken sie sofort mit der Wahrheit heraus, was ihre Sympathie füreinander nur noch größer werden lässt. Die meisten Menschen, die die Dienste von Online-Partnerschaftsvermittlungen in Anspruch nehmen, sind über 35. Die große Welle der Bindungswilligen kommt meist im Januar, als Folge des Neujahrsvorsatzes: ICH BIN VIERZIG JAHRE ALT, HERRGOTT NOCH MAL, UND HABE IMMER NOCH KEINEN RING AM FINGER.

Das richtige Essen für einen Mann

Der Spruch »Liebe geht durch den Magen« stammt aus einer Ära, als Männer als finanziell interessant, aber kulinarisch inkompetent galten und Frauen in dunklen Ecken darauf lauerten, sich einen Versorger unter den Nagel zu reißen und ihn mit Sahneschnittchen und Starkbier für immer an sich zu binden. Männerfang-Rezepte hatten in

Frauenzeitschriften Hochkonjunktur, auch wenn uns dies heute noch so abstrus erscheint. Würde ich meinen Nichten erzählen, sie könnten ihre Jungs für immer gefügig machen, indem sie ihnen leckere Köstlichkeiten auftischen, würden sie sich wahrscheinlich totlachen.

In den Kochbüchern der Vierzigerjahre erzählten uns die Köchinnen, was Männer am liebsten auf dem Teller haben. Suppen (dicke, kräftige Eintöpfe und nicht dieses labberige Consommé-Zeug), Fisch (allerdings nicht allzu viel), Steak und Nierenpastete. Irish Stew (aber einen anständigen, bitteschön), Braten, Fleisch vom Grill, Kutteln, Austern (heiliger Strohsack!), Kaninchen, Speck, Presskopf, Sardinen auf Toast, Apfelkuchen und gedämpfte Puddings. Ab und zu durfte man einen Mann mit einer Belohnung verwöhnen, wenn man der Ansicht war, dass er es sich verdient hatte. Als Italienerin fand diese Belohnung üblicherweise in Form von Sex statt, als Britin, die ja nicht wusste, was Sex war, bedeutete dies Würstchen im Schlafrock mit einer Extraportion Sauce.

In den meisten modernen Haushalten kocht derjenige, der Spaß daran hat. Nur sehr minderbemittelte Männer können nicht kochen, und es gilt nicht als besonders süß oder bewundernswert. Stattdessen gilt Kochen als überlebensnotwendige Fähigkeit. Dilettantisch herumzufummeln und dann »Hilfe« zu schreien, bringt es nicht. Australische oder neuseeländische Frauen sind ziemlich rabiat, und wenn die Mütter ihren Söhnen so einfache Aufgaben wie Kochen oder Putzen nicht beigebracht haben, werden es garantiert ihre Ehefrauen übernehmen. Gerichte, die Männer glücklich machen, zeichnen sich meist durch Schlichtheit aus: Braten mit Rosmarinkartoffeln und gedünstetem Pak Choi, Bruschetta mit Tomaten ohne Essig; gebackener Red Snapper mit Wasabisauce; ein gemischter Vorspeisenteller mit Prosciutto, Mozzarella, Olivenpaste, Artischocken, gefüllte Mini-Peperoni und Pastasalat aus dem Delikatessenladen mit einem Glas Chardonnay; Rohmilchkäse, am liebsten von der Ziege oder vom Schaf, mit Quittencreme und Sauerteigbrot; Kardamom-Orangen-Eis mit selbst eingelegten Früchten vom Bauernhof der Cousinen. In meiner Heimat gibt es keine besonderen Belohnungen, weil kaum einer von uns italienischer Abstammung ist. Außerdem ist das Essen so lecker, dass allein die Vorstellung, es mit einer Belohnung schmackhaft machen zu müssen, überflüssig ist.

George

George Rooney, Korrespondent der Nachrichtensendung *60 Minutes*, meinte, mit zunehmendem Alter hätte er die Qualitäten von Frauen über 40 schätzen gelernt. Und zwar aus einer ganzen Reihe von Gründen: Eine Frau über 40 weckt dich nicht mitten in der Nacht auf und fragt: »Was denkst du gerade?« Es ist ihr egal, was du denkst. Wenn eine Frau über 40 keine Lust hat, sich ein Spiel im Fernsehen anzusehen, sitzt sie nicht daneben und jammert die ganze Zeit herum, sondern sucht sich eine eigene Beschäftigung, was viel interessanter ist. Frauen über 40 haben mehr Würde. Mit ihnen gibt es keine Schreiduelle in der Oper oder mitten im Restaurant. Natürlich zögern sie nicht, einen eiskalt zu erschießen, wenn man sich danebenbenimmt, solange sie sicher sind, dass sie damit davonkommen. Ältere Frauen gehen großzügiger mit Lob um, oft auch unverdient. Schließlich wissen sie genau, wie es ist, nicht anerkannt zu werden. Frauen werden mit zunehmendem Alter feinfühliger; einer Frau über 40 braucht man seine Sünden nicht zu beichten, weil sie sie einem ohnehin ansieht. Wenn man erst einmal fähig ist, über die eine oder andere Falte hinwegzusehen, hat eine reifere Frau wesentlich mehr Sex-Appeal als ihre jüngere Geschlechtsgenossin. Ältere Frauen sind ehrlich und geradeheraus. Sie sagen einem auf den Kopf zu, dass man ein Dreckskerl ist, wenn man sich wie einer benimmt, und man braucht sich nie zu fragen, woran man bei ihnen ist. Laut Rooney wissen also ältere Männer Frauen über 40 aus vielerlei Gründen zu schätzen; leider gilt das umgekehrt nicht unbedingt. Und für jede atemberaubende, kluge, perfekt frisierte, heiße Frau über 40 gibt es einen glatzköpfigen, schmerbäuchigen Kerl in gelben Hosen, der sich zum Narren macht, indem er einer blutjungen Kellnerin hinterherhechelt. Ich möchte die Anhänger der These »Aber wieso die Kuh kaufen, wenn ich die Milch umsonst kriegen kann?«, auf den neusten Stand bringen. Heutzutage sind 80 Prozent der Frauen gegen die Ehe. Wieso? Weil sie kapieren, dass es idiotisch ist, ein ganzes Schwein zu kaufen, nur um ein kleines Würstchen zu bekommen.

Rückschau

Manchmal bereue ich es aus tiefstem Herzen, dass ich mich nicht gemeiner an den Männern gerächt habe, die mich hintergangen haben. Ich bereue all die nicht abgeschnittenen Jackettärmel, all die Mercedesse, die ich nicht mit Acryllack besprüht und all die Garnelen, die ich nicht in die Sofafalten geschoben habe. Hier ein paar Worte an all jene Typen, die mich für tobsüchtig, kapriziös und verrückt hielten – IHR SEID NOCH GUT DAVONGEKOMMEN. Das war mein Herz, das ihr mir herausgerissen habt, während es noch in meiner Brust schlug, und was habt ihr dafür bekommen? Ein paar böse Schimpfworte und ein bisschen Türenknallen. Damals fühlte es sich allerdings grandios an, jemanden als elenden-hinterhältigen-schwanztragenden-egoistischen-Imperialisten zu beschimpfen. Moment. Da war doch dieses eine Mal, als ich den gesamten Inhalt des Kleiderschranks eines Mannes auf diese belebte Pariser Wohnstraße geschleudert habe und dann zusehen musste, wie die Obdachlosen und Schlampen der Gegend monatelang in seinen Sachen herumliefen.

GWENDOLINE

So sieht der typische Gwendoline-Look aus: weiße geschnürte Jacke über einem schwarzen Spitzenhemdchen, Hose mit Kuhfleckenmuster, Schuhe mit Kuhfleckenmuster, eine Handtasche mit Kuhfleckenmuster, rotes oder blondes Haar (je nach Monat), sensationelles Make-up. Diese Frau ist der reinste Star – nein, Moment – sie ist die Milchstraße. Ich war nicht sicher, worüber ich sie befragen sollte; über Mode, Hormone, die Arbeit, Männer oder Sex, doch da ihr erstes Buch von Männern handelte, beschloss ich, damit anzufangen. Gwendoline ist klinische Psychologin, die ihren Lebensunterhalt ebenso gut als Standup-Comedian verdienen könnte. Sie hat zwei Bücher geschrieben, arbeitet als Kolumnistin, ist regelmäßig im Live-Radio zu hören und schreibt für mehrere lokale Zeitungen über gesellschaftliche Themen aller Art. Ich habe sie gefragt, was eine Frau in ihren Augen von einem Mann will.

»Frauen wollen Unterschiedliches, je nach Lebensphase. Alle Menschen wünschen sich die Erfüllung der eigenen Bedürfnisse. Das Erkennen unserer Bedürfnisse erlaubt uns, bei der Auswahl von Männern gezielter vorzugehen und dementsprechend unsere Entscheidung für einen Mann zu treffen. So sieht zumindest die Theorie aus. Frauen haben mittlerweile eine Art Doppelanforderung entwickelt: Wir wollen weder einen absoluten Macho, aber er soll auch kein weinerlicher Jammerlappen sein. So genannte SNAGS (sensitive new age guys) verschwanden ebenso schnell von der Bildfläche, wie sie aufgetaucht waren. Diese ewigen Anflüge von »Schwäche« waren wohl das Problem. Wir dachten, genau das wünschen wir uns von unseren Männern: stets auf unserer Seite, stets der aufmerksame Zuhörer und ein Mann, der sich nicht scheut, seine Gefühle mit uns zu teilen. Viele Autoren thematisieren heute die Anforderung der Frauen, dass Männer ›Erfolgsobjekte‹ sein müssen, mit allem damit verbundenen Reichtum und aller Macht.«

»Wie schlagen sich die Jungs und Männer?«

»Die Söhne der linksorientierten Babyboomer-Generation scheinen nach meiner Einschätzung am flexibelsten zu sein und können sich am besten anpassen. Die Söhne reicher, rechtslastiger Eltern halten sich hingegen sehr an die tradierten Werte und Stereotypen.«

»Haben sich Männer und Frauen tatsächlich verändert?«

»Der Spruch ›Man kann den Menschen aus der Höhle holen, aber es dauert wesentlich länger, bis der Mensch die Höhle hinter sich lässt‹ trifft den Nagel auf den Kopf. Die Menschen verändern ihr Verhalten dem anderen Geschlecht gegenüber nicht innerhalb weniger Generationen, dieser Prozess wird viel länger dauern. Heute leben die Menschen in Industrieländern etwa zehn Jahre länger. Trotzdem ist 50 nicht die neue 40, sondern eher so, dass es heute eine neue 50 gibt. Die Babyboomer von einst sind aktiv und lebenslustig und genießen den Luxus eines inzwischen leeren Nests. Der Nachwuchs ist aus dem Haus und führt sein eigenes Leben... Und jetzt kommt die zweite Hälfte, Ladys. So wolltet ihr es haben, jetzt seht zu, wie ihr damit klarkommt.«

»Warum fällt es Männern so schwer zu kommunizieren?«

»Ich bin nicht ganz sicher, was ich davon halten soll. Vielleicht ist es nur ein Mythos und eine plausible Ausrede für Ihre Freundinnen, weshalb ihre Dates so oft »in die Hose« gehen. Kürzlich fiel mir dieses Buch ER STEHT EINFACH NICHT AUF DICH in die Hände. Eine der Thesen darin lautet, er steht einfach nicht auf dich, wenn er dich nicht anruft und dich bittet, mit ihm auszugehen. Möglicherweise ruft er nicht an, weil er schlicht und einfach nicht will, denn meiner Erfahrung nach findet ein Mann, der unbedingt mit einer Frau zusammen sein will, immer Mittel und Wege. Wenn er nicht anruft/nur Sex will/untreu/oder was auch immer ist – DENKEN SIE NACH. Vielleicht liegt es einfach daran, dass er Sie nicht sonderlich mag.«

»Was macht Männer glücklich?«

»Das kann man nicht verallgemeinern, sondern es hängt vom einzelnen Mann ab. Häufig will ein Mann die exakte Kopie der Partnerschaft seiner Eltern. Ich muss immer heimlich grinsen, wenn Frauen versuchen, jedes Verhalten mit ihrem Bauchgefühl zu erklären. Das läuft immer nach dem gleichen Muster:

Frau mit Bauchgefühl: »Er muss unter Bindungsphobie leiden. Ich glaube, er hat Angst, verletzt zu werden, deshalb sträubt er sich dagegen, sich in mich zu verlieben. Seine letzte Freundin ist fremdgegangen. Ich wünschte, ich könnte ihm klarmachen, dass nicht alle Frauen so sind.«

Ich am anderen Ende der Leitung: »Wie können Sie da so sicher sein? Was hat er gesagt?«

Frau mit Bauchgefühl: »Er hat gar nichts gesagt. Ich weiß es einfach.«

Ich: »Okay, aber woher wollen Sie es dann wissen, wenn er nichts gesagt hat?«

Frau mit Bauchgefühl: »Ich habe doch gesagt, es ist so ein Gefühl. Sie kennen das doch bestimmt. Dieses Gefühl im Bauch, das einen überkommt und man einfach weiß, dass er der Richtige ist.«

Ich: »Hm, ein Bauchgefühl. Schon mal mit einem Mittel gegen Sodbrennen probiert? Rennie, Maaloxan? Ein flaues Gefühl im Magen ist meistens nicht der Indikator, dass man seinen Seelenverwandten gefunden hat, sondern lässt eher auf eine Verstimmung schließen.«

»Und was macht Männer nun glücklich?«

»Langfristig wünschen sich Männer tendenziell häufiger Sex (vor allem nach den ersten sechs Monaten einer Beziehung), wohingegen sich die Frauen mehr Romantik wünschen (definitiv nach den ersten sechs Monaten). Ich würde sagen, dass sexuelle Treue für beide Geschlechter überaus wichtig ist, zumindest in unserer modernen Zivilisation. Frauen tun sich schwer zu verstehen, dass Sex für Männer gleichbedeutend mit Intimität ist. Wenn Sie also zu häufig zu müde dafür sind, sagen Sie nicht nur Nein zum Sex, sondern weisen damit den Mann als Mann und als Menschen zurück.«

»Ist es wichtig für eine Frau, einen Mann in ihrem Leben zu haben?«

»Es ist nett, aber ich glaube nicht, dass man zwangsläufig sein Leben mit jemandem teilen muss, um es als befriedigend zu empfinden. Die gesündesten Beziehungen erwachsen aus der Freude an der Gemeinsamkeit und der Tatsache, dass man sich ergänzt – Unabhängigkeit, nicht Abhängigkeit. Gegenseitiges Ergänzen garantiert die richtige Balance innerhalb einer Beziehung. Selbst wenn wir einen Mann nicht unbedingt ›brauchen‹, ist es schön, einen zu haben.«

»Unterscheidet sich Ihre Einstellung zu Männern von der Ihrer Mutter?«

»Ja. Zu Zeiten meiner Mutter stand ein Mann für finanzielle Sicherheit. Wenn eine Ehe unglücklich war, blieb man trotzdem, weil man keine andere Wahl hatte, besonders wenn Kinder im Spiel waren. Man bekam keine staatliche Unterstützung oder sonstige Hilfe, sondern, im Gegenteil, war der Verachtung der Gesellschaft ausgesetzt.«

»Was ist das Kriminellste, was Sie je mit einem Mann getan haben?«

»Ich habe mich mit einem Liebhaber über die Bezahlung von Strafzetteln in die Wolle bekommen.«

»Wie sieht die Zukunft aus?«

»Mein Lieblingskonzept ist das von Terry Gorsky, der den Begriff ›serielle Monogamie‹ geprägt hat – eine Reihe ernsthafter Beziehungen, die nicht unbedingt für die Ewigkeit gedacht, aber dennoch darauf ausgerichtet sind, eine bestimmte Lebensphase mit jemandem zu teilen. Im Prinzip so etwas wie ›Für jede Lebensphase der passende Mann‹. Ein bisschen wie mit Schuhen, wenn man es genau nimmt.«

Was lernen wir daraus

- ♥ Wenn Sie den Verdacht haben, dass Ihre beste Freundin oder Schwester eine Affäre mit Ihrem Partner hat, ist es höchstwahrscheinlich so.
- ♥ Männer können die feinen Nuancen des Lebens nicht erfassen, die Untertöne, die winzigen Informationsfetzen, die in der emotionalen Symphonie des Lebens einer Frau zusammenspielen. Stattdessen können sie nur das große Bild erkennen. Sie können nicht anders, aber versuchen könnten sie es wenigstens.
- ♥ Setzen Sie nicht auf Ihr Bauchgefühl, wenn Sie einem Mann begegnen. Dieses flaue Gefühl haben Sie aller Wahrscheinlichkeit nach einer schlechten Auster zu verdanken.